LEITURA, LITERATURA INFANTIL E ILUSTRAÇÃO • 5

 Centro de Estudos da Criança
Universidade do Minho

LEITURA, LITERATURA INFANTIL E ILUSTRAÇÃO • 5

INVESTIGAÇÃO E PRÁTICA DOCENTE

FERNANDA LEOPLODINA VIANA
EDUARDA COQUET E MARTA MARTINS

(Coordenadoras)

LEITURA, LITERATURA INFANTIL E ILUSTRAÇÃO • 5
INVESTIGAÇÃO E PRÁTICA DOCENTE

COORDENADORAS
**FERNANDA LEOPLODINA VIANA,
EDUARDA COQUET E MARTA MARTINS**

EDITOR
EDIÇÕES ALMEDINA, SA
Rua da Estrela, n.º 6
3000-161 Coimbra
Telef.: 239 851 904
Fax: 239 851 901
www.almedina.net
editora@almedina.net

PRÉ-IMPRESSÃO • IMPRESSÃO • ACABAMENTO
G.C. – GRÁFICA DE COIMBRA, LDA.
PALHEIRA – ASSAFARGE
3001-453 COIMBRA
producao@graficadecoimbra.pt

Dezembro 2005

DEPÓSITO LEGAL
236354/05

Os dados e as opiniões inseridos na presente publicação
são da exclusiva responsabilidade do(s) seu(s) autor(es).

Toda a reprodução desta obra, por fotocópia ou outro qualquer processo,
sem prévia autorização escrita do Editor,
é ilícita e passível de procedimento judicial contra o infractor.

ÍNDICE

NOTA PRÉVIA 7

AGRADECIEMTOS 11

PRIMEIRA PARTE
LEITURA

Mudanças a serem introduzidas no ensino da leitura e da escrita como
consequência do que a investigação nos tem mostrado 15
    Ângela Maria Vieira Pinheiro

Pedagogia da leitura: princípios e práticas 29
    Maria de Lourdes Dionísio

A actuação estratégica na leitura de narrativas: os processos integrativos   41
    Jorge Pimenta

Iniciação à leitura: a desvantagem do método sobrepõe-se à vantagem do
meio socio-económico 63
    Luz Cary e Arlette Verhaeghe

Relações entre Competências Cognitivas/Linguísticas e Conhecimentos
Alfabéticos no Jardim de Infância 77
    Filomena Teixeira e Ana Paula Vale

Contributos para a análise de situações de exploração de uma história em
contexto de sala de aula no 1.° ano de escolaridade 97
    Joana Cadima e Patrícia Silva

SEGUNDA PARTE
LITERATURA INFANTIL

Infância e Literatura: contributos para uma leitura da narrativa infantil
contemporânea 115
Ana Margarida Ramos

Quando as palavras e as ilustrações andam de mãos dadas: aspectos do
álbum narrativo para a infância 129
Sara Reis da Silva

Itinerários da "Dor-Amor": possíveis percursos dos contos de fadas numa
abordagem psicocrítica 139
Joana Cavalcanti

Que faremos com estas bibliotecas? 151
Henrique Barreto Nunes e Manuela Barreto Nunes

Biblioteca escolar e desenvolvimento da competência literária, no 2.° ciclo
do ensino básico 159
Lino Moreira da Silva

TERCEIRA PARTE
ILUSTRAÇÃO

La viva estampa de la aventura 175
Teresa Duran Armengol

Transtextualidad e ilustración en la Literatura Infantil 189
Jesús Díaz Armas

Ilustração Científica: o saber da imagem e a imagem do saber 223
Fernando Correia e Nuno Farinha

Ilustrações alcoviteiras: ou "de como certas ilustrações nos revelam os
segredos das histórias" 243
Marta Martins e Eduarda Coquet

Ilustração em processo 257
Helena Major

NOTA PRÉVIA

Os *Encontros de Investigação em Leitura, Literatura Infantil e Ilustração* decorreram de 1999 até 2002 com uma periodicidade anual passando, a partir desta data, a decorrer apenas de 2 em 2 anos, privilegiando-se, em cada ano, uma área temática. Estes Encontros têm como objectivos dar a conhecer e divulgar a investigação que se produz nestas áreas, no nosso país, bem como reflectir sobre as práticas docentes que se realizam nas instituições de ensino superior, e têm reunido na Universidade do Minho, em Braga, um grande número de investigadores oriundos de várias zonas do país e do estrangeiro. Neste V Encontro, continuámos a registar, com agrado, a presença de investigadores estrangeiros, para além de um grande número de docentes que leccionam nestas áreas, de estudantes da formação inicial das Licenciaturas em Educação e de estudantes de pós-graduação, uma vez que estes Encontros constituem também uma forma de estes contactarem presencialmente com autores já sobejamente conhecidos das consultas bibliográficas necessárias à realização dos seus trabalhos académicos.

Pretendemos que os **Encontros Li** – expressão abreviada que entrou já no vocabulário dos seus participantes – continuem a ser um amplo espaço de divulgação, debate e confronto de ideias, e alfobre de investigação interdisciplinar. Assim, e apesar das inúmeras propostas de comunicações recebidas, continuámos a optar por ter apenas uma sala em funcionamento para que os objectivos não sejam desvirtuados, isto é, para que haja uma interacção permanente com todos os participantes. Os Encontros Li enfatizam o papel catalisador da Universidade, enquanto espaço de investigação e instituição de formação, ou seja, simultaneamente produtor e divulgador de conhecimentos, congregador dos interesses e das necessidades da comunidade que serve, e a quem compete uma forte aposta nestas áreas do conhecimento.

Neste V Encontro foi privilegiada a área da **Ilustração**, tendo sido convidados a apresentar conferências dois investigadores provenientes de universidades espanholas: Teresa Durán (Universidade de Barcelona) e Jesús Diaz Armas (Universidade de Tenerife), para além de vários investigadores nacionais, como Fernando Correia e Nuno Farinha, biólogos, que trouxeram o testemunho da ilustração científica; Helena Major, professora da Escola Superior de Educação de Portalegre, que deu a conhecer o projecto de trabalho que desenvolveu, no âmbito da narrativa gráfica; Eduarda Coquet (I.E.C. – U. Minho.) e Marta Martins (E.S.E. de Paula Frassinetti), que explicitaram as relações entre texto visual e texto verbal num conto literário para a infância.

Aliás, este ano, particularmente, assistiu-se a uma maior interacção entre a área da Ilustração e a da Literatura Infantil, de que é prova, não só a comunicação anteriormente referida, como a comunicação de Sara Reis da Silva (I.E.C. – U.M) que abordou aspectos do álbum narrativo para a Infância. No entanto, outras comunicações surgiram na área da **Literatura Infantil**, levantando problemáticas como a da distinção entre textos destinados a públicos preferenciais, adultos ou crianças, apenas tendo em conta critérios editoriais, através da participação de Ana Margarida Ramos (Universidade de Aveiro); ou de problemáticas como os itinerários da dor e do amor nos contos de fadas, trazidos por Joana Cavalcanti (E.S.E. Paula Frassinetti); ou, ainda, no que diz respeito à **promoção e divulgação do livro através das Bibliotecas Públicas e das Bibliotecas Escolares**, em que sistematização dos papéis desempenhados por estas bibliotecas esteve a cargo de Henrique Barreto Nunes (Biblioteca Pública de Braga) e de Manuela Barreto Nunes (Universidade Portucalense), para além de Lino Moreira da Silva (I.E.P. – U. Minho) que analisou o papel da biblioteca escolar para o desenvolvimento da competência literária no 2.º ciclo do Ensino Básico.

Na área da **Leitura** foi oradora convidada Ângela Vieira Pinheiro (Universidade Federal de Minas Gerais – Brasil) que proferiu uma conferência visando os aspectos conducentes à resolução de dificuldades no processo de aquisição da leitura e da escrita, bem como no desenvolvimento da competência leitora. Lurdes Dionísio (I.E.P. – U. Minho) apresentou-nos os princípios estruturantes da pedagogia da leitura para a formação de leitores competentes e críticos; J. Pimenta (I.E.P. – U. Minho), dando continuidade a esta temática, apresentou-nos um trabalho de análise sobre os processos integrativos na compreensão leitora.

Nota prévia 9

Registámos também, com agrado, a apresentação de resultados de investigação aplicada na área da leitura, trazidos por Luz Cary e Arlette Verhaeghe (F.P.C.E. – U. Lisboa), Filomena Teixeira e Ana Paula Vale (U.T.A.D – Vila Real), Joana Cadima e Patrícia Silva (F.P.C.E. – U. Porto), investigação que consideramos fundamental para a compreensão a aprendizagem da leitura em português.

Neste volume estão compiladas as comunicações apresentadas no V Encontro Nacional (III Internacional) de Investigação em Leitura, Literatura Infantil e Ilustração, que decorreu em Braga, nas instalações da Universidade do Minho, nos dias 18 e 19 de Março de 2004, divididas por áreas temáticas e, dentro destas, pela ordem em que foram apresentadas.

Foi feito um esforço de uniformização de critérios na organização dos textos e das referências bibliográficas. Todavia, registam-se ainda algumas diferenças nestas últimas, resultantes principalmente das normas utilizadas nas diferentes áreas.

Fernanda Leopoldina Viana – I.E.C. – U. Minho
Eduarda Coquet – I.E.C. – U. Minho
Marta Martins – E.S.E. Paula Frassinetti

AGRADECIMENTOS

A Comissão Organizadora do *V Encontro Nacional (III Internacional) de Investigação em Leitura, Literatura Infantil e Ilustração* agradece ao Centro de Estudos da Criança, à Direcção Geral da Inovação e Desenvolvimento Curricular e à Fundação para a Ciência e Tecnologia o apoio recebido, quer para a organização deste evento, quer para a presente publicação. Agradecemos também à Direcção do Instituto de Estudos da Criança e do Instituto de Educação e Psicologia o apoio logístico concedido.

Um agradecimento especial ao Arquitecto Gil Maia que, desde sempre, tem participado na organização destes Encontros e a quem se deve a concepção do logótipo e do programa.

Um agradecimento particular impõe-se também ser deixado às alunas da Licenciatura em Educação de Infância Francelina Raquel Cardoso Oliveira, Helena Ribeiro de Carvalho Noronha, Marta Sofia P. Almeida, Patrícia Eulália Gonçalves da Silva, que, sob a orientação da Secretária do Encontro, Dr.ª Jacinta Maciel, tão eficientemente contribuíram para o êxito deste evento. Por fim, uma palavra de apreço ao trabalho desenvolvido por Pedro Miguel Gonçalves, Patrícia Joyce Fontes, Sílvia Margarida Viana da Silva e Susana de Lurdes Costa Leite, que, além do apoio ao secretariado, nos apoiaram também na organização do livro de resumos do Encontro e deste livro.

A Presidente da Comissão Organizadora
FERNANDA LEOPOLDINA P. VIANA

PRIMEIRA PARTE

LEITURA – INICIAÇÃO E APRENDIZAGEM

MUDANÇAS A SEREM INTRODUZIDAS NO ENSINO DA LEITURA E DA ESCRITA COMO CONSEQUÊNCIA DO QUE A INVESTIGAÇÃO NOS TEM MOSTRADO

ÂNGELA MARIA VIEIRA PINHEIRO
Departamento de Psicologia, UFMG
Belo Horizonte, MG, Brasil

Resumo:

Existe consenso na Psicologia Cognitiva de que a alfabetização com base na concepção fónica oferece vantagens em relação ao ensino por outros métodos (p. ex., Foorman e colegas, 1991; Chall, 1967). No entanto, segundo Share (1995), o fato de os programas de alfabetização com ênfase na fonologia serem superiores aos programas com ênfase no significado deve ser tomado como suporte empírico para a importância da habilidade de decodificação fonológica, mas não como uma prescrição para o ensino da leitura. Do ponto de vista da linguística, muitos autores nos mostram a importância dessa disciplina na alfabetização e chamam atenção para o fato de o processo de formação dos professores não contemplar os conhecimentos linguísticos. O presente trabalho explora o encontro do ensino da leitura e da escrita – fundamentado nas descobertas da psicologia cognitiva – com a linguística. A expectativa é que com essa reflexão tenhamos subsídios para propor mudanças a serem introduzidas no ensino da leitura e da escrita.

Abstract:

There is a consensus in Cognitive Psychology that alphabetisation based on the phonetic conception of phonograms offers some advantages over teaching by other methods (for example, Foorman *et al*, 1991; Chall, 1967). Yet, according to

Share (1995), the fact that alphabetisation programs with an emphasis on phonology are superior to programs with emphasis on meaning must be taken as an empirical support for the psychological importance of the phonologic decoding ability, but not as a prescription for the teaching of reading. From the point of view of linguistic, many authors show us the importance of that discipline in alphabetisation and highlight the fact that the process of teacher's formation does not contemplate linguistic knowledge. The present work explores the encounter of teaching how to read and write – based on the discoveries of cognitive psychology – with linguistics. The expectation is that such an encounter give us the means to propose changes to be introduced in the teaching of reading and writing.

O ensino da leitura e da escrita está ligado a outras áreas de conhecimento além da Pedagogia, como a Psicologia Cognitiva, a Linguística e a Neurociência. Os notáveis avanços nos conhecimentos científicos sobre o processo de aprendizagem da leitura e da escrita, bem como sobre os métodos de alfabetização, observados nas últimas décadas, conduziram ao que hoje é chamado de *Ciência da Leitura*. Em muitos países, a aplicação dos conhecimentos dessa nova ciência trouxe importantes contribuições para a revisão das políticas e práticas de alfabetização, assim como para a provisão de medidas de avaliação das habilidades de leitura e escrita, de programas preventivos para crianças com risco de fracasso escolar, como também para a reeducação daquelas com problemas de leitura, além de programas de reabilitação de pessoas com perda das habilidades de leitura e de escrita como resultado de lesão cerebral. O facto mais importante é que o interesse em melhorar o sucesso das escolas no ensino da leitura às crianças tem deixado de ser exclusivo dos educadores: os governos de muitos países (como França, Inglaterra e Estados Unidos) e também o governo brasileiro[1], têm direccionado sua atenção para programas de alfabetização com base nas descobertas científicas da ciência da leitura. O momento actual é decididamente

---

[1] No Brasil, a Comissão de Educação e Cultura da Câmara dos Deputados em Brasília criou um grupo de trabalho formado por especialistas nacionais e convidados estrangeiros para fazer uma análise das teorias e práticas de alfabetização no nosso país. Em setembro de 2003, o grupo de especialistas apresentou o relatório final intitulado GRUPO DE TRABALHO – ALFABETIZAÇÃO INFANTIL: OS NOVOS CAMINHOS.

propício à discussão sobre achados científicos relevantes para o ensino da leitura e da escrita. Tentaremos abordar aqui as questões mais fundamentais da alfabetização.

DEFINIÇÃO DE ALFABETIZAÇÃO

Alfabetizar é ensinar a ler e a escrever. Ler é a habilidade de extrair a pronúncia e mostrar compreensão de palavras escritas. Implica a capacidade de identificar palavras e o seu propósito é a compreensão. Escrever é a capacidade de produzir uma grafia convencional para uma palavra, com base na codificação de sua sequência de sons em uma sequência de letras. O propósito da escrita é a comunicação.

O QUE É ESPECÍFICO DA HABILIDADE DE LER?

Muitas das habilidades necessárias para a aquisição da leitura e da escrita encontram-se bastante desenvolvidas nas crianças, antes do início da alfabetização, por volta dos cinco anos. Nessa idade a criança pode entender e falar muitas centenas de palavras o que, de acordo com a abordagem de processamento da informação, significa que já possui amplo vocabulário arquivado, tanto em seu sistema de reconhecimento auditivo como no sistema de produção de palavras, além de já dispor dos processos gramaticais requeridos para a compreensão e a produção da fala. Os pré-leitores possuem, pois, formas incompletas, mas usáveis, dos componentes do processamento de informações comuns à audição, à fala, à leitura e à escrita. O processo de alfabetização consistirá em levar a criança a desenvolver sistemas para o reconhecimento e para a produção da língua escrita e de integrá-los naquele que já existe para o processamento da língua falada.

Philip B. Gough (p. ex: Gough, Juel & Griffith, 1992) – considerando que muitas crianças, antes de entrar para a escola, têm noções sobre os usos e funções da escrita, conhecem um pouco sobre a forma de sua ortografia e sobre a natureza do discurso – afirma que *o processo formal* de aprendizagem da leitura inicia-se quando as crianças começam a reconhecer palavras. A aquisição da leitura é, primeiramente, a aquisição da habilidade de reconhecer palavras.

É claro que, após o reconhecimento visual, o leitor tem de atribuir um significado e um valor sintáctico a cada palavra da sentença. Após o entendimento de cada sentença do discurso, deve relacioná-las a outras sentenças e integrar o conteúdo lido ao que já sabe e, dessa forma, assimilar o texto. Acontece que os leitores já executam essas habilidades linguísticas quando ouvem. São, portanto, habilidades do processo de compreensão em geral e não apenas da leitura. Por essa razão, Gough e seu grupo equiparam a aquisição da leitura não apenas ao reconhecimento de palavras, mas ao produto dessa habilidade com a compreensão, o que foi expresso por meio da equação mais citada na literatura:

$L = D \times C$, onde L representa a leitura, D a capacidade de decodificar a escrita e C a compreensão.

A decodificação refere-se ao uso eficiente da correspondência letra-som – tecnicamente denominada correspondência grafema-fonema[2] – no reconhecimento de palavras, e é vista como fundamental para o desenvolvimento da leitura. Isso porque, para ser capaz de ler, o leitor precisa saber como o sistema de escrita funciona, isto é, no caso da nossa escrita, feita com letras do alfabeto grego-latino, precisa entender a característica fundamental desse sistema: o conhecimento de que as letras representam os sons da fala. O domínio desse conhecimento – denominado *princípio alfabético* – permite a decodificação da escrita. Para decodificar uma escrita, a questão mais importante é saber quais sons estão associados a quais letras. As correspondências grafema-fonema constituem, pois, a essência do código alfabético.

---

[2] Os grafemas são unidades da linguagem escrita. São formados por uma ou mais letras, como o grafema <l>, ou <lh>. São geralmente assinalados por aspas ou podem ser apresentados entre os sinais "<" e ">". Cada grafema corresponde a um fonema e o número de grafemas pode não coincidir com o número de letras das palavras. A palavra *chuva,* por exemplo, é formada de cinco letras c-h-u-v-a, e de quatro grafemas. <ch-u-v-a> que, por sua vez, correspondem a quatro fonemas /-u-v-a/. Os fonemas - escritos entre barras "/ /" por convenção da lingüística - são unidades da linguagem falada. São sons que distinguem significados, como os fonemas /t/ e /d/ nas palavras *tia* /´tia/ e *dia* /´dia/. Os sons que não distinguem significados, por serem variações de pronúncia para um mesmo fonema, são chamados fones (ou *alofones* ou *variantes)* e são escritos entre colchetes "[ ]". No português brasileiro, os fonemas /t/ e /d/ antes de /i/, por exemplo, podem ser pronunciados com um "chiado" - *tia* [´tia] e *dia* [´dia] - em algumas regiões e sem "chiado" - *tia* [´tia] e *dia* [´dia] - em outras. Acrescentar ou não um "chiado" aos fonemas /t/ e /d/ produz sons diferentes mas não faz nenhuma distinção significativa.

QUAL É A ESSÊNCIA DA APRENDIZAGEM DA LEITURA?

Aprender a ler consiste essencialmente em adquirir as competências para decodificar, isto é traduzir as letras escritas em sons. A aquisição da correspondência letra-som de forma sistemática permite ao aprendiz ler novas palavras. Ao decodificar uma nova palavra, o leitor tem a oportunidade de se ater à sua grafia o que, por sua vez, após poucas outras exposições seguidas de decodificação, bem sucedidas, leva-o a memorizar a representação ortográfica detalhada da palavra, que é o fundamento do reconhecimento hábil de palavras (Ehri, 1992; Share, 1995; Stuart & Coltheart, 1988). Dessa forma, os leitores constróem unidades de reconhecimento que serão incorporadas ao léxico ortográfico, o que permitirá o desenvolvimento de uma rota direta para reconhecimento visual de palavras. Esse desenvolvimento é um pré-requisito essencial para tornarem-se leitores competentes – atingir a fase ortográfica (p. ex., Morton, 1989) ou fase alfabética plena (Ehri, 1999) de desenvolvimento da leitura.

Quando isso acontece, sobram recursos – atenção e memória – a serem direccionados para a compreensão, que é o propósito da leitura. A literatura tem mostrado de forma consistente que um reconhecimento de palavras lento e impreciso é a principal característica da dislexia do desenvolvimento.

A decodificação fonológica, por formar a base do eficiente reconhecimento de palavras, é, pois, o cerne do conceito de alfabetização e o primeiro passo para a aquisição da leitura. Tem como pré-requisitos a consciência fonémica e o domínio do princípio alfabético. A *consciência fonémica* refere-se à capacidade de analisar a fala em seus sons constituintes. Mais especificamente, é a compreensão de que a fala é formada por uma série de fonemas, o que por sua vez permite a segmentação de palavras faladas em sequências de fonemas. A consciência fonémica é o ponto de partida para a compreensão do princípio alfabético, pois os fonemas são as unidades de sons representadas pelas letras. Há sólidas evidências de que o domínio do princípio alfabético e uma boa consciência fonémica são os maiores preditores do futuro bom desempenho em leitura. Treiman e Baron (1981), por exemplo, demonstraram que a habilidade de analisar a fala em unidades de sons correlaciona-se com o uso das regras de correspondência entre grafema e fonema.

Outras competências consideradas fundamentais para o processo de alfabetização, citadas pela literatura, são: familiaridade com textos impressos; aquisição de vocabulário, desenvolvimento da habilidade de ler com velocidade e precisão – fluência – e do uso de estratégias de compreensão. A capacidade de ler envolve ainda informações de natureza ortográfica, semântica, sintáctica e pragmática, que são importantes para a interpretação do texto e também para a identificação das palavras escritas. Os modelos interactivos (p. ex: Stanovich, 1980; Seidenbert & McClellandk, 1989) mostram que o processamento das palavras escritas envolve a activação simultânea de todos esses tipos de informações. No entanto, direccionaremos aqui nossa atenção para o essencial da alfabetização: o ensino da decodificação fonológica.

A implicação pedagógica do que acabamos de apresentar é que, embora o ensino da decodificação deva ser a ênfase do processo de alfabetização, um programa adequado de ensino deve assegurar o desenvolvimento de todas as competências citadas anteriormente. Em particular, o desenvolvimento da consciência fonémica e o domínio do princípio alfabético devem ser a base de qualquer programa de alfabetização, pois as pesquisas sobre bons e maus leitores e sobre métodos de alfabetização têm demonstrado (p. ex., ver o trabalho de Foorman e colegas, 1998) que há benefícios palpáveis para o aprendiz quando o ensino da decodificação fonológica é feito em forma de instrução explícita e sistemática, como a adoptada pelos métodos fónicos (que pertencem à classe dos métodos sintéticos de alfabetização), o que questiona a validade dos métodos que defendem o ensino incidental da habilidade de decodificação, abordagem favorecida pelos proponentes do construtivismo (derivado da teoria de Emília Ferreiro) e do método analítico, o chamado método global.

Não é, pois, surpreendente que exista consenso na psicologia cognitiva de que a alfabetização com base na *concepção fónica* oferece vantagens em relação ao ensino por outros métodos (p. ex: Chall, 1967; Adams, 1990; Foorman e colegas, 1991; Adams, & Buck, 1993; Anderson, Hiebert, Scott & Wilkinson, 1995). Pflaum e colegas (1980), em meta análise da pesquisa sobre o ensino da leitura, descobriram que o *método fónico sintético* – ensino que encoraja as crianças a converter letras em sons, com ênfase explícita na combinação de sons para formar palavras – oferece melhor resultado do que todos os outros tipos de instrução de leitura, incluindo outras versões do próprio método fónico que se baseiam na síntese de unidades maiores do que o fonema (sílabas ou rimas, por exemplo). Segundo Share (1995), a comprovação da superioridade do método fónico sintético está de acordo com o papel causal do conhecimento da relação letra-som e de síntese fonémica na leitura. Também oferece suporte à noção de que o treino em consciência fonémica é a própria instrução de leitura e que a consciência fonémica é essencialmente uma sub-habilidade da leitura e não uma habilidade básica de processamento fonológico. Percebe-se, pois, que o desenvolvimento da habilidade de análise fonémica intencional representa um papel importante na aquisição da decodificação fonológica.

Com base em uma profunda reflexão sobre o corpo de descobertas em pesquisas acerca do papel central da decodificação fonológica na aquisição da leitura, Share (1995) elaborou a teoria psicológica chamada hipótese de auto-ensino. O ponto central desta teoria é que a decodificação fonológica funciona como um mecanismo de auto-ensino que habilita o alfabetizando a adquirir representações ortográficas detalhadas de palavras que, por sua vez, são necessárias para o seu rápido e autónomo reconhecimento visual.

DECODIFICAÇÃO FONOLÓGICA E O MECANISMO DE AUTO--ENSINO

A função do auto-ensino no processo de decodificação fonológica possui, segundo Share (1995), três características chave:

1. O desenvolvimento do papel da decodificação fonológica é visto como baseado em *itens* ao invés de baseado em *estágios*. O processo de reconhecimento de palavras dependerá primeiramente da frequência com que uma criança foi exposta a uma palavra particular juntamente, é claro, com a natureza e sucesso da identificação do item. A maioria das palavras em texto natural será reconhecida visualmente em virtude de sua alta freqüência, enquanto um número menor de itens de baixa freqüência promoverá oportunidades para auto-ensino com um mínimo de prejuízo do processo de compreensão;
2. O processo de decodificação torna-se cada vez mais sensível ao contexto, ou "lexicalizado", no curso do desenvolvimento. Correspondências simples grafema-fonema tornam-se modificadas e

refinadas à luz da influência lexical imposta pelo crescente corpo de conhecimento ortográfico. A expansão do léxico impresso (vocabulário reconhecido de forma visual) alerta a criança para as regularidades além do nível de correspondências grafema-fonema simples, tais como sensibilidade ao contexto, restrições posicionais e morfémicas. O conjunto inicial de simples correspondência grafema-fonema representa o ponto de partida para o processo de decodificação, uma vez que oferece um número mínimo de regras com o máximo poder gerativo e é muito diferente das correspondências grafia-som que a criança eventualmente irá adquirir. Esse mecanismo simples e gerenciável é suficiente para dar início ao mecanismo de auto-ensino;

3. O mecanismo de auto-ensino é composto de dois processos: o fonológico e o ortográfico. Ambos contribuem de forma independente para a aquisição de reconhecimento de palavras. O componente fonológico vem em primeiro lugar e responde pela maior parte da variância em diferenças individuais na habilidade de leitura. O componente ortográfico é um factor adicional, independente, mas secundário. O componente fonológico é simplesmente a habilidade de usar o conhecimento das correspondências letra-som para identificar palavras não-familiares. Essa habilidade representa o *sine qua non* da aquisição da leitura. Entretanto, acima e além dessa habilidade de decodificar palavras não-familiares, existem diferenças individuais na habilidade de arquivar e recuperar a informação especificamente ortográfica da palavra – o componente ortográfico. As diferenças no processamento visual (ou ortográfico), determinarão o quão rapidamente e precisamente as representações ortográficas serão adquiridas. O factor visual/ortográfico, contudo, irá depender fortemente da bem sucedida operação do componente fonológico.

A hipótese de auto-ensino não é, então, uma teoria de um único factor actuando sobre a aprendizagem da leitura: enfatiza a primazia dos processos fonológicos na identificação de palavras, mas também o papel secundário dos processos ortográficos e do conhecimento contextual; considera que a informação lexical e a contextual são importantes na resolução de ambiguidades surgidas no processo de decodificação e observa que essas informações deveriam receber mais do que a simples menção recebida até agora pelos modelos correntes de reconhecimento de palavras.

A hipótese de auto-ensino é também uma teoria psicológica sobre as habilidades necessárias para a bem sucedida aquisição da leitura. Não é uma teoria pedagógica. Como muitas outras teorias psicológicas, especifica o que deve ser adquirido e não como as habilidades devem ser ensinadas. O fato de os programas de alfabetização com ênfase na fonologia serem superiores aos programas com ênfase no significado é tomado como suporte empírico (indireto) para a importância psicológica da habilidade de decodificação, mas não como uma prescrição para o ensino da leitura. Abordagens alternativas ou outras abordagens a serem ainda desenvolvidas devem provar-se superiores aos programas existentes, de ênfase na fonética.

Nesse sentido, a linguista brasileira Euzi Moraes, em seu artigo "Lingüística para a didática da alfabetização" (em preparação), enfoca a necessidade do encontro do ensino da leitura e da escrita com a linguística. A linguística, entendida como o estudo científico da linguagem e de seu funcionamento, pode contribuir para a alfabetização na medida que investiga a maneira como a língua é estruturada e as suas variações. Os conhecimentos linguísticos são fundamentais no processo de alfabetização, uma vez que ensinar a linguagem é mostrar como ela funciona, como é plástica e como varia no espaço geográfico, no meio social e também no tempo. Ao início da aquisição da escrita, as crianças não percebem as diferenças que existem entre a fala e a escrita, isto é, escrevem do jeito que falam. Os alfabetizadores que contam com o suporte da lingüística certamente saberão lidar melhor com essas questões e terão mais recursos para conduzir as crianças no processo da aquisição da leitura e da escrita, incluindo nesse processo o ensino da ortografia e da gramática. Outros linguistas, tais como Luiz Carlos Cagliari (1996), por exemplo, compartilham dessas ideias e chamam a atenção para o fato de o processo de formação dos professores não contemplar os conhecimentos ligados à linguística. O foco de discussão dentro do contexto escolar, no que se refere à alfabetização, concentra-se em grande parte em *quando* ensinar e não em o *que* e *como* ensinar.

É a partir do desencontro entre a alfabetização e a linguística – identificado por Euzi Moraes – que surgiu a motivação para a presente conferência. O propósito é fazer uma reflexão sobre como a linguística pode contribuir para a formação do professor de forma a orientá-lo sobre como conduzir o processo de alfabetização. Por exemplo, embora exista consenso quanto à superioridade do método fónico em relação a outros métodos, o problema talvez se situe, não na premissa de que se deva ensinar o código alfabético, mas na maneira de fazer esse ensino. Nesse aspecto, Fernanda Viana (2002, p. 102) levanta as seguintes questões: "Como pode uma abordagem que enfatiza o código (abstracto) adaptar-se às capacidades das crianças? Será que devemos ensinar apenas os sons das letras, evitando os seus nomes? Por qual ordem devem ser introduzidas as correspondências grafema-fonema? Como é que devem ser introduzidas? As actividades de escrita e leitura devem ser desenvolvidas em paralelo?"

A Psicologia cognitiva não nos oferece respostas claras a essas indagações. Cagliari (1997) chama a atenção para esse fato ao dizer que o professor não encontra na psicologia (nem na pedagogia) os subsídios necessários para ensinar alguém a ler, e afirma que está no conhecimento lingüístico a chave para compreender-se o processo de alfabetização, o qual abarca as dimensões oral e escrita, da linguagem.

Em seu livro "Alfabetizando sem o bá, bé, bi, bó, bu", publicado em 2003, Cagliari, partindo de uma crítica aos métodos tradicionais de alfabetização, particularmente o das cartilhas, amplamente utilizado no Brasil, coloca à disposição dos alfabetizadores e de todos os interessados no estudo e ensino da leitura parte do conjunto de conhecimentos solidamente estabelecidos pela ciência linguística para uma aplicação à educação. Ele oferece nessa obra um "roteiro de sugestões para professores alfabetizadores", cujas ideias principais apresentaremos aqui sucintamente.

Para Cagliari, o trabalho escolar de primeira série tem vários objectivos, mas o principal deles é ensinar as crianças a ler e escrever. O segredo da alfabetização é a leitura. A leitura exige a compreensão de como o sistema de escrita funciona – o domínio do princípio alfabético – o que permite a sua decifração. Para decifrar uma escrita, o ponto crucial é saber quais sons estão associados a quais letras[3]. É somente a partir da decifração que se pode chegar a outros níveis de leitura – quando as

---

[3] O que equivale ao processo de decodificação fonológica, citado anteriormente.

habilidades de compreensão e aprendizagem a partir do texto tornam-se centrais –, já que a decifração não é somente um pré-requisito para a leitura: é também o seu primeiro nível. Já que para Cagliari o conhecimento das regras de correspondência entre letras e sons é indispensável para decifrar-se a escrita, a sua visão está, portanto, em perfeito acordo com o ponto de vista defendido pela psicologia cognitiva que, como vimos, considera a decodificação fonológica como o cerne da alfabetização e o primeiro passo para a aquisição da leitura.

Para ensinar a decifrar e ler, é necessário explicitar para o aprendiz as regras que oferecem o embasamento para a leitura. Isso significa, segundo Cagliari, que o aluno deve conhecer a língua na qual as palavras foram escritas; conhecer o sistema de escrita, o alfabeto, as letras, seus nomes e sua categorização gráfica e funcional; conhecer a ortografia, o princípio acrofônico[4] e as relações entre letras e sons (princípio da leitura) e entre sons e letras (princípio da escrita); conhecer a ordem das letras na escrita e a linearidade da fala e da escrita. O aluno deve ainda reconhecer uma palavra, e saber que nem tudo o que se escreve são letras, nem tudo que aparece na fala tem representação gráfica na escrita e, finalmente, que o alfabeto não é usado para fazer transcrições fonéticas. A transmissão eficaz de todos esses conhecimentos exige que o alfabetizador conheça profundamente o funcionamento da escrita, da decifração e como a escrita e a fala se relacionam.

Para ensinar as relações entre letras e sons, que vimos ser o aspecto indispensável à decifração, o professor deve fornecer explicações básicas ao aluno sobre o que é um sistema de escrita (no nosso caso, formado por um alfabeto – composto de 26 letras, alguns diacríticos e sinais de pontuação), sobre o que a escrita representa – sons da fala, regidos por convenções – e a diferença entre a leitura e a escrita. A seguir deve explicar o que é uma letra, como reconhecê-la, as diferentes formas que pode apresentar e os sons que representa. É necessário ainda que o professor procure ensinar as crianças a segmentar a fala em palavras e

---

4 O princípio acrofônico é definido como um conjunto de regras que são usadas para decifrar os valores sonoros das letras. Esse processo é descrito como envolvendo dois momentos: no primeiro, atribuiu-se a cada letra o som que é dado pelo seu nome e no segundo, somam-se os sons para a identificação da palavra escrita. Esse princípio é visto como uma das ferramentas mais importantes para a realização da decifração e parece formar a base para o conhecimento das relações entre letras em sons e entre sons e letras.

26 *Leitura, Literatura Infantil e Ilustração*

explicar como descobrir as regras de decifração. Para cada item proposto, Cagliari oferece ao professor sugestões de atividades para serem desenvolvidas em sala de aula.

Ao considerar a ordem em que a leitura e a escrita devem ser ensinadas, Cagliari recomenda que a leitura deve preceder a escrita, dado que dessa maneira pode-se mostrar às crianças as relações entre as letras e os sons a partir de uma forma ortográfica já estabelecida. Do contrário – partindo-se da escrita para a leitura –, as dúvidas entre as relações som-letra irão surgir em função das irregularidades da ortografia, já que em português, como em muitos outros alfabetos, essas relações são muito mais complexas e governadas por um número bem mais reduzido de regras em comparação à leitura. Por essa razão, outro linguista brasileiro, Daniel Alvarenga, observa que o ensino simultâneo da leitura e da escrita tem efeitos contrários para cada habilidade: "segura" a leitura, impedindo o seu rápido desenvolvimento e "corre" com a escrita ao saltar etapas. Alvarenga (1988), partindo do pressuposto de que toda aprendizagem por regra será relativamente mais rápida, opina que o ensino da escrita deve ocorrer muito mais lentamente. Deveria começar com relações som-letra controladas por regras que, natural e sistematicamente, se estenderiam aos casos (um a um) de arbitrariedade. Esse autor acrescenta que o ensino da leitura e da escrita pode até ocorrer ao mesmo tempo, mas adverte que a leitura deverá sempre estar à frente da escrita, o que fará dela um elemento auxiliar na aprendizagem da escrita.

Cagliari afirma ainda que se a escola der prioridade à decifração da escrita como o ponto central da alfabetização e dedicar uma hora por dia às actividades específicas que sugere, todos os alunos – com maior ou menor dificuldade – aprenderão a ler (decodificar e dar significado) o que está escrito. Quem souber fazer isso estará, tecnicamente falando, alfabetizado, o que segundo Cagliari pode ocorrer em dois ou três meses. O restante é o desenvolvimento dessa habilidade e a complementação com conhecimentos que serão aprendidos depois.

O RELACIONAMENTO ENTRE APRENDIZAGEM E ENSINO

No processo de alfabetização, segundo Cagliari, é mais importante ensinar ao aluno "como aprender", do que ficar analisando detalhadamente letra por letra, caso por caso. Os professores devem deixar que os

Mudanças a serem introduzidas no ensino da leitura e da escrita... 27

alunos tomem a iniciativa de reflectir sobre os fenómenos que estudam, porque sozinhos também chegam a resultados interessantes e até surpreendentes. Os conhecimentos passados, já adquiridos, servem de apoio para o desenvolvimento de novos conhecimentos. Assim funciona o processo de aprendizagem. O ensino nada mais é do que a criação das condições adequadas para que a aprendizagem aconteça. A visão de Cagliari está em perfeito acordo com o ponto de vista de Share (1995) no que se refere ao relacionamento entre aprendizagem e ensino. Para Share a complexidade do conhecimento do relacionamento letra-som do leitor hábil impede a possibilidade de partilhar esse sistema directamente com o novato. Consequentemente, segundo Share, os professores podem somente oferecer modelos simplificados da correspondência letra-som que ofereçam ao aprendiz o suporte para o desenvolvimento e refinamento do conhecimento de base. Isso significa que os professores não podem ensinar as crianças a ler, podem somente ensiná-las como ensinar-se a si próprias. A hipótese de auto-ensino é precisamente isso – uma teoria sobre como as crianças ensinam a si próprias como ler.

Remetendo-nos agora ao tema desta conferência, a maior mudança a ser feita para a promoção de um ensino eficiente da leitura refere-se a um investimento na formação do professor. Tal formação deve levar definitivamente à promoção de um encontro entre a Ciência da Leitura e a Linguística, levando em conta os achados de ambas as áreas de estudo, lucrando com esse encontro, em última instância, a escola, os alfabe-tizadores, os alfabetizandos e a sociedade.

REFERÊNCIAS BIBLIOGRÁFICAS

ADAMS, M. J. (1990). *Beginning to read: thinking and learning about print.* Cambridge, MIT Press.

ADAMS, M. J. & BUCK, M. (1993). Word recognition: the interface of educational policies and scientific research. *Reading and Writing: an Interdisciplinay Journal*, 5, 113-119.

ALVARENGA, D. (1988). Leitura e escrita: dois processos distintos. *Educação em Revista*. Belo Horizonte, 7, 27-31.

ANDERSON, R. C., HIEBERT, E. H., SCOTT, J. A. & WILKINSON, I. A. G. (1995). *Becoming a nation of readers: the report of the commission on reading.* Washington, DC: USOE.

CAGLIARI, L. C. (1996). *Alfabetização e lingüística.* São Paulo: Scipione.

28 *Leitura, Literatura Infantil e Ilustração*

CAGLIARI, L. C (2003). *Alfabetizando sem o ba, bé, bi, bó, bu*. São Paulo: Scipione.

CHALL, J. S. (1967). *Learning to read: The great debate*. New York: McGraw Hill.

EHRI, L. C. (1992). Reconceptualizing the development of sight word reading and its relationship to recoding. *In* GOUGH, P. B.; EHRI, L. C.; TREIMAN, R. (Eds.), *Reading Acquisition* (pp. 107-144). Hillsdale (NJ): Lawrence Erbaum.

EHRI, L. (1999). Phases of development in learning to read words. *In* J. Oakhill R. Beard (Eds.), Reading Development and the Teaching of Reading: A Psychological Perspective (pp. 79-108). Oxford, UK: Blackwell Publishers.

FOORMAN, B. R., FRANCIS, D. J., FLETCHER, J. M., SCHATSCHNEIDER, C. & MEHTA, P. (1998). The role of instruction in learning to read: preventing reading failure in at-risk children. *Journal of Educational Psychology*, 90, 37-55.

FOORMAN, B. R. FRANCIS, D. J., NOVY, D. M. & LIBERMAN, D. (1991). How letter-sound instruction mediates progress in first-grade reading and spelling. *Journal of Educational Psychology*, 84, 456-469.

GOUGH, P. B., JUEL, C.& GRIFFITH, P. L. (1992). Reading, Spelling, and the orthographic Cipher. *In* GOUGH, P. B.; EHRI, L. C.; TREIMAN, R. (Eds.), *Reading Acquisition* (pp. 35-48). Hillsdale (NJ): Lawrence Erbaum.

MORAIS, E. (em preparação). *Lingüística para a didática da alfabetização*.

MORTON, J. (1989). An information-processing account of reading acquisition. *In* GALABURDA A. M. (Eds.), *From Reading to Neurons* (pp. 44-66). Cambridge: MIT Press.

PFLAUM, S. W., WALBERG, H. J., KAREGIANES, M. I. & RASHER, S. P. (1980). Reading instruction: a quantitative analysis. *Educational Researcher*, July-August, 12-18.

SHARE, D. L. (1995). Phonological recoding and self-teaching: Sine qua non of reading acquisition. *Cognition*, 55, 151-218.

SEIDENBERT, M. S. & MCCLELLANDK, J. L. (1989). A distributed, developmental model of word recognition and naming. *Psychological Review*, 96, 523-568.

STANOVICH, K. E. (1980). Towards an interactive-compensatory model of individual differences in the development of reading fluency. *Reading Research Quartely*, 16, 32-71.

STUART, K. M & COLTHEART, M. (1988). Does reading develop in a sequence of stages? *Cognition*, 30, 139-181.

TREIMAN, R., & BARON, J. (1981). Segmental analysis ability: Development and relation to reading ability. *In* G.E. MacKinnon & T.G. Waller (Eds.), *Reading reserach: advances in theory and practice*, Vol. 3. New York: Academic Press.

VIANA, F. L. P (2002). *Da linguagem oral à leitura: construção e validação do Teste de Identificação de Competências Linguísticas*. Lisboa: Fundação para a Ciência e Tecnologia/Fundação Calouste Gulbenkian.

PEDAGOGIA DA LEITURA: PRINCÍPIOS E PRÁTICAS*

MARIA DE LOURDES DIONÍSIO
Instituto de Educação e Psicologia
Universidade do Minho

Resumo:

Nesta comunicação analisam-se, num primeiro momento, algumas práticas de leitura sugeridas por manuais escolares. À luz dos leitores e da leitura que aí se configuram, discutem-se, depois, alguns princípios estruturantes de uma pedagogia da leitura que vise a formação de leitores não só competentes, mas também críticos. Na medida em que, numa pedagogia assim orientada, as práticas de leitura escolar não poderão ser limitadas a um só tipo de texto e/ou a um só tipo de exercício, dar-se-á particular relevo a propostas de ensino que integram, por um lado, a leitura da literatura e de textos não literários e, por outro, actividades susceptíveis de desenvolver sujeitos em que a leitura faz parte da vida.

Abstract:

In this communication, there are analysed, in the first place, some of the reading practices suggested by the school manuals. In the light of the readers and of the reading that emerges from this analysis, we discuss, in the second place, some of the formative principles of a pedagogy of reading that aims in the second place formation of readers that are not only competent, but also critical. Given that, in a pedagogy thus oriented, the practices of school reading cannot be

---

* Texto produzido no âmbito do Projecto – *Literacias. Contextos. Práticas Discursos*, financiado pela Fundação para a Ciência e a Tecnologia, em desenvolvimento no CIEd, com a referência POCTI/CED/33888/2000.

INTRODUÇÃO

limited to a single type of text and/or a single type of exercise, there will be given particular relevance to teaching proposals that integrate, on one side, the reading of literature and of non-literary texts, and, on the other side, activities susceptible of developing conscious readers in whom reading is a part of life.

INTRODUÇÃO

Por muito redundante, e até desnecessário, que possa parecer, sobretudo para aqueles que se reúnem em encontros como este, qualquer discussão sobre pedagogia da leitura não pode passar sem uma circunscrição prévia do que se entende por leitor e leitura e, necessariamente, sobre as razões e os modos para a sua aprendizagem. E isto porque destes entendimentos emergem sempre, para além de posições teóricas, uma opção política sobre o que é que se ensina e porquê e, naturalmente, quais as práticas e recursos adequados para a sala de aula (Geraldi, 1999).

É, por isto, que vem particularmente a propósito, a Mensagem do International Board on Books for Young People, para as comemorações do 2 de Abril, Dia Internacional do Livro Infantil, entretanto distribuída pela sua Secção Portuguesa – APPLIJ (Associação para a Promoção da Literatura Infantil e Juvenil), na medida em que esta encerra (e visa) uma teoria da leitura e do leitor e, implicitamente, uma ideologia sobre as vantagens da leitura. Aqui se diz o que é ler, para que serve ler, quais as atitudes dos leitores "felizes", e, de certa forma, o que são os textos e para que servem.

A um primeiro olhar, esta mensagem, que é uma pequena história de Angeliki Varella, intitulada "A Luz dos Livros", sobre dois irmãos que "gostavam de ler", veicula uma das metáforas mais generalizadas sobre as vantagens da leitura: a da leitura como "estado de graça", isto é, uma perspectiva da leitura como prática que dá aos indivíduos atributos/ /poderes especiais, quase divinos (Scribner, 1988: 76-77)[1]. Com efeito, a "luz dos livros" que "nunca se apaga" (Mensagem), e com a qual estas crianças "caminharam pela Grande Muralha da China, escutaram a canção

---

[1] Sylvia Scribner discute os diferentes pontos de vista sobre a leitura e literacia organizando-os em três grandes metáforas: "como adaptação", "como poder" e "como estado de graça" ou "salvação". Chama, contudo, a atenção para o facto de estas perspectivas não serem nem exclusivas nem terem fronteiras bem definidas.

Pedagogia da leitura: princípios e práticas 31

do Oceano…" (idem), é a luz que toca os iluminados: os que lêem. Como em algumas tradições religiosas, onde a metáfora da leitura como "estado de graça" encontra as suas raízes, também nesta mensagem são as palavras (os livros) que têm "luz".

Na medida em que esta pode ser uma visão redutora, uma vez que "os valores da leitura sempre apontados são aqueles que lhes atribuem as classes dominantes, radicalmente diferentes dos que lhe atribuem as classes dominadas" (Soares, 1988: 21) e que, por outro lado, a palavra "ler" envolve múltiplas formas e sentidos, tentarei desmontar esta multi-significação usando a história de Angeliki Varella (Anexo 1), na crença de que uma "idealização" da leitura não torna mais simples os problemas educativos que o seu ensino levanta, nem resolve os dilemas que a envolvem.

COMO SE LÊ?

A repetição, neste texto de Angeliki Varella, da palavra "sonho" ("Quando finalmente adormeciam, os contos, as histórias e as lendas, os lugares, os escritores e heróis confundiam-se nos seus *sonhos…*" e "Voavam para todo o lado, viajavam para toda a parte e *sonhavam*")[2], reenvia-nos demasiado imediatamente para uma ideia de leitura como actividade "escapista", a que anda naturalmente associada a ideia de leitura como viagem, aliás, associação muito recorrente no campo da literatura infantil. Não se satisfazendo as crianças com o seu quotidiano "almejam suplantá-lo, o que se viabiliza por meio de uma viagem" (Lajolo & Zilberman, 1991: 65). Também nesta Mensagem, esta viagem, "por menos imaginária que possa parecer, tem resíduos oníricos" (Lajolo & Zilberman, *id. ibidem*), veja-se como os heróis se confundem nos sonhos e como "sonhavam"…

Apesar de tudo isto, tentemos uma interpretação menos superficial deste texto. Não nos interessando aqui, pelo menos em primeira instância, uma reflexão sobre todas as finalidades da leitura e a forma como essas finalidades condicionam o processo e os seus produtos, na interpelação do que são e fazem os leitores, é condição dar conta de como são variados os caminhos por eles trilhados.

---

[2] Itálicos nossos.

Se atentarmos em como as leituras daqueles dois irmãos lhes permitiram admirar "a imensa variedade" de "civilizações", de "épocas", "conquistar o planeta" e "descobrir a vida do vasto mundo" (Mensagem), percebemos que não se pôde tratar apenas de uma apropriação acrítica, sem esforço, sem negociação, sem insistência. Para que "os contos, as histórias e as lendas, os lugares, os escritores e os heróis" (Mensagem) se misturassem e dessem origem a outras histórias (*"Esopo contava as suas histórias a Xerazade no ponto mais alto da Torre Eiffel..."*) houve necessariamente que identificar o ponto de vista de quem escreve ou de quem se fala, houve que identificar os objectivos do texto, que perceber como está organizada a informação, houve que aferir a coerência do que é dito, que ajuizar; houve que concordar, discordar, contrapor, ceder... Foi necessário estar envolvido numa leitura que é a análise dos textos.

Com estas leituras que tais factos permitiram, aqueles irmãos tiveram de se confrontar com o facto de os textos que leram representarem pontos de vista particulares que, inclusivamente, puseram em xeque os seus próprios pontos de vista. De facto, só assim, aceitamos que ler valha a pena.

Neste sentido, a leitura não é nem pode ser pensada como uma prática de mera aceitação de uma representação do mundo em que as coisas são naturalmente como são, não pode ser apenas algo que só tem efeitos quando "finalmente se adormece"(Mensagem). A "conquista", a "descoberta da vida", exigem reelaboração e ampliação, e resultam "da descoberta e de renovação da nossa experiência intelectual e moral, de adestramento reflexivo, de um exercício de conhecimento do mundo, de nós mesmos e dos outros" (Benedito Nunes, cit. por Britto, 2003: 89).

Aquela promessa de, pela leitura, se poder "conquistar o planeta" e "descobrir a vida" ou de "viver em diferentes civilizações" não é apenas possível pelo domínio de técnicas e de capacidades para usar um código, pelo saber operar com o sistema linguístico. Não resulta da identidade imediata entre o mundo do texto e o mundo do leitor, não é possível por um prazer fugaz ou mero envolvimento na diegese. Se levarmos a sério as palavras "conquistar", "descobrir", "viver", concluímos como tal leitura exige mais do que isso. Implica estados de perda, de desconforto, de conflito. E, implicando isto, envolve dimensões que estão para além da dimensão operacional no sentido de ser capaz, como dizia, de desvendar o código.

Pedagogia da leitura: princípios e práticas 33

Ler, nesta perspectiva, não é apenas uma questão de ser capaz de dizer sobre o que é o texto, uma questão de dominar técnicas que permitem a decifração e a aquisição de mais ou menos informação, de saber como funciona o alfabeto, a que sons correspondem os grafemas, de reconhecer as letras e as normas para as suas combinações. Ler, de modo a poder falar-se em *conquista*, *descoberta*, *vivência*, envolve uma dimensão cultural, bem assim como uma dimensão analítica e crítica. Dimensões que possibilitam ver os textos como mais do que conjuntos de palavras, que envolvem relações sociais, cujo contexto de produção e recepção lhes dá também sentido. No fundo, ver que os textos são construções sócio--históricas complexas.

Nestas práticas de leitura onde estão envolvidas tais dimensões, o papel do leitor não se reduz, portanto, à simples activação de recursos que dão expressão à dimensão operativa – ao papel de *decodificador*. Não podendo abdicar de competências para "abrir" o código dos textos, para reconhecer e usar os traços fundamentais da sua estrutura, incluindo as convenções estruturais das palavras e das frases, o leitor desempenha sobretudo o papel de *participante textual*, no sentido em que na compreensão dos textos faz intervir um conhecimento adicional necessário sobre os assuntos, as situações, os géneros, a vida. Veja-se, no texto de Angeliki Varella, como aqueles dois irmãos "*escutaram* a canção do Oceano com os Vikings... *deslizaram* de trenó... *participaram* nos jogos"[3].

Para além de *decodificador* e *participante*, o leitor é também um utilizador de textos. Utiliza-os para os seus fins privados ou públicos, reconhecendo-lhes as suas funções culturais e sociais. Um *utilizador de textos* compreende que tais funções culturais e sociais determinam o modo como os textos estão estruturados, a razão do seu tom, do seu grau de formalidade e da organização dos seus elementos. Porque usa textos, o leitor sabe como, o quê e porquê ler. Aqueles dois irmãos, na minha interpretação da Mensagem – interpretação que resiste a que a leitura seja apenas sonho, viagem...–, ao escolherem os seus livros, sabem o que procuram, o que vão encontrar e como o devem fazer.

Por fim, o processo de negociação, resistência, cedência, interacção, sedução que permite a descoberta, a conquista e a vivência pressupõe

---

[3] Itálicos nossos.

interrogarmo-nos, pressupõe questionar as evidências, pressupõe o combate da simplificação e da superficialização da realidade (cf. Silva, 1998), e isto não apenas por parte do leitor adulto. Ler é, assim, interrogar os textos quanto aos seus pressupostos sobre o mundo, bem assim como interrogar as assunções que cada um de nós tem sobre este mesmo mundo e sobre o que trazemos para os textos Os textos, de facto, não são apenas palavras. Os livros são mais do que utensílios para aprender linguagem e sobre a linguagem. Os leitores usam os livros para questionar, interpelar, problematizar, desnaturalizar, interromper e perturbar o que parece ser normal, natural, corrente, mundano, e quotidiano.

Este é um modo de entender a leitura que não se satisfaz, como atrás foi insinuado, com a leitura como fuga ao quotidiano. É um entendimento de leitura como transformação não só de nós próprios, mas do mundo, das condições em que as pessoas vivem. E naquele "sonhar" prefiro interpretar um sonhar com substância: por exemplo, o sonhar com um mundo melhor.

Em síntese, leitor é então aquele que se envolve em famílias de práticas onde é *decodificador*, *participante textual*, *utilizador de textos* e *crítico* (Freebody & Luke, 2002), sem o que o poder transformador dos textos nunca será concretizado. Leituras com o poder transformador que sempre se lhes reivindica requerem das pessoas todas estas competências. É neste sentido que concordamos com a posição que defende que qualquer programa de ensino da leitura, seja no infantário, em aulas de adultos, em cursos universitários, ou em qualquer ponto pelo meio, precisa de activar tais papéis de leitor sistematicamente, explicitamente e em todos os pontos de desenvolvimento (Freebody, 1992: 58).

Reconhece-se que "o contexto no qual a literacia [por inerência, a leitura] é ensinada e adquirida é determinante [...] e o meio no qual os estudantes aprendem tem um impacto decisivo nas consequências cognitivas do domínio da capacidade e nos usos que dela podem ser feitos" (Graff, 1986: 23). Não sendo a prática de leitura dependente, portanto, apenas da sua maior ou menor vontade para o fazer, do maior ou menor poder de mensagens que dizem que ler é bom, que dá prazer, é fundamental confrontar estas características com as práticas de leitura e ensino da leitura na escola, muito particularmente nas aulas de língua.

COMO SE ENSINA A LER?

Leitores e leituras são afectados pelas condições sociais em que a identidade de leitor foi sendo construída. O mesmo é dizer que nem sentidos nem práticas nem valores sobre a leitura podem ser dissociados daquelas condições em que a construção do leitor se processa. Estas condições são significativamente estabelecidas pelas práticas de escolarização que dotam os sujeitos não só das capacidades sancionadas pela escola como legítimas para a leitura dos textos, mas também dos valores a atribuir-lhes, de concepções de texto socialmente válido, de valores acerca da leitura e do papel do leitor.

Por tudo isto, a análise da relevância social da leitura e a compreensão das práticas, capacidades, hábitos e atitudes de leitura obrigam a um olhar atento sobre a escola e, nesta, sobre alguns contextos mais especializados, particularmente sobre a aula de língua. Este é, naturalmente, apenas um dos lugares onde os indivíduos se formam como sujeitos sociais, logo também, como leitores, mas no que à leitura diz respeito, é um lugar determinante, não só porque aí se dotam os sujeitos com a técnica que a torna possível, mas também porque é na escola e na aula que se constroem os principais sistemas de inteligibilidade e neles se localizam os sujeitos (Dionísio, 2000; 2004).

Ora, interrogar o processo de construção escolar dos leitores implica ter em consideração um "dispositivo" pedagógico que, dotado de uma posição de interface privilegiada, é simultaneamente um texto regulado e um texto regulador – o manual. O seu estatuto e funções na escola criam condições que possibilitam a sua caracterização como verdadeiro lugar de definição dos saberes e práticas legítimas na comunidade de falantes e leitores. Relativamente à leitura, e nesta perspectiva, o manual é uma voz com poder para estabelecer o *corpus* de textos legítimos e as normas de comportamento face aos textos, em consequência, configurando as capacidades de os compreender e interpretar e a vontade de os ler.

O que a análise deste dispositivo, seja nos níveis iniciais seja intermédios ou superiores da escolaridade, tem demonstrado, sintetiza-se nestas afirmações gerais:

i) as práticas de leitura desenrolam-se sob uma forte orientação e controlo dos percursos interpretativos e sentidos possíveis;

ii) o modo de dirigir e moldar a prática interpretativa dos alunos (e professores) reverte-se numa redução do texto a um conjunto fragmentado de enunciados para os quais, por meio de um percurso linear e indiferente à interacção dos múltiplos códigos e estruturas textuais, se vão apresentando interpretações;

iii) esta pré-determinação dos sentidos, privilegiadamente os construídos a partir dos pontos de indeterminação dos textos, configura uma prática de leitura em que saem fortemente desvalorizadas as variáveis leitor e situação. Isto é, são escassas as condições para o desempenho dos papéis de leitura atrás identificados, para famílias de práticas com diferentes motivações e atitudes;

iv) a ordem dos valores transmitidos é ainda a da aceitação e reprodução de um sistema de relações culturais e sociais em que os textos servem para validar a autoridade e o poder de uns e controlar os processos de construção da identidade social de outros. A leitura contemplada não prevê, por isso, interrogação, reflexão, diferença, sujeitos individuais, tratando-se, aqui, sobretudo, de sentidos e leituras únicas, da existência de um só leitor. A forma da sua concretização consiste numa pedagogia do reconhecimento e da aceitação;

v) se o manual surge como um texto fechado, este fechamento atinge também os textos que incorpora. Por meio das práticas de interpretação que os manuais privilegiam e fazem os leitores realizar, os textos das antologias vêem as suas características originais serem transformadas, aparecendo, neste contexto, como textos também fechados cujos sentidos estão aí prontos a serem extraídos, reproduzidos, parafraseados.

As características identificadas são condições para tornar os leitores em consumidores e não intérpretes, em sujeitos dependentes, treinados para seguir instruções, receptores acríticos de esquemas convencionais, cuja posição é a de procurar nos textos os sentidos que outros postulam. Ler encontra-se, nestes manuais, reduzido a uma concepção muito restrita de compreensão; restrita na medida em que compreender não significa, necessariamente, participar na construção dos sentidos textuais, mas fazer funcionar uma capacidade de identificação a propósito de um texto e, neste, de sentidos claramente delimitados e, por isso, frequentemente atomizados.

Pedagogia da leitura: princípios e práticas   37

Se os objectivos do ensino da leitura visam a formação de sujeitos capazes de ter consciência dos seus esquemas mentais e, pelos textos, os reorganizar; se visam tornar os alunos em sujeitos críticos, capazes de elaborar, expandir, construir e criticar; se as práticas escolares de leitura aspiram à construção de uma comunidade de leitores caracterizada por competências que estejam para além da capacidade de decodificar textos, só elas capazes de promoverem, não só a assiduidade na leitura, mas sobretudo permitirem aos sujeitos reconhecer e valorizar o seu estatuto de leitor, permitirem leituras que não sejam a reprodução da ideologia do senso comum, que não sejam apenas reflexo do universo imediato dos sujeitos, então, os dados da análise que tem sido conduzida sobre os manuais, enquanto reguladores da pedagogia da leitura, obrigam a repensar as condições a que são submetidos os alunos no seu processo de formação enquanto leitores.

COMO ENSINAR A LER

Uma pedagogia da leitura orientada pelos princípios atrás apresentados, com condições para fazer os alunos envolver-se em famílias de práticas de decodificação, de participação textual, de utilização pragmática, e também de análise e crítica de textos, não simulando situações de leitura, mas efectivamente criando situações para leituras verdadeiramente fruídas, não pode ser limitada a um só tipo de texto ou a um só tipo de exercício.

Ensinar a ler as palavras para poder ler o mundo exige, não em momentos futuros, mas no próprio momento da leitura:

- ajudar os alunos a envolver-se com outras culturas e pessoas através do tempo e do espaço – lendo os mais variadíssimos textos, literários, não literários, orais, electrónicos…;
- ajudar a gerar e envolver perspectivas interculturais, contrastivas e históricas sobre os novos tempos, culturas, lugares do passado, presente e futuro;
- orientar na problematização das culturas e do conhecimento dos textos sujeitando-os a um debate crítico, a julgamento;
- criar condições para uma leitura de culturas, "à volta, por detrás, por debaixo, ao longo de depois e dentro do texto" (Luke, O'Brien, Comber, 2001: 113), nunca esquecendo que, "[a] capaci-

dade para decodificar palavras e fazer sentido com os textos faz as crianças serem bons consumidores mais do que bons cidadãos. Para serem de facto 'letradas', as crianças precisam de compreender como os textos funcionam e como eles, enquanto seres letrados, têm opções em termos de como vão responder a um texto particular num dado contexto" (Harste, 2001: 2).

REFERÊNCIAS BIBLIOGRÁFICAS

BRITTO, L. P. L. (2003). Leitura e política. *In* Aracy Alves M. Evangelista, Heliana Mª B. Brandão & Mª Zélia V. Machado (orgs.), *A escolarização da leitura literária. O jogo do livro infantil e juvenil* (pp. 77-91). Belo Horizonte: Autêntica.

DIONÍSIO, M. L. (2000). *A construção de comunidades de leitores. Leituras do livro de Português*. Coimbra: Almedina.

DIONÍSIO, M. L. (2004). Literatura e escolarização. A construção do leitor cosmopolita. *Palavras (A.P.P.)*, 25, 67-74.

FREEBODY, P. & LUKE, A. (2002). Literacy as engaging with new forms of life: the 'four roles' model. Manuscrito disponibilizado pelos autores.

FREEBODY, P. (1992).A socio-cultural approach: resourcing four roles as a literacy learner. *In* A. Watson & A. Badenhop (eds.), *Prevention of reading failure* (pp. 48-60). Sydney: Ashton Scholastic.

GERALDI, J. W., org. (1999, Org.). *O texto na sala de aula*. S. Paulo: Ática.

GRAFF, H. J. (1987). *The labyrinths of literacy. Reflections on literacy past and present*. London/N. York/Philadelphia: The Falmer Press.

HARSTE, J. C. (2001). The Halliday plus model. Texto apresentado na InterLERN Workshop, Mississauga ON (mns. policopiado).

LAJOLO, M. & ZILBERMAN, R. (1991). *Literatura infantil brasileira. História e Histórias* (5ª ed.). S. Paulo: Ática

SCRIBNER, S. (1988). Literacy in three metaphors. *In* Eugene R. Kingten, Barry M. Kroll & Mike Rose (Eds.), *Perspectives on literacy*. pp. 71-81. Carbondale: Southern Illinois University Press.

SILVA, E. T.o (1998). *Criticidade e leitura*. Campinas: Mercado de Letras/ALB.

SOARES, M. B. (1988). As condições sociais da leitura: uma reflexão em contraponto. *In* Regina Zilberman & Ezequiel Theodoro. da Silva (Orgs.), Leitura. Perspectivas interdisciplinares (pp.18-29). São Paulo: Ática.

VARELLA, A. (2004). A Luz dos Livros. Versão portuguesa da Mensagem do dia 2 de Abril, Dia Internacional do Livro Infantil. Difundida em Portugal por APPLIJ – Secção Portuguesa do IBBY.

Anexo
Mensagem do 2 de Abril, Dia Internacional do Livro Infantil[4]

A LUZ DOS LIVROS

Os dois irmãos costumavam brincar com um globo terrestre. Davam-lhe voltas e mais voltas e, de olhos fechados, escolhiam um ponto ao acaso. Com o dedo paravam o globo e, se o ponto em que tocavam coincidia com Pequim, Madagáscar ou México, iam às bibliotecas procurar livros cujas histórias se passassem nos lugares que lhes tinham calhado.

Gostavam muito de ler. Sentiam um imenso prazer com a leitura. E, na janela do quarto deles, via-se a luz acesa até muito tarde.

Com a «luz» dos livros caminharam pela Grande Muralha da China, escutaram a canção do Oceano com os Vikings, viveram perto das pirâmides do antigo Egipto, deslizaram de trenó sobre lagos gelados na companhia de esquimós, participaram nos jogos da antiga Olímpia e até ganharam uma coroa de ramo de oliveira.

Quando finalmente adormeciam, os contos, as histórias e as lendas, os lugares, os escritores e os heróis confundiam-se nos seus sonhos e embalavam-nos suavemente: Esopo contava as suas fábulas a Xerazade no ponto mais alto da Torre Eiffel, Cristóvão Colombo escutava Tom Sawyer a relatar as suas travessuras num barco em pleno rio Mississipi, Alice passeava no País das Maravilhas pela mão de Mary Poppins e Andersen narrava as suas histórias à aranha Ananse, junto a uma pirâmide.

O jogo com o globo terrestre e os livros divertia muito os dois irmãos, porque não acabava nunca. As páginas que haviam lido tinham-nos tornado marinheiros e exploradores. Com a «luz» dos livros conquistavam o planeta, viviam em diferentes civilizações, diferentes épocas, admirando a sua imensa variedade. Dito em poucas palavras: descobriam a vida no vasto mundo, ali a dois passos do seu quartinho. Voavam para todo o lado, viajavam por toda a parte e sonhavam.

E, é claro, esqueciam-se de apagar a luz!

– Meninos, toca a dormir! – repreendiam os pais. – Já é tarde. Apaguem a luz!

– Não podemos – respondiam a rir. – A «luz» dos livros nunca se apaga.

ANGELIKI VARELLA
(Versão portuguesa: José António Gomes)

ANGELIKI VARELLA nasceu em 1930, estudou História e Arqueologia na Universidade de Atenas e tornou-se uma das mais conhecidas e premiadas escritoras gregas de livros para crianças e jovens. Várias das obras que publicou (mais de três dezenas) são inspiradas na realidade da Grécia antiga e da sua mitologia ou ainda na vida natural. Mas aborda também problemas sociais com sentido de humor e optimismo. Dos seus muitos títulos destacam-se Nós e a Grécia (1966), Um Verão em Monemvasia (1976), Dragão, Dragão, onde Estás? (1986), Corinto (1998), Os Sapatinhos Contadores de Histórias (1998) e Dez Sanduíches com Histórias (2002).

---

[4] A mensagem do dia internacional do livro infantil (2 de Abril) é uma iniciativa do IBBY (International Board on Books for Young people). Difusão em Portugal: APPLIJ – Secção portuguesa do IBBY.

A ACTUAÇÃO ESTRATÉGICA NA LEITURA DE NARRATIVAS: OS PROCESSOS INTEGRATIVOS

JORGE MANUEL ROCHA PIMENTA
Instituto de Educação e Psicologia
Universidade do Minho
jpimenta@iep.uminho.pt

Resumo:

Resumo: O trabalho relatado nesta comunicação insere-se num quadro investigativo mais amplo, desenvolvido na área da *Leitura*, com particular ênfase no desenvolvimento de capacidades de leitura de narrativas, em contexto escolar.

Optámos, dada a natureza deste trabalho, por centrar a nossa atenção em capacidades de leitura dimanadas dos *processos integrativos*, segundo uma lógica de desempenhos de leitura em excertos narrativos apresentados sequencialmente e não sequencialmente.

Abstract:

The work described in this communication is part of a wider research framework, developed in the area of reading, with particular emphasis on the development of skills on the reading of narratives, in the school context. Given the nature of this work, we opted for centering our attention on the reading skills that involves integrative processes, according to a logic of conparing reading performances with regard to narrative extracts presented both sequentially and non-sequentially.

42   *Leitura, Literatura Infantil e Ilustração*

Falar de leitura, em sentido lato, equivale a falar do ser humano. O acto de ler aparece como indissociável da condição humana, dado que sempre foi realizado com a mesma naturalidade com que o ser humano cumpria as suas necessidades básicas: respirar, alimentar-se, proteger-se... Na verdade, já remontam aos primórdios da existência humana os primeiros actos de interpretação; falamos de interpretação de situações (como o trilho de animais, numa caçada), de comportamentos e reacções (dos seus congéneres, por exemplo), de fenómenos naturais, ou mesmo de movimentos (de tribos rivais, por exemplo), tantas vezes representados pictoricamente no interior de cavernas e grutas.

Com a criação da escrita, a par de movimentos de interpretação da realidade, o ser humano passou a ter também de interpretar um código de sinais convencionados, num exercício fortemente condicionado por um conjunto de factores e de circunstâncias, variando, com isso, os comportamentos a adoptar perante o material a ler. Assim se percebe que a leitura de um romance em férias, da carta de um amigo no estrangeiro, de um relatório de contas da empresa, ou de um clássico na aula de Português constituam formas de leitura diferenciadas, com objectivos também distintos, reclamando dos leitores, por isso, graus de motivação e de interesse diversos, daí resultando índices de constrangimento/ /satisfação díspares. Efectivamente, a leitura, hoje, não se confina ao cumprimento de uma obrigação escolar; é um compromisso político que os indivíduos assumem perante os outros, materializando-se de forma diversa na sua actuação social, na sua participação na vida da *polis*, enquanto cidadãos pensantes, activos e com responsabilidades no tecido social[1].

Não obstante o consenso que gira em torno desta concepção de leitura abrangente e complexa, a verdade é que temos, no presente, indicadores que põem em xeque o desenvolvimento efectivo de capacidades de leitura dos indivíduos. Na verdade, o trabalho desenvolvido nos diferentes quadrantes está longe de dar os resultados que correspondem às expectativas e aos anseios de todos aqueles que se esforçam por formar leitores capazes de **"[...] compreender, usar textos escritos e reflectir sobre eles, de modo a atingir os seus objectivos e a desenvolver os seus próprios conhecimentos e potencialidades e a participar**

---

[1] Keneth Goodaman (1994) refere-se-lhe como *leitura ambiental*.

activamente na sociedade"[2] (PISA 2000, 2001). Bastará, para o ilustrar, focalizarmos a nossa atenção nos resultados de estudos de literacia desenvolvidos em Portugal e além-fronteiras nos últimos 25 anos. É o caso do estudo *Reading Literacy* (1991), levado a efeito em 32 países – Portugal incluído – pela *International Evaluation Achievement*, e que, no cômputo das duas populações avaliadas, colocou o nosso país no vigésimo quinto lugar (Sim-Sim & Ramalho, 1993); do *Estudo Nacional de Literacia* (Benavente *et al.*, 1996), realizado em Portugal, e que apresentou um conjunto de resultados pouco animador: 10.3% dos portugueses situaram-se no nível zero de literacia; 37% no nível um; apenas 7.9% no nível quatro; do PISA 2000, realizado em 32 países (28 deles membros da OCDE), visando a avaliação de conhecimentos e de competências dos sujeitos de 15 anos em três áreas (sendo uma delas *leitura*), e que alerta para o facto de menos de 50% dos jovens portugueses de 15 anos serem bem sucedidos na realização de tarefas de leitura, num desempenho global que se situa aquém da média do dos países intervenientes.

Para lá desta, outras realidades parecem contribuir para uma menor eficácia na leitura. Falamos, por exemplo, dos manuais escolares de Língua Portuguesa, enquanto espaços de regulação e (re)contextualização das práticas dos professores com um peso significativo. Estudos recentes mostram-nos que se trata de dispositivos que apelam ao desenvolvimento de percursos textuais muito controlados, numa lógica autocrática e impositiva, proporcionando, além do mais, movimentos de leitura de reduzida complexidade (Dionísio, 2000), assumindo-se, desse modo, como "[…] depositário do saber, que não faculta a descoberta, fomentando a aquisição passiva de conceitos" (Rodrigues, 1997).

Realce, neste quadro, ainda, para a desconfiança que percorre alguns investigadores relativamente à adequação e à eficácia de muitas das práticas escolares de leitura[3], o que apenas reforça convicções pessoais, construídas ao longo de vários anos de experiência em contexto supervisivo, que apontam no sentido de uma tendência inicial generalizada, da parte dos formandos, em implementar estratégias de leitura

---

[2] Definição de *literacia* difundida no estudo PISA 2000.
[3] Thomson (1987), Amor (1999), Schmidt *et al.* (2002) são alguns dos autores que têm reiterado a ideia.

44   *Leitura, Literatura Infantil e Ilustração*

fortemente estribadas em movimentos de tipo micro e macroprocessual, segundo uma lógica linear, passiva, acrítica e reconstitutiva de informação, sendo, muitas delas, de tipo transmissivo[4]; outras excessivamente focalizadas em estruturas e metalinguagens, em muitos casos distantes da construção de sentidos. Umas e outras acabam por estabelecer uma clivagem entre o que se exige, em termos de leitura, aos alunos, na Escola, e o que se lhes exige fora dela, como cidadãos.

ENQUADRAMENTO TEÓRICO E OBJECTIVOS DO ESTUDO

Tendo presente o quadro descrito, procurámos desenvolver um estudo que visava i) Avaliar a competência de leitura em narrativas, em alunos do 8º ano, em contexto escolar, num exercício que permitisse ii) Identificar processos e capacidades de leitura primacialmente mobilizados; complementarmente, procurámos iii) Compreender o perfil sócio--económico-cultural dos sujeitos que constituíam a amostra.

Com vista ao cumprimento destes objectivos, convocámos um quadro conceptual que se estriba em alguns pressupostos-chave do processo de leitura que, desde logo, nos permitem associar *leitura* a *sentido/construção de sentido* – "Reading is indeed a meaning--construction process [...]" (Ruddell & Unrau, 1994) –, numa lógica dinâmica, activa – "[...] reading is an active process of making meaning." (Thomson, 1987) e interactiva, num processo que coloca em evidência três variáveis indissociáveis: *leitor, texto, contexto*[5]. Trata-se de uma perspectiva que prevê que o sujeito (leitor), numa determinada situação de leitura (contexto), (re)construa o sentido do texto, numa linha estratégica eminentemente linguístico-cognitiva e afectiva.

No decurso das leituras que promove, o leitor serve-se de si, dos seus conhecimentos pessoais (sejam sobre a língua ou sobre o mundo, estruturados sob a forma de *schemata* e caracterizados como estando para além do próprio acto de leitura) – *estrutura cognitiva* (Giasson, 1993) – e da sua

---

[4] Gonçalves (1999) afirma que, nas aulas, se pede aos alunos "[...] que repitam os textos dos outros [...]".

[5] Assumindo a força dos modelos interactivos, no quadro da investigação atinente à compreensão na leitura, Giasson (1993) assevera que "Os investigadores são hoje unânimes em considerar a leitura um processo interactivo."

intenção de leitura/do seu interesse perante o texto – *estrutura* afectiva – para produzir significados.

Nesta dinâmica estratégica, o leitor enceta movimentos cognitivos de complexidade diversa que lhe permitem aceder à informação mais localmente, quando contida na frase (*microprocessos*), ou mais globalmente, quando procura o sentido global do texto (*macroprocessos*). A estabelecer a ligação entre estes dois planos, temos os *processos integrativos*, significando tal que o leitor terá de efectuar ligações entre as proposições ou as frases que lhe permitam aceder à compreensão global do texto. Para o fazer socorrer-se-á de referentes, de conectores frásicos e efectuará inferências baseadas em esquemas, caracterizando-se estas, fundamentalmente, pela sua natureza lógico-sintáctica.

Num outro plano (mais próximo de si, enquanto sujeito), o leitor pode mesmo ir para além do texto, num exercício em que deverá activar os seus conhecimentos sobre o mundo e sobre a língua e projectá-los e integrá-los no texto, entidade esta repleta de vazios, de não ditos, de *gaps*, – de incompletude permanente, afinal (Sousa, 1993). Poderá, assim, dizer-se que "[...] o texto postula a cooperação do leitor como condição própria da sua actualização" (Eco, 1983), sendo tanto maior a capacidade de leitura, quanto mais ricos, amplos e consistentes os quadros de referência individuais forem – *processos elaborativos*. A actuação do leitor não se encontra isenta de limites, todavia, significando tal que nem todas as leituras são possíveis. Com efeito, há constrangimentos de ordem colectiva e intersubjectiva, de que são exemplos as convenções, o meio, as circunstâncias... em que se constroem as leituras e, em certo sentido, também as *enciclopédias* dos leitores (Eco, 1983)[6]; no limite, as restrições terão de assumir carácter auto-impositivo, dado que o próprio leitor deve ser capaz de aferir no texto as balizas que este lhe impõe: "O que se afirma é a qualidade da interpretação tal como ela é permitida pelo texto, pois, nele, estão já inscritos todos os textos virtuais" (Sousa, 1993).

O controlo e a auto-monitorização do processo, materializado na identificação da quebra de compreensão e na sua reparação, constituirão

---

[6] O leitor não pode eximir-se à sua historicidade, dado que os seus pontos de vista, as suas crenças, os seus valores são construções culturais, espácio-temporalmente fixadas (Gadamer, 1976).

momento-chave do acto de ler[7]. Sublinha-se, neste âmbito, a importância de o próprio leitor desenvolver mecanismos que lhe permitam "[...] questionar as estratégias de leitura, avaliar a sua eficácia e rectificá-las." (Sousa, 1990) – *processos metacognitivos*.

MÉTODO

Instrumentos, Procedimentos e Amostra

A opção pelo texto narrativo constituiu motivo de forte ponderação, neste estudo. Na verdade (e, em certo sentido, paradoxalmente[8]), pesou na nossa decisão o facto de nos encontrarmos diante de um tipo de texto privilegiado no ensino do Português nos mais variados graus de ensino[9] (Dionísio, 2000; Sequeira, 2002), decorrendo, desse facto, a assunção de a familiaridade que se tem com este tipo de texto, com a sua estrutura, com os seus mecanismos de auto-funcionalidade, poder ser substantivamente superior relativamente a outros tipos de texto (mesmo que tal não signifique que sejam mais bem lidos).

Por outro lado, ao poder ser comparada à própria vida (Reis & Lopes, 1994), as narrativas constituem-se como textos muito próximos dos alunos, o que, podendo ser entendido como prerrogativa na sua didactização, pode também configurar engulho, ao facilitar abordagens com o foco centrado na mera reconstituição diegética, podendo fazer perder de vista outras dimensões.

Acresce, ainda, dizer-se que, não obstante as dificuldades subjacentes a uma qualquer tentativa de se definir *narrativa*, é, hoje, comum e unanimemente aceite que o olhar teórico deva concentrar atenções no plano da descrição dos factos estruturais, da máquina do texto, do *frame-*

---

[7] "Alunos com melhor desempenho tendem a usar mais estratégias de controlo e de elaboração do que os seus colegas com pior desempenho." (PISA 2000, 2001).

[8] Os resultados globais dos estudantes portugueses com 15 anos na leitura de narrativas no estudo PISA 2000 apontam para níveis de desempenho ao nível dos verificados na média dos países da OCDE (Ramalho, 2002), não sabendo nós, todavia, que alunos contribuíram para estes índices de desempenho. Na verdade, o facto de não dispormos de determinados dados parcelarmente, designadamente os relativos aos graus de ensino frequentados pelos alunos que mais contribuíram para a obtenção destes resultados, não nos permitem efectuar uma generalização.

[9] "[...] Portuguese schools are more likely to train students on narrative comprehension" (Sequeira, 2002, p. 60).

-*work*, por um lado, e da própria comunicação, por outro lado, num exercício que se deseja simultâneo e equilibrado. Elementos fundacionais deste tipo de texto são: a *dinâmica temporal*, intimamente ligada à história relatada, mas também ao próprio discurso, já que o acto de contar, para além de representar a temporalidade, se inscreve, também ele, no próprio tempo. Muito próximo do traço enunciado, nele se implicando e implicando-o, temos a *representação de acções e acontecimentos*, que, desenrolando-se no e através do tempo, se orientam para um determinado final. O interface destes dois traços (que, por si sós, não configuram condição mínima para se poder falar de texto narrativo) é a *causalidade* estabelecida entre as acções, acabando por precipitar, inevitavelmente, a *transformação*, (que ocorre sempre que os predicados descritivos de "ser", "ter" ou "fazer", atribuídos a um determinado sujeito numa situação inicial, se transformam, na situação final. (Adam, 1997 a) e b); Aguiar e Silva, 1988; Reis & Lopes, 1994).

Considerando a especificidade da narrativa, parece-nos legítima a preocupação de tentar perceber como é que os jovens (re)constroem internamente os diferentes movimentos operados na acção, no e através do tempo, assim como (re)interpretam os motivos que se encontram na sua génese, sempre numa lógica de respeito simultâneo pela dimensão estrutural e pela dimensão comunicativa. Para tal, têm necessariamente de efectuar movimentos cognitivos de *identificação* de informação, de *inferência*, de *reorganização* de informação, de *avaliação*, de *verificação* e de *síntese*, todos eles intimamente associados a processos de leitura diversos. Da manifestação destas capacidades dependerá, em grande medida, a compreensão das frases e, no limite, do próprio texto.

Para o desenvolvimento do nosso estudo optámos por uma metodologia de trabalho que permitisse a recolha de dados via teste. Foram, para o efeito, elaborados três testes de papel (a que os alunos deveriam responder depois de informados acerca dos seus objectivos) e um inquérito atinente a hábitos de leitura, resolvidos por 80 sujeitos (49 pertencentes ao sexo feminino e 31 ao sexo masculino), todos frequentadores do 8° ano de escolaridade em escolas do distrito de Braga (Guimarães, Póvoa de Lanhoso e Vila Verde). Para o efeito, seleccionou--se três excertos textuais de obras contempladas pelos Programas de Língua Portuguesa, 8° ano, enquanto propostas de leitura, ou, em alternativa, constantes da selecção feita para manuais escolares do mesmo grau de ensino. Trata-se dos textos "Vontade de aprender", de Vergílio Ferreira (*in Vagão Jota*), no teste número um; "O Sonho de Constantino", de Alves Redol (*in Constantino, Guardador de Vacas e de Sonhos*), seleccionado para o teste número dois; para o teste número três, a escolha recaíu sobre "O naufrágio de Sepúlveda", adaptação de António Sérgio (*in História Trágico-marítima Portuguesa*).

Nos dois primeiros testes (o primeiro apresentando quatro excertos parcelarmente e em sequência, enquanto o segundo já completo, e também sequencialmente), servimo-nos de um conjunto de questões que alternavam entre exercícios de escolha múltipla, perguntas abertas e perguntas fechadas, implicando os dois últimos tipos a elaboração de respostas, ou ainda a explicitação do(s) elemento(s) em falta. Já o texto do terceiro teste foi apresentado em oito fragmentos textuais diferentes, sem sequência, tendo sido pedido aos alunos, num primeiro momento, que os reorganizassem, por forma a obterem um texto coerente e coeso; num segundo momento, solicitou-se-lhes que explicitassem as razões que motivaram as suas opções.

Em qualquer dos testes propostos, os sujeitos foram convidados a efectuar movimentos de leitura diversos, implicando a efectivação de diferentes capacidades, que correlacionámos com os processos de leitura descritos no ponto quatro, conforme se explicita[10]: *reconhecer – microprocessos e macroprocessos; reorganizar – macroprocessos; inferir – macroprocessos, processos integrativos e processos elaborativos; avaliar/apreciar – processos elaborativos; justificar; verificar; sintetizar.*

Temos a noção de que, sendo o processo de leitura caracterizado pela sua dimensão holística, global e integradora, os sujeitos, aquando da leitura de textos, activam um conjunto de capacidades que dimanam de diferentes processos de leitura. Procurámos, no entanto, e por razões de natureza metodológica, focar a nossa atenção naquelas que, de modo mais claro, se manifestam em cada uma das questões dos três testes.

---

[10] As cinco primeiras categorias foram definidas por Tollefson, no seu modelo, enquanto *níveis de capacidades de leitura* (1989); as três últimas correspondem a um aditamento, correspondendo a necessidades de natureza macroprocessual (*sintetizar*) e metacognitiva (*verificar* e *justificar*).

ANÁLISE E DISCUSSÃO DOS RESULTADOS

Os dados recolhidos permitiram-nos efectuar algumas generalizações. Assim, e tendo como primeiro referente o inquérito preenchido, parece-nos claro que a maioria dos estudantes que lhe responderam, sendo muito jovem (média de idades de 13 anos) e tendo uma percentagem de reprovações relativamente baixa (inferior a 30%), adopta uma atitude favorável face à leitura e aos livros, em geral, reconhecendo-a como prática significativa nas suas vidas. Efectivamente, 62% dos inquiridos gostam ou gostam muito de ler, havendo, inclusive, uma percentagem mais elevada de jovens que lêem regularmente durante o período de férias escolares (75%). 64% é o valor representativo dos que lêem mais de três livros por ano (a maioria destes situa-se na faixa dos que lêem entre três e cinco – 34% –, enquanto uma minoria lê mais de 10 livros por ano – 8%). No topo das preferências, encontramos os livros de aventuras (82% lêem algumas vezes ou muitas vezes este tipo de histórias), seguindo-se-lhes os romances/contos (59% lêem-nos regularmente ou frequentemente); os demais géneros colhem valores de preferência inferiores a 50%.

Curiosamente, quando se pronunciam sobre a leitura, não em termos absolutos, mas concorrencialmente com outras actividades, aquela perde claramente, passando a ser a atitude dos inquiridos face à leitura muito desfavorável. Com efeito, ler assume carácter prioritário para apenas 3% dos inquiridos, ocupando mesmo o derradeiro lugar para 34% – valor mais baixo atingido em qualquer variável –, contrariamente ao que sucede com actividades como "conviver com pares", "ver televisão", "praticar desporto", "ouvir música" ou "jogar computador/videoconsola" (por esta ordem de relevância). Coincidência (ou não), o facto de poucos serem os inquiridos que recorrem a bibliotecas, escolares ou públicas, para efectuarem as suas leituras (3.9%), optando claramente, neste considerando, pelo espaço "casa" (94%). Ainda merecedor de registo, o facto de a "escola" (45%) ser superada pela "maneira de ser" (79%), enquanto factor decisivo na atitude adoptada face à leitura; apesar de se situar no segundo posto, a "escola" não se destaca face aos "amigos" e à "família" (38% em ambos os casos).

Considerando, agora, os resultados apurados no quadro do desenvolvimento de capacidades de leitura, poder-se-á dizer que estes

50 *Leitura, Literatura Infantil e Ilustração*

apontam para um certo grau de variabilidade, dependendo isso dos processos/apacidades de leitura implicados:

– Os sujeitos não revelaram sentir especiais dificuldades no tratamento de informação apresentada de modo explícito no texto; com efeito, em seis questões que sugeriam a *identificação* de informação, os desempenhos adequados situaram-se sempre acima de 50% (Quadro I).

Quadro I

I. Identificar/Reconhecer – Microprocessos

1. Desempenhos globais acima de 50%

Respostas adequadas:

Teste 1   a) 57.8%
           b) 72.3%
           c) 77.6%
           d) 92.1%
Teste 2   e) 66.2% (lençol); 68.8% (pau de varejar azeitonas); 54.5% (tábuas); 55.8% (canas) [*]
           f) 96.2%

[*] Ex.: *Identificação de elementos utilizados na construção do barco.*

– Já no que à capacidade de *reorganizar* informação diz respeito, a tendência verificada é inversa, uma vez que a generalidade dos desempenhos se situou abaixo dos 50%. Destaque, neste considerando, para duas ideias que sobressaem:

   i) Confusão, em alguns casos, entre redução textual e avaliações pessoais do material lido, recorrentemente reflectindo elaborações textuais não situadas contextualmente (Quadro II, ponto um);

   ii) Resultados especialmente modestos em tarefas que requeriam a sequencialização de excertos textuais apresentados aleatoriamente (teste três) (Quadro II, ponto dois).

Quadro II

II. Sintetizar/Reorganizar – Macroprocessos

1. Confusão entre redução textual e avaliação pessoal do material lido, reflectindo elaborações textuais não situadas contextualmente.

	Respostas adequadas:	Avaliações pessoais:
Teste 2	a) 51.9%	48.1%

2. Resultados modestos em tarefas que requeriam a sequencialização de excertos textuais apresentados aleatoriamente

Teste 3

Sequências textuais correctamente assinaladas:

0-1: 96%;
1-2: 38.1%;
2-3: 27.6%;
3-4: 22.3%;
4-5: 17.1%;
5-6: 23.6%;
6-7: 14.4%;
7-8: 11.8%.

– No quadro de resultados obtidos no âmbito das *inferências* de natureza integrativa, sublinhamos níveis globais de desempenho situados em padrões de aceitabilidade nos testes um e dois, significando tal que, genericamente, quando confrontados com tarefas que pressupunham a formulação de inferências baixas, a resposta dos sujeitos se fixou acima dos 50%. Ainda assim, notámos:

i) Existência de um diferencial (significativo, na maioria das questões) entre respostas correctas e a sua adequada justificação//fundamentação (Quadro III, ponto um). É o caso da pergunta dois do primeiro fragmento textual do primeiro teste (alínea a) do anexo), em que a esmagadora maioria seleccionou, conforme solicitado, pelo menos um traço que reflectisse o comportamento de uma personagem (95.9%), conquanto apenas 55.8% tenham justificado adequadamente as suas opções.

Quadro III

III. Inferir (inferências baixas/utilização de conectores e referentes) – Processos Integrativos

---

1. Desfasamento entre respostas adequadas e justificações pertinentes

Questões	Respostas adequadas	Justificações adequadas (Considera-se, aqui, o universo de sujeitos que responderam adequadamente à questão anterior).
Teste 1, a)	95.9%	55.8% (Referência a anáforas por substituição. Ex.1: "Levantou-se em sobressalto" – reagiu com ansiedade. Ex.2: "Isso ultrapassava o que houvesse de mais extraordinário" – viveu momentos de alegria.)
Teste 1, b)	61.8%	55.2% (Existência de anáforas pronominais, por referência a bugalhos; nexo causal entre a actuação do professor e a aprendizagem dos alunos – "Depois foi-os separando, agrupou-os e tornou a separá-los e os miúdos iam aprendendo a soma...").
Teste 2, a)	96.1%	70.2%
b)	88.3%	100%
Teste 3 (Sequencialização dos diferentes excertos textuais)	0-1: 96%	69.8%
	1-2: 38.1%	58.6%
	2-3: 27.6%	85.7%
	3-4: 22.3%	41.1%
	4.5: 17.1%	42.8%
	5-6: 23.6%	33.3%
	6-7: 14.4%	45.4%
	7-8: 11.8%	77.7%

2. Exploração de dados de natureza anafórica

	Maior proximidade proposicional entre termos invocadores e invocados	Menor proximidade proposicional entre termos invocadores e invocados
Teste 1, c)	71%	
d)	61.8%	
e)	53.9%	
f)		30.2%
Teste 2, c)		42.8%
d)		55.8%
e)	83.1%	

A actuação estratégica na leitura de narrativas: ...   53

Quadro III – cont.

3. Exploração de anáforas, no estabelecimento de relações de parentesco entre a personagem principal e outras personagens		
PERSONAGEM	RESPOSTA ADEQUADA	TIPO DE ANÁFORA
Cuco	6.4%	ELÍPTICA – Ex.: "Para o Cuco (…). (X) Há-de preparar o navio…" (…)
Constantino	46.7%	ELÍPTICA – Ex.: "Constantino sente-se invadido (…). Conhece, agora, os mistérios da água e do mar." (…)
Pai	50.6%	[1] ELÍPTICA – Ex.:"(O Cuco) há-de preparar o navio. Para mastro arranjará um pau de varejar azeitona. O pai tem um (…) no palheiro."(…) [2] PRONOMINAL – Ex.: "Daí por um ano, (…) o pai irá levá-lo aos estaleiros, como lhe prometeu." (…)
Ti Elvira	18.1%	SUBSTITUIÇÃO – "O Constantino quer fazer uma surpresa à Ti Elvira, porque a avó lhe disse um dia cresce e aparece": o nexo causal da oração permite perceber que a Ti Elvira e a avó são a mesma personagem.

		4. Valorização de elementos de natureza diegética e metalinguagens da narrativa, sobre os de natureza estrutural (teste 3)		
F R A G M E N T O S T E X T U A I S		Elementos da diegese	Metalinguagens da narrativa	Estruturas textuais
	0-1		"Temos uma introdução"; "As histórias começam assim" ("Vou contar-vos uma história…")"	
	1-2	"Temos a data de partida das naus" "Temos o lugar de partida das naus e o seu destino" "Os barcos foram carregados para a viagem"	"Começa aqui o desenvolvimento"	
	2-3	Recuperação de elementos anteriormente invocados "As naus partiram" "Os marinheiros apanharam mau tempo no mar"		
	3-4	"A força do mar quebrou 3 machos do leme" "O tempo piorou"		"No 3º fragmento textual deu-se um conselho e no 4º ele foi respeitado: Assim se fez"
	4-5	"O carpinteiro identificou o problema" "Depois do problema, chama-se o mestre"		
	5-6	Relação "ruptura dos 3 machos do leme" (excerto 4)/ "comunicação ao mestre" (excerto 5)/"pedido de sigilo para se evitar o alvoroço" (excerto 6)		
	6-7	"O vento intensificou-se, conduzindo à perda das velas e das enxárcias" "Decidiram cortar o mastro grande"		
	7-8	"Pegaram nos machados" "Deu-se o naufrágio"	"Aqui está uma conclusão."	

ii) Nos exercícios de reconhecimento de dados de natureza anafórica, verificou-se, genericamente, o desenvolvimento da capacidade de identificar os referentes textuais de certos pronomes e advérbios, conquanto esta seja menos notada nos casos em que a) os termos invocadores e os invocados se encontram proposicionalmente afastados, assim como em

54 *Leitura, Literatura Infantil e Ilustração*

situações que, b) mais do que reclamar a identificação de conectores/referentes, exigiam a sua compreensão, enquanto factores concorrentes para a coesão e a coerência textuais (Quadro III, ponto dois).

iii) O trabalho de teor inferencial, desenvolvido a partir de elementos linguísticos que se relacionavam com determinadas categorias da narrativa (com especial relevo para *personagens*), indicia que os respondentes as (re)conheçam, sentindo, todavia, mais dificuldades em termos operatórios, sobretudo ao nível dos papéis representados, assim como da sua funcionalidade. Tome-se aquela categoria como exemplo: no segundo teste, os respondentes foram capazes de identificar e caracterizar personagens com elevados índices de sucesso (num exercício não directamente decorrente de um trabalho de natureza integrativa) – em oito traços de carácter propostos, apenas num deles se registaram menos de 50% de respostas adequadas; no entanto, ao ser-lhes pedido que estabelecessem relações de parentesco entre quatro delas e a personagem principal do texto (numa tarefa que requeria que se socorressem de articuladores frásicos), as respostas adequadas apenas registaram valores acima de 50% num caso (50.6%, mais precisamente).

Já os resultados apurados no terceiro teste parecem traduzir uma realidade diferente.

Encontrando-se, numa primeira fase, muito ligado a um trabalho de natureza macroprocessual[11], este exercício sugeria aos sujeitos uma actuação mais dinâmica e interpretativa de mecanismos que dimanavam do quadro integrativo. Nessa medida, acabámos por apresentar os resultados alcançados apenas pelos respondentes que, na primeira fase, foram bem sucedidos na tarefa de sequencializar os excertos textuais. Neste caso particular, observou-se uma resposta generalizada que parece

---

[11] Recorde-se que tinha sido solicitado aos sujeitos que reorganizassem e sequenciassem oito excertos textuais, apresentados de modo arbitrário. Como resultado, recorde-se, fosse por incapacidade de (re)construção de linhas semânticas-chave, fosse por incapacidade de apropriação de mecanismos contributivos para a constituição de uma macro-estrutura, os sujeitos obtiveram resultados abaixo dos 50% (excepção feita ao primeiro fragmento textual).

A actuação estratégica na leitura de narrativas: ...   55

confirmar uma ideia já sugerida nos dois primeiros testes: a da menor sensibilidade dos sujeitos em atender à funcionalidade de determinadas estruturas textuais.

Com efeito, a ênfase das fundamentações apresentadas acabou por ser transferida para estruturas típicas da aprendizagem da narrativa[12] (Quadro III, ponto quatro), bem como para elementos de natureza diegética, intimamente ligados ao fluir/evoluir da acção da narrativa, consubstanciando-se no reconhecimento de alterações de espaço, de tempo e das próprias acções (Quadro III, ponto quatro). Assim, foram invocados diversos argumentos para as diferentes opções tomadas, como a recuperação da típica estrutura de uma introdução na narrativa "Vou contar-vos uma história"; a constatação do mau estado do tempo; as relações estabelecidas entre acções como *quebra dos machos do leme – identificação do problema pelo carpinteiro – contacto com o mestre – decisão do líder de cortar o mastro principal – preparação da acção – naufrágio...*

Por outro lado, assistiu-se à desvalorização de elementos (muitos deles com carácter explícito) que, relevando do domínio do conhecimento sobre a língua, contribuíam para o estabelecimento de padrões de coesão/ /coerência textuais (Quadro III, ponto quatro). Era, efectivamente, o que sucedia, por exemplo, na passagem do sexto fragmento textual para o sétimo, dado que naquele se fazia uma referência explícita ao *mestre* da nau, enquanto o seguinte se iniciava com o pronome demonstrativo que anaforicamente o invocava: *este*; noutros casos, sobressaíam conjunções, locuções conjuncionais, advérbios... que concorriam para o estabelecimento de relações de tempo e de causa/consequência entre fragmentos de texto. São exemplos elementos como *assim (assim se fez)* – excerto textual quatro (cinco sujeitos em 80 referiram-se-lhe); *quando (O carpinteiro, quando deu pela perda...)* – fragmento textual cinco e *já (já estavam os homens de machado em punho quando...)* – derradeiro trecho (nenhum dos respondentes mencionou qualquer destes casos).

– Considerando os desempenhos dos sujeitos em questões que radicam nos processos elaborativos, importa referir que os dividimos em três grupos, correspondentes às três capacidades

---

[12] Nas suas justificações, alguns sujeitos fizeram mesmo referência a conceitos como *introdução, desenvolvimento* e *conclusão*.

para que reenviavam: *inferir* (inferências lógico-semântico-
-pragmáticas), *prever* (previsões textuais) e *reagir afectivamente*
(resposta afectiva).

Começando pelo primeiro caso (*inferências altas*), notou-se um certo
equilíbrio entre respostas adequadas e respostas inadequadas (Quadro IV,
alínea A). Em todo o caso:

i) verificou-se que a adequação das respostas foi tanto maior,
quanto mais balizadas pelos textos as questões eram (ou seja, no
caso das inferências que não se encontram totalmente desligadas
dos processos integrativos);

ii) Quando as elaborações eram pouco balizadas, assistiu-se, em
muitos casos, à realização de elaborações fantasiosas, não
sendo, portanto, suportadas pelo próprio texto;

iii) Tal como no trabalho com os *processos integrativos*, notou-se
um desfasamento entre respostas adequadas e justificações
pertinentes.

No que se refere à formulação de *previsões textuais* (Quadro IV,
alínea B), não deixa de ser curioso que, conseguindo, na maioria dos
casos, antecipar situações textuais numa linha em tudo coincidente com a
do evoluir da narrativa, os sujeitos tenham obtido percentagens baixas no
momento em que lhes era pedido que justificassem as suas opções, ora
não respondendo, ora fazendo-o sem qualquer nexo (Quadro IV, alínea B,
pontos um e dois). Nos momentos da verificação, a maioria foi bem
sucedida na (re)afinação e reajustamento das suas previsões textuais ao
fluir da acção da narrativa (Quadro IV, alínea B, ponto três).

Resultados muito interessantes foram os apurados no quadro da
respostas afectivas (Quadro IV, alínea C). Na verdade, verificou-se uma
adesão maciça dos sujeitos à expressão de juízos pessoais, de teor
apreciativo/avaliativo, merecendo especial destaque duas ideias:

i) Tendência para registos marcadamente optimistas;

ii) Tendência para se valorizar factores de natureza endógena
como justificativos dos sucessos individuais e exógena nos
casos de insucesso pessoal.

A actuação estratégica na leitura de narrativas: ... 57

Quadro IV

> **IV. Inferir (inferências altas, previsão textual e resposta afectiva) –**
> **PROCESSOS ELABORATIVOS**

A) Inferências altas

1. Equilíbrio entre respostas adequadas e inadequadas

	Respostas adequadas
Teste 1, a)	84.2% (justificações adequadas: 53.9%)
b)	46%*
	* Elaborações fantasiosas (Ex.: alínea b) – "O professor devia bater aos alunos"; "O garoto não devia gostar da escola"...nada é dito ou sugerido no texto a este respeito.
Teste 2, a)	alíneas a. 63.1%; b. 21%; c. 85.5%; d. 92.1%; e. 65.7%
b)	46.7% (justificações adequadas: 37.6%)
c)	76.5% (resposta integralmente/parcialmente correcta)
d)	36.3%

B) Previsões textuais/verificação

1. Correspondência entre expectativas de leitura atinentes ao evoluir da acção e os desenvolvimentos efectivos da narrativa

2. Fundamentação de opções pessoais

	Resposta afirmativa	Resposta negativa	Justificações com fundamento textual
Teste 1, a)	63.2%	36.8%	36.8%
	Selecção de alíneas prováveis: a), c)	Selecção de alíneas improváveis: b), d), e)	Justificações com fundamento textual
Teste 1, b)	77.6%; 77.6%	9.2%; 6.5%; 2.6%	71%

3. Reajustamento de respostas aos novos desenvolvimentos da diegese

Alunos que mantêm/alteram justificadamente as suas respostas:
Teste 1, a) 48.6%;
b) 73.6%

C) Resposta afectiva

Tendência para registos muito optimistas.*

* Ex.: a) Quando confrontados com a perspectiva de serem amigos do protagonista e de terem de o aconselhar: 77.9% estimulam-no a prosseguir com o seu sonho; 22.1% recomendam-lhe prudência e bom-senso.

Tendência para se valorizar factores de natureza endógena, como justificativos de sucesso, e exógena, no caso de fracasso.**

** Ex.: b) Elementos facilitadores da empresa do protagonista: plano pessoal (coragem, determinação...); elementos dificultadores: plano físico/climatérico (mau tempo; tempestades...).

58 *Leitura, Literatura Infantil e Ilustração*

– Foi no quadro da auto-monitorização do processo de leitura – sobretudo na capacidade de *justificar* informação – que os sujeitos mais dificuldades sentiram. Com efeito, sempre que tinham de justificar opções, os resultados atingidos situaram-se, invariavelmente, abaixo dos 50%, mesmo que a resposta que desencadeava a justificação tivesse registado valores de adequação superiores a esse valor médio. Já no momento de *verificar* informação, os sujeitos deram uma resposta mais positiva, situando-se o seu desempenho quase sempre acima de 50%.

Os resultados apurados neste trabalho ajudam a reforçar suspeitas sobre (in)capacidade de leitura em jovens portugueses indiciadas em estudos de investigação com uma natureza, um âmbito e repercussões bem mais amplas que este. Na verdade, uma tendência generalizada é a de que, à medida que as tarefas de leitura vão requerendo maior grau de complexidade cognitiva, os desempenhos dos sujeitos vão sendo, correlacionalmente, menos sucedidos. Imediatamente associado aos resultados, ocorre-nos pensar em razões que ajudem a justificar a presente situação.

Definir-se responsabilidades, no que diz directamente respeito ao ensino da leitura e à geração de leitores voluntários e motivados para a leitura, implicará, necessariamente, falar-se de *Família* e de *Escola*. Com efeito, aceitamos, hoje, que a promoção da leitura, assim como o próprio desenvolvimento das capacidades que lhe são inerentes, começa em casa, até porque "Os pais que lêem, respondem a perguntas, estimulam a resolução de problemas, apreciam as discussões, são pais que proporcionam aos filhos um ambiente de trabalho ideal para a imersão do livro" (Sequeira, 1989).[13]

Não obstante a (co)responsabilidade atribuível à família, neste processo de fortalecimento da aprendizagem da leitura, será sempre em primeiro lugar à escola que, naturalmente, competirá formar leitores aptos

---

[13] Uma das conclusões do estudo PISA 2000 coloca em evidência o binómio actuação familiar/sucesso no desempenho de actividades de leitura: "Os melhores resultados na literacia de leitura registados no PISA 2000 tendem a verificar-se em famílias em que [...] pais interagem com os filhos na discussão de temas sociais, filmes, livros, ou simplesmente falando com eles" (PISA 2000, 2001).

A actuação estratégica na leitura de narrativas: ...   59

a interagir com o escrito naquele contexto e na vida[14], dois princípios que, de resto, colhem aceitação no universo investigativo:

a) "Uma das funções básicas da escola é proporcionar aos aprendentes, mediante o contacto reflectido com os textos, o desenvolvimento pleno [...] das capacidades inerentes ao acto de leitura e de escrita [...]" (Amor, 1999);

b) "[...] para a aquisição das competências de leitura é preciso um suporte de instrução da responsabilidade da escola" (Colomer, 2003).

A intervenção da escola relativamente à promoção da leitura, enquanto espaço de afirmação do eu perante si e perante os outros, deve contemplar duas linhas complementares, sob pena de promover uma actuação redutora: a da formação de jovens que adoptem atitudes positivas face à leitura e aos livros, tanto na escola como ao longo da vida, por uma lado; a do desenvolvimento de competências de leitura, assim como de outros domínios verbais, nos indivíduos, por outro lado. Trata-se, no fundo, de uma perspectiva que recomenda a atenção às três variáveis interactuantes no processo de leitura, podendo passar (entre outros) pela consideração de *universais de leitura*; pela definição de uma orientação com o foco na construção de sentidos (variável *leitor*); pela diversificação dos eixos sobre os quais se trabalha – estruturas textuais, níveis, âmbito... –, ou, até mesmo, pela diversificação dos textos objecto de estudo (variável *texto*); por último, pela valorização e combinação dos espaços "sala de aula" com outros, como as bibliotecas (variável *contexto*).

---

[14] Algumas das orientações políticas assumem essa responsabilidade de modo inequívoco. Veja-se, por exemplo, que o Programa Nacional de Língua Portuguesa, do 3.º ciclo de Ensino Básico (1991), atribui, na gestão de conteúdos nucleares, um peso directo à leitura de 25%; por outro lado, alguns dos objectivos definidos no âmbito desta modalidade verbal põem a tónica na valorização da dimensão processual, na aprendizagem da leitura.

REFERÊNCIAS BIBLIOGRÁFICAS

AGUIAR E SILVA, V. (1988). *Teoria da Literatura* (8ª ed.). Coimbra: Livraria Almedina.

ADAM, J. M. (1997a). *Les Textes: Types et Prototypes (Récit, description, argumentation, explication et dialogue)*. Paris: Nathan Université.

ADAM, J. M. & REVAZ, F. (1997b). *A Análise da Narrativa*. Lisboa: Gradiva.

AMOR, E. (1999). *Didáctica do Português – Fundamentos e Metodologia*. Lisboa: Texto Editora.

BENAVENTE, A. (1996, Coord.). *A Literacia em Portugal – Resultados de uma pesquisa extensiva e monográfica*. Lisboa: Fundação Calouste Gulbenkian e Conselho Nacional de Educação.

CASTRO, R. & SOUSA, M. L. (1996). *Hábitos e Atitudes de Leitura dos Estudantes Portugueses*. Braga: Biblioteca Pública de Braga.

COLOMER, T. (2003). O ensino e a aprendizagem da compreensão em leitura. In LOMAS, C. (2003). *O Valor das Palavras (I) – Falar, ler e escrever nas aulas*. Porto: Edições Asa.

DIONÍSIO, M. L. (2000). *A Construção Escolar de Comunidades de Leitores: Leituras do manual de Português*. Coimbra: Almedina.

ECO, U. (1979). *Lector in Fabula*. Milão: Bompiani. [Trad. Port. *Leitura do Texto Literário*. Lisboa: Editorial Presença, 1983].

FREITAS, E. *et al.* (1997). *Hábitos de Leitura: um inquérito à população portuguesa*. Lisboa: Publicações Dom Quixote.

GADAMER, H.G. (1976). *Vérité et Méthode – Les grandes lignes pour une herméneutique philosophique*. Paris: Éditions du Seuil.

GIASSON, J. (1993). *A Compreensão na Leitura*. Porto: Asa.

GONÇALVES, J. C. (2000). Textos e metatexto. *In* DUARTE, I. *et al.* (2000). *Texto, Leitura e Escrita – Antologia*. Porto: Porto Editora.

GOODMAN, K. (1994). Reading, writing, and written texts – a transactional sociopsycholinguistic view. *In* R. B. Rudell, M. R. Rudell & H. Singer (Eds.), *Theoretical Models and Processes of Reading* (4ª ed.). Newark: International Reading Association.

IRWIN, J. (1986). *Teaching Reading Comprehension Processes*. New Jersey: Prentice Hall.

O.C.D.E. (2001). *Resultados do Estudo Internacional PISA 2000 – Programme for International Student Assessment*. Lisboa: Gabinete de Avaliação Educacional, Ministério da Educação.

RAMALHO, G. (2002). Portugal no PISA 2000: condições de participação, resultados e perspectivas. *Revista Portuguesa de Educação*, 15 (2), 25-50.

REIS, C. & LOPES A. C. (1994). *Dicionário de Narratologia* (4ª ed. Revista e aumentada). Coimbra: Livraria Almedina.

A actuação estratégica na leitura de narrativas: ...   61

RODRIGUES, A. (1997). *Para a Caracterização de Concepções de Práticas de Ensino da Literatura no Ensino Secundário: Uma análise de textos para-escolares.* Braga: Universidade do Minho, Dissertação de mestrado não publicada.

RUDDELL, R. & UNRAU, N. (1994). Reading as a meaning-construction process – the reader, the text and the teacher. *In* R. B. Rudell, M. R. Rudell & H. Singer (Eds.), *Theoretical Models and Processes of Reading* (4ª ed.). Newark: International Reading Association.

SCHMIDT, R. (2002). Reading instruction in the inclusion classroom – research--based practices. *Remedial and Special Education*, 23 (3), 130-140.

SEQUEIRA, M. F. *et al.* (orgs.) (1989). *O Ensino-aprendizagem do Português – Teoria e Práticas.* Braga: Universidade do Minho.

SEQUEIRA, M. F. & SIM-SIM, I. (1989). *Maturidade Linguística e Aprendizagem da Leitura.* Braga: Universidade do Minho.

SEQUEIRA, M. F. (2002). A literacia em leitura. *Revista Portuguesa de Educação*, 15 (2), 51-60.

SIM-SIM, I. & RAMALHO, G. (1993). *Como Lêem as Nossas Crianças? Caracterização do nível de literacia da população escolar portuguesa.* Lisboa: M.E., G.E.P.

SOUSA, M. L. (1990). Agora não posso. Estou a ler! *Revista Portuguesa de Educação, 3 (3), 115-127.*

SOUSA, M. L. (1993). *A Interpretação de Textos nas Aulas de Português.* Porto: Asa.

THOMSON, J. (1987). *Understanding Teenagers Reading.* Australia: Methuen.

TOLLEFSON, J. (1989). Asystem for improving teacher's questions. *FORUM,* XXVII (1), 6-9.

OUTROS DOCUMENTOS:

M.E.-DGEBS. MINISTÉRIO DA EDUCAÇÃO. DIRECÇÃO GERAL DOS ENSINOS BÁSICO E SECUNDÁRIO (1991). *Organização Curricular e Programas. Vol. I Ensino Básico, 3.º* Ciclo. Lisboa: Ministério da Educação.

M.E.-DGEBS. MINISTÉRIO DA EDUCAÇÃO. DIRECÇÃO GERAL DOS ENSINOS BÁSICO E SECUNDÁRIO (1991). *Programa de Língua Portuguesa. Plano de Organização do Ensino-aprendizagem. Vol. II Ensino Básico. 3.º Ciclo,* Lisboa.

INICIAÇÃO À LEITURA:
A DESVANTAGEM DO MÉTODO SOBREPÕE-SE
À VANTAGEM DO MEIO SOCIO-ECONÓMICO

LUZ CARY & ARLETTE VERHAEGHE
Faculdade de Psicologia e de Ciências da Educação
Universidade de Lisboa

Resumo:

No 3.º período do ano escolar, 4 grupos de crianças, dois do 1.º ano e dois do 2.º ano de escolaridade, foram submetidas a tarefas meta-fonológicas e a tarefas de descodificação de palavras e de pseudo-palavras. O estudo foi desenvolvido em duas escolas da região de Lisboa. Uma delas era uma escola pública da periferia de Lisboa, com turmas de cerca de 20 alunos e frequentada por crianças de meio socio-económico médio baixo. A outra era uma escola privada do centro de Lisboa, com turmas de cerca de 10 alunos e frequentada por crianças de meio socio-económico alto. Na escola da periferia, as crianças eram iniciadas à leitura através do método analítico-sintético. Na escola do centro, o método analítico-sintético só era introduzido no início do 2.º período do 1.º ano escolar, sendo o método global o adoptado no 1.º período por a escola o considerar mais motivante para as crianças.

Os resultados mostram que as crianças que desde o início aprendem a ler segundo o método analítico-sintético (escola da periferia) têm melhores desempenhos, observáveis ainda no final do 2.º ano de escolaridade. A desvantagem das crianças introduzidas à leitura pelo método global (escola do centro) traduz-se por: 1) uma maior dificuldade na manipulação fonémica; 2) um maior número de erros na descodificação de pseudo-palavras Este padrão de resultados aponta para uma consciência fonémica menos desenvolvida e uma habilidade de recodificação fonológica menos eficaz neste grupo de crianças. Sabendo-se que as dificuldades específicas em leitura provêm de um défice no processamento fonológico, estes resultados mostram que uma iniciação à leitura pelo método global ainda que muito limitada no tempo, poderá, na medida em que retarda a descoberta do código alfabético pelas crianças, ocultar eventuais dificuldades das crianças e atrasar assim um diagnóstico e procedimentos de recuperação adequados.

Abstract:

In the 3rd period of the school year, 4 groups of children, two from the 1st year and two from the 2nd year, were submitted to meta-phonologic tasks and words and pseudo-words decoding tasks. The study was carried in two Lisbon area schools. One of them was a school in Lisbon's periphery, with classes of about 20 students and attended by children of a medium-low socio-economic level. The other was a private school in the centre of Lisbon, with classes of about 10 students and attended by children of a high socio-economic level. In the periphery school, the children were introduced to reading by the analytical--synthetic method. In the centre school, the analytical-synthetic method was introduced only in the beginning of the 2nd period of the 1st school year, the global method being the one adopted one in the 1st period because the school considered it to be the most motivating for children.

The results show that the children who from the beginning learned to read according the analytical-synthetic method (periphery school) had better performances, observable during the end of the 2nd school year. The disadvantage of children introduced to reading by the global method (centre school) was shown in: 1) greater difficulties in phonemic manipulation; 2) larger number of errors in the decoding of pseudo-words. This pattern of results points to a less developed phonemic conscience and to a less efficient phonological recoding ability among this group of children. Knowing that the specific difficulties in reading come from a deficit in phonological processing, these results show that an initiation to reading using the global method, even one very limited in time, can, as it retards the discovering of the alphabetic code, hide eventual difficulties of children, therefore delaying a diagnostic and adequate recovering procedures.

INTRODUÇÃO

1. Consciência Fonológica, Método de Ensino e Habilidade em Leitura

Um conjunto extenso de trabalhos científicos tem relacionado as diferenças individuais na leitura com a consciência fonológica, isto é, a consciência de que a corrente de fala pode ser analisada em unidades tão pequenas como as sílabas ou os fonemas. E chegou-se a um consenso amplo: existe uma relação estreita entre o desenvolvimento da consciência de que as palavras podem ser analisadas em unidades linguísticas mais pequenas e o desenvolvimento da habilidade de descodificação e de produção de palavras escritas (para uma revisão, ver Castro & Gomes, 2000; Goswami & Bryant, 1990, entre outros). Este consenso assenta no facto de numerosos estudos mostrarem que diferenças no nível de consciência fonológica dão conta das diferenças no desempenho em leitura (por ex., Juel, 1991), e isto em todos os sistemas ortográficos examinados (para uma revisão recente, ver Harris & Hatano, 1999).

Há quase 40 anos, Jane Chall (1967) mostrou que ensinar a ler através de métodos que enfatizam a fonologia e sublinham as correspondências grafema-fonema, assim como as regularidades ortográficas, apresenta vantagens relativamente ao ensino através de métodos globais. Estas vantagens traduzem-se num melhor desempenho no reconhecimento de palavras escritas, em ortografia, no conhecimento de vocabulário, na compreensão em leitura; e são observáveis até ao final do 3.° ano de escolaridade.

Ao entrar na escola primária, a maioria das crianças tem capacidades de compreensão da linguagem suficientes para iniciar a aquisição da leitura. No entanto, necessita de ajuda sistemática e prolongada para aprender a descodificar palavras escritas, de maneira fluente e correcta (Adams, 1990; Liberman & Shankweiler 1985; Stanovich & Stanovich 1999). Para promover um reconhecimento de palavras fluente na escrita alfabética, há que ajudar as crianças a compreender a relação, que não é evidente nem necessária nos processos de compreensão e produção da fala, entre os sons das palavras (os fonemas) e as suas representações abstractas, (letras e/ou grafemas). Muitos anos depois da publicação do trabalho de Jane Chall, os resultados de inúmeras investigações continuam

66 Leitura, Literatura Infantil e Ilustração

a sublinhar a importância da explicitação do código alfabético, das correspondências grafema-fonema, a partir do início do ensino da leitura (Foorman *et al.* 1998; Snow, Burns & Griffin, 1998).

2. Nível de Literacia do Meio Social de Origem e Habilidade em Leitura

Por outro lado, está bem estabelecida a relação positiva existente entre o nível de literacia do meio familiar, associado ao meio sócio--económico, e a competência em leitura (para uma revisão, ver Arnold & Doctoroff, 2003). Assim, uma criança cujo meio familiar forneça menos oportunidades de aquisição de conhecimentos relacionados com livros e com a leitura tem um maior risco de vir a ter dificuldades em leitura do que uma criança que vive num meio familiar com um bom nível de literacia (por ex: DeBaryshe, 1993; DeBaryshe *et al.*, 1991; Mason, 1980; Mason & Dunning, 1986; Share, Jorm, Maclean & Matthews, 1984; Thomas, 1984; Wells, 1985).

OBJECTIVOS DO ESTUDO

O objectivo do presente estudo foi examinar em que medida a influência do método de ensino da leitura se sobrepunha aos efeitos do nível de literacia do meio familiar. Para isso testámos crianças do 1.º e do 2.º ano de escolaridade, de 2 escolas da região de Lisboa, diferenciadas do ponto de vista do meio sócio-económico de origem, do método de ensino da leitura e das condições pedagógicas (turmas grandes, turmas pequenas).

Visto que está bem estabelecido que a consciência fonémica se desenvolve com a aquisição do código alfabético (Ehri & Wilse, 1980; 1985; Morais *et al.*, 1979; 1986; Perfetti *et al.*, 1987) e ao longo da escolaridade (Calfee *et al.*, 1973; Alegria & Morais, 1979; Shankweiler *et al.*, 1995), as crianças foram testadas numa tarefa de supressão da sílaba inicial ([bolo]→[lu]) e numa tarefa de supressão do fonema inicial ([mota]→[ota]) de uma palavra oralmente produzida pelo examinador. Foram igualmente testadas numa tarefa de descodificação de palavras frequentes e numa tarefa de descodificação de pseudo-palavras, construídas a partir das palavras frequentes. Eram medidas a acuidade em leitura e o tempo médio de leitura das duas listas.

MÉTODO

Participantes
Crianças do 1.º e do 2.º ano de escolaridade, de 2 escolas da região de Lisboa, diferenciadas em termos: do meio socio-económico de origem, das condições pedagógicas, traduzidas pelo número de alunos por turma, e do método de ensino da leitura.

Uma das escolas, a Escola Pública, situava-se na periferia Norte de Lisboa e era frequentada por crianças oriundas de meio socio-económico médio-baixo (1.º ano: n =17; 2.º ano: n =14). Nesta escola as turmas tinham aproximadamente 20 alunos e a iniciação à leitura era feita através do método analítico-sintético, com ênfase na fonologia.

A outra escola, Escola Privada, situava-se num bairro residencial no centro de Lisboa e era frequentada por crianças oriundas de meio socio--económico elevado (1.º ano: n = 28; 2.º ano: n =19). Nesta escola as turmas tinham aproximadamente 10-12 alunos e a iniciação à leitura era feita através do método global durante os primeiros 3 meses do 1.º ano, por a escola o considerar motivante para as crianças. O método analítico--sintético só era introduzido no início do 2.º período do 1.º ano.

Nenhuma das crianças apresentava deficiências intelectuais, lin-guísticas ou sensoriais.

Materiais e Procedimento
1. Tarefas Metafonológicas
Na tarefa de supressão silábica, era pedido à criança que suprimisse a sílaba inicial de uma palavra oralmente produzida pelo examinador; por exemplo, o examinador dizia [bolo] e a criança teria de responder [lu]. Havia 2 itens de treino, em que a resposta da criança era corrigida se ne-cessário, e 8 itens experimentais, sem correcção da resposta da criança.

Na tarefa de supressão fonémica, a criança devia suprimir o fonema inicial de uma palavra também produzida oralmente pelo examinador; por exemplo, o examinador dizia [mota] e a criança deveria de responder [ota]. Havia também 2 itens de treino, em que a resposta da criança era corrigida, e 8 itens experimentais, sem correcção da resposta da criança.

2. Tarefas de Descodificação

Cada criança deveria ler 2 listas de palavras: uma lista constituída por 12 palavras frequentes ("burro", "boneca", "natal"...), a outra por 12 pseudo-palavras construídas a partir das palavras ("lurno", "gomeca", "dafal"...)

Pedia-se à criança que lesse cada uma das listas em voz alta, o mais rápida e correctamente possível. A leitura era gravada, para permitir a análise dos erros e o tempo de leitura de cada uma das listas era cronometrado e anotado.

A testagem era individual e ocorreu numa sessão única, no final do 3.º período do ano escolar.

RESULTADOS E DISCUSSÃO

Tarefas metafonológicas

As Figuras 1 e 2 apresentam o número médio de respostas correctas (Máximo = 8), respectivamente na tarefa de supressão silábica e na tarefa de supressão fonémica, em função da Escola (Pública *vs.* Privada) e do ano de escolaridade (1.º *vs.* 2.º ano).

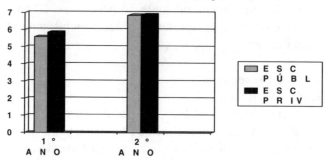

FIG. 1: Média de R.C. na tarefa de supressão silábica

FIG. 2: Média de R.C. na tarefa de supressão fonémica

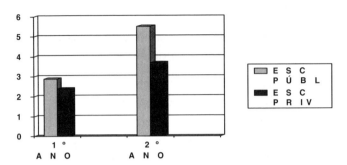

A análise de variância sobre o número de respostas correctas na tarefa de supressão silábica mostrou uma ausência de efeito principal do factor Escola (F<1), um efeito do factor Ano [F(1, 74) = 8.61, p < .005] e uma ausência de interacção entre estes dois factores (F<1). Estes resultados eram expectáveis na medida em que sendo as sílabas unidades acústicas, são facilmente acessíveis à consciência. Aliás a consciência silábica não depende do método de alfabetização, global ou fónico (Alegria, Pignot & Morais, 1982) e pouco depende da alfabetização (Morais et al., 1986).

No que diz respeito à tarefa de supressão fonémica, a análise de variância sobre o número de respostas correctas revelou efeitos principais dos factores Escola e Ano, efeito tendencialmente significativo para o primeiro factor [F(1, 74) = 2.86, p < .10] e significativo para o segundo [F(1, 74) = 8.21, p = .005]. A interacção entre estes dois factores não foi significativa (F<1). Estes resultados indicam que, no final do 2.º ano, as crianças da Escola Privada têm uma capacidade de análise da fala em fonemas tendencialmente inferior à dos seus colegas da Escola Pública. Assim, um desfasamento de três meses na introdução do código alfabético leva a um atraso no desenvolvimento da habilidade de análise da fala em fonemas, observável mais de um ano depois.

Descodificação de Palavras

Os resultados das provas de descodificação de palavras e de pseudo--palavras foram analisados em termos do tempo médio de leitura por lista, e do número de erros.

As Figuras 3 e 4 apresentam, respectivamente, o tempo médio de leitura da lista de palavras frequentes e o número médio de erros de leitura dessas mesmas palavras, em função da Escola (Pública *vs.* Privada) e do ano de escolaridade (1.º *vs.* 2.º ano).

FIG. 3: Tempo médio de leitura (em segundos) na lista de palavras frequentes
("burro", "boneca", "natal")

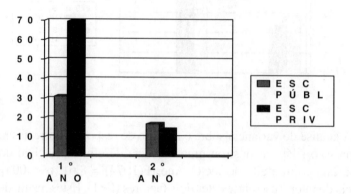

FIG. 4: Número médio de erros na leitura da lista de palavras frequentes
("burro", "boneca", "natal")

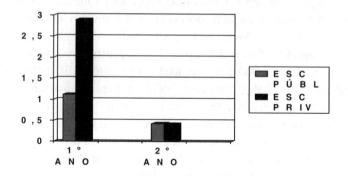

Foram realizadas análises de variância separadas para as duas medidas consideradas. Relativamente à primeira medida, o tempo de leitura, a análise revelou um efeito significativo dos factores Escola e Ano [$F(1, 74) = 5.57$, $p < .025$ e $F(1, 74) = 20.85$, $p < .0001$, respectivamente]. A interacção entre os dois factores também foi significativa [$F(1, 74 = 7.41$, $p < .01$]. No que diz respeito à análise sobre os erros, os resultados apontam para um efeito tendencialmente significativo do factor Escola e significativo do factor Ano [F(1, 74) = 3.14, p < .10 e F(1, 74) = 10.01, p < .005, respectivamente]. A interacção entre os dois factores também foi tendencialmente significativa [F(1, 74 = 3.20, p < .10]. Estes resultados relativos às duas medidas consideradas indicam que, no fim do 1.º ano, as crianças da Escola Pública lêem as palavras frequentes mais depressa e fazem menos erros do que as crianças da Escola Privada [F(1, 43) = 9.05, p < .005 e F(1, 43) = 4.71, p < .05, respectivamente], esbatendo-se estas diferenças no final do 2.º ano (F < 1, nos dois casos).

Descodificação de pseudo-palavras

As Figuras 5 e 6 apresentam, respectivamente, o tempo médio de leitura da lista de pseudo-palavras e o número médio de erros de leitura das mesmas, em função da Escola (Pública *vs.* Privada) e do ano de escolaridade (1.º *vs.* 2.º ano).

No que concerne o tempo médio de leitura, o padrão de resultados para as pseudo-palavras é idêntico ao obtido para a leitura das palavras frequentes. Os factores Escola e Ano revelaram-se significativos [F(1, 74) = 7.56, p < .01 e F(1, 74) = 26.03, p < .0001, respectivamente] assim como a interacção entre eles (F(1, 74) = 7.49, p < .01).

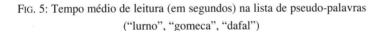

FIG. 5: Tempo médio de leitura (em segundos) na lista de pseudo-palavras ("lurno", "gomeca", "dafal")

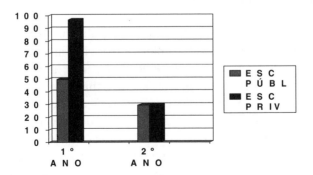

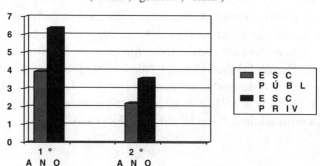

Fig. 6: Número médio de erros na leitura da lista de palavras frequentes ("lurno", "gomeca", "dafal")

A análise sobre o número médio de erros mostrou um efeito principal significativo dos factores Escola e Ano [F(1, 74) = 8.72, p < .005 e F(1, 74) = 11.05, p = .001, respectivamente] mas nenhuma interacção entre estes dois factores (F < 1), o que indica que, no 2.º ano de escolaridade, as crianças da Escola Privada continuam a fazer mais erros de leitura em relação aos seus pares da Escola Pública.

Assim, no que diz respeito à descodificação de pseudo-palavras, que envolve a utilização de mecanismos de recodificação fonológica, isto é a utilização eficaz das correspondências grafema-fonema, a desvantagem das crianças da Escola Privada sobre as crianças da Escola Pública é patente ainda no final do 2.º ano.

No seu conjunto, os resultados mostram que, no final do 2.º ano, as crianças da Escola Privada, que durante 3 meses foram iniciadas à leitura através do método global, ainda evidenciam um atraso no desenvolvimento da consciência fonémica e na habilidade de recodificação fonológica. E falamos aqui de crianças supostas ter maior facilidade na aquisição da leitura, por o meio social de origem fornecer mais oportunidades de aquisição de conhecimentos relacionados com a literacia. Atendendo que a utilização recorrente da recodificação fonológica no início da alfabetização constitui um poderoso mecanismo de auto-aprendizagem que permite a aquisição de representações ortográficas pormenorizadas necessárias a um reconhecimento rápido e eficaz de novas palavras (Jorm & Share, 1983; Share, 1995, 1999), a utilização do método global, ainda que durante um período curto, retarda o desenvolvimento destas habilidades.

Esta questão prende-se com uma outra que pode eventualmente ter consequências mais graves para as crianças. Dado que está bem estabelecido que um atraso em leitura é característico da dislexia (por exemplo, Ramus *et al.*, 2003) e que tal atraso provém de um défice no processamento fonológico (por ex: Paulesu *et al.*, 2001), a iniciação à leitura deveria evitar o atraso da descoberta e da utilização eficaz do código alfabético. Isto porque se evita a eventualidade de a descoberta tardia do código vir a ser confundida com problemas associados a um défice de processamento fonológico e, simultaneamente, se afasta a possibilidade de as dificuldades de crianças em risco virem a ser ocultadas, atrasando assim um diagnóstico e procedimentos de recuperação adequados.

REFERÊNCIAS BIBLIOGRÁFICAS

ADAMS, M. J. (1990). *Beginning to Read: Thinking and Learning About Print.* Cambridge, MA: MIT Press.

ALEGRIA, J. & MORAIS, J. (1979). Le développement de l'habileté d'analyse phonétique consciente de la parole et l'apprentissage de la lecture. *Archives de Psychologie*, 183, 251-70.

ALEGRIA, J., PIGNOT, E. & MORAIS, J. (1982). Phonemic analysis of speech and memory codes in beginning readers. *Memory & Cognition*, 10, 451-456.

ARNOLD, D.H. & Doctoroff, G.L. (2003). The Early Education of Socioeconomically Disadvantaged Children. *Annual Review of Psychology*, 54, 517-545.

CALFEE, R. C., LINDAMOOD, P. & LINDAMOOD, C. (1973). Acoustic-phonetic skills and reading: Kindergarten through twelfth grade. *Journal of Educational Psychology*, 64 (3), 293-298.

CASTRO, S. L. & GOMES, I. (2000). *Dificuldades de Aprendizagem da Língua Materna*. Lisboa: Universidade Aberta.

CHALL, J. S. (1967). *Learning to Read: The Great Debate*. New York: McGraw-Hill.

DEBARYSHE, B. D. (1993). Joint picture-book reading correlates of early oral language skill. *Journal of Child Language*, 20 (2), 455-461.

DEBARYSHE, B. D., CAULFIELD, M.B., WITTY, J. P., SIDDEN, J., Holt, H.F. & Reich, C.E. (1991). The Ecology of Young Children's Home Reading

74   *Leitura, Literatura Infantil e Ilustração*

Environments. Comunicação apresentada no encontro bienal da *Society for Research in Child Development*, Abril 18-21, Seattle.

EHRI, L. C. & WILCE, L. S. (1980). The influence of orthography on readers' conceptualization of the phonemic structure of words. *Applied Psycholinguistics,* 1, 371-385.

EHRI, L. C. & WILCE, L. S. (1985). Movement into reading: Is the first stage of printed word learning visual or phonetic? *Reading Research Quarterly,* 20, 163-179.

FOORMAN, B. R., FRANCIS, D. J, FLETCHER, J. M., SCHATSCHNEIDER, C. & MEHTA, P.(1998). The role of instruction in learning to read: Preventing reading failure in at-risk children. *Journal of Educational Psychology,* 90, 37-55.

GOSWAMI, U. & BRYANT, P. (1990). *Phonological Skills and Learning to Read.* East Sussex: Erlbaum.

HARRIS, M. & HATANO, G. (1999). *Learning to Read and Write: A Cross--Linguistic Perspective.* Cambridge: Cambridge University Press.

JORM, A. F. & SHARE, D. L. (1983). Phonological recoding and reading acquisition. *Applied Psycholinguistics,* 4, 103-107.

JUEL, C. (1991). Beginning reading. *In* R. Barr, M.L. Kamil, P.B. Mosenthal, and P. D. Pearson (Eds.), *Handbook of Reading Research,* Vol. 2, (pp. 759-788). Mahwah, NJ: Erlbaum.

LIBERMAN, I. Y. & SHANKWEILER, D. (1985). Phonology and the problems of learning to read and write. *Remedial and Special Education,* 6, 8-17.

MASON, J. & DUNNING, D. (1986). Toward a Model Relating Home Literacy with Beginning Reading. Comunicação apresentada à *American Educational Research Association*, San Francisco.

MASON, J. (1980). When do children begin to read: An exploration of four year old children's letter and word reading competencies. *Reading Research Quarterly,* 15, 203-227.

MORAIS, J., BERTELSON, P., CARY, L. & ALEGRIA, J. (1986). Literacy training and speech segmentation. *Cognition,* 24, 45-64.

MORAIS, J., CARY, L., ALEGRIA, J. & BERTELSON, P. (1979). Does awareness of speech as a sequence of phones arise spontaneously? *Cognition,* 7, 323--331.

PAULESU, E., DEMONET, J-F., FAZIO, F., MCCRORY, E., CHANOINE, V., BRUNSWICK, N., CAPPA, S. F., COSSU, G., HABIB, M., FRITH, C. D. & FRITH, U. (2001). Dyslexia: Cultural Diversity and Biological Unity. *Science,* 291, 2165--2167.

PERFETTI, C. A., BECK, I., BELL, L. & HUGHES, C. (1987). Phonemic knowledge and learning to read are reciprocal: A longitudinal study of first grade children. *Merrill-Palmer Quarterly,* 33, 283-319.

RAMUS, F., ROSEN, S., DAKIN, S. C., DAY, B. L., CASTELLOTE, J.M., WHITE, S. &

FRITH, U. (2003). Theories of developmental dyslexia: Insights from a multiple case study of dyslexic adults. *Brain,* 126, 841-865.

SHANKWEILER, D., CRAIN, S., KATZ, L., FOWLER, A. E. *et al.* (1995). Cognitive profiles of reading-disabled children: Comparison of language skills in phonology, morphology, and syntax. *Psychological Science*, 6(3), 149-156.

SHARE, D. L. (1995). Phonological recoding and self-teaching: sine qua non of reading acquisition. *Cognition*, 55, 151-218.

SHARE, D. L. (1999). Phonological recoding and orthographic learning: A direct test of the self-teaching hypothesis. *Journal of Experimental Child Psychology*, 72, 95-129.

SHARE, D. L., JORM, A.F., MACLEAN, R. & MATTHEWS, R. (1984). Sources of individual differences in reading acquisition. *Journal of Educational Psychology,* 76(6), 1309-1324.

SNOW, C. E., BURNS, M. S. & GRIFFIN, P. (1998, Eds.). *Preventing reading difficulties in young children.* Washington, DC: National Academy Press.

STANOVICH, K. E. & STANOVICH, P. J. (1999). How research might inform the debate about early reading acquisition. In J. Oakhill and R. Beard (Eds.), *Reading development and the teaching of reading: A psychological perspective* (pp. 12-41). Oxford: Blackwell Publishers.

THOMAS, B. (1984). Early toy preferences of four-year-old readers and nonreaders. *Child Development,* 55, 424-430.

WELLS, C. G. (1985). Preschool literacy-related activities and success in school. In D. Olson, M. Torrance, and A. Hildyard (Eds.), *Literacy, Language, and Learning.* London: Cambridge University Press.

RELAÇÕES ENTRE COMPETÊNCIAS COGNITIVAS/LINGUÍSTICAS E CONHECIMENTOS ALFABÉTICOS NO JARDIM DE INFÂNCIA

FILOMENA TEIXEIRA e ANA PAULA VALE
Universidade de Trás os Montes e Alto Douro

Resumo:

Nesta comunicação é apresentado um estudo exploratório realizado com um grupo de 55 crianças de 5 anos, que, no ano lectivo de 2002/2003, frequentou três Jardins de Infância da cidade de Vila Real. Pretendeu-se verificar a relação entre as competências linguísticas e cognitivas e entre estas variáveis e os conhecimentos alfabéticos antes da aprendizagem formal da leitura e da escrita. As crianças foram avaliadas em: Inteligência geral não verbal (RAVEN); Sensibilidade fonológica; Conhecimento de letras; Escrita do nome; Nomeação Rápida Automática (RAN); Competências linguísticas (T.I.C.L.) e Escrita inventada. Os resultados mostraram que, mesmo antes do ensino formal da leitura e da escrita, existem correlações significativas entre os níveis de desempenho em linguagem oral, em processamento fonológico e em conhecimentos alfabéticos. Os dados são discutidos relativamente à possibilidade de avaliar precocemente o risco de futuro insucesso na leitura e escrita.

Abstract:

In this communication, there is presented an exploratory study done with a group of 55 five-year-old children who, in the school year of 2002/2003, attended three kindergarten in the city of Vila Real. It was intended to verify the relation between the linguistic and cognitive competences, and its relation with the alphabetic knowledge before the formal learning of reading and writing. The children were evaluated in: non-verbal general intelligence (RAVEN); phonologic sensitivity; knowledge of letters; writing of the name; Automatic Rapid Nomination (RAN); linguistic competences (T.I.C.L.) and invented writing. The results showed that, even before the formal teaching of reading and writing, there are significant co-relations between the performance levels in oral language, phonological processing and in alphabetic knowledge. Data is discussed regarding the possibility of an early evaluation of the risk of future failure in reading and writing.

Antes de iniciar o ensino básico a criança já domina o uso da sua língua pois possui os conhecimentos essenciais de vários aspectos da linguagem que incluem o uso da fonologia, do léxico, da sintaxe e semântica. Estes aspectos actuam de forma interactiva e automaticamente (Alves & Castro, 2002). Por exemplo, para um falante repetir uma palavra desconhecida tem de activar a componente fonológica para poder primeiro analisar o "som", ainda que inconscientemente, de modo a pronunciar a palavra que ouviu. O bom funcionamento e rapidez deste processo, dito processamento fonológico, é muito importante na medida em que torna perfeitamente funcional o sistema de linguagem de um falante.

As competências de processamento fonológico parecem ter também um papel fundamental nas habilidades iniciais de leitura, sendo estas determinadas em grande parte pelas habilidades de linguagem oral (Lundberg, 2002). A avaliação da linguagem expressiva, que inclui normalmente tarefas em que as crianças têm que completar frases, preencher marcadores morfológicos e usar vocabulário, é considerada um bom meio para predizer os níveis de desempenho ulteriores em leitura, particularmente quando se usa um resultado de conjunto dessas capacidades (Snow, Burns & Griffin, 1998).

Com efeito, a hipótese cognitiva mais aceite actualmente sobre as causas da dislexia é justamente a *Hipótese do Défice Fonológico* (Hoein & Lundberg, 2000; Snowling, 2001) que diz que o processamento fonológico funciona de forma deficitária nas crianças que apresentam dificuldades específicas na aprendizagem da leitura. Uma das explicações apontadas é a de que essas crianças têm dificuldade em elaborar representações fonológicas bem especificadas (Hulme & Snowling, 1992;

Swan & Goswami, 1997). Por exemplo, na sílaba /pa/ a consoante é surda e na sílaba /ba/ a consoante é sonora. Quando pronunciamos /pa/ e /ba/ de seguida produz-se um contínuo de vibrações. Nós não percebemos essa continuidade, mas percebemos as sílabas como fazendo parte de duas categorias diferentes. Os disléxicos têm muita dificuldade em perceber esta diferença, não por motivos auditivos, mas por terem representações fonológicas pouco precisas.

Esta perspectiva sobre as causas que estão por detrás das dificuldades específicas de leitura, ou dislexias, suporta a ideia de que é possível detectar riscos de insucesso antes do início da sua aprendizagem formal (Alves & Castro, 2002; Hoein & Lundberg, 2000), pois a origem do problema é anterior ao momento da aprendizagem e independente do tipo de aprendizagem.

A especificação das representações fonológicas é um aspecto crítico para o desenvolvimento normal da habilidade da leitura, porque para ler e escrever num sistema de escrita alfabética, a criança tem de ter consciência dos fonemas, isto é, tem de compreender que as palavras são constituídas por segmentos de fala que se podem separar uns dos outros. Esta é uma capacidade metafonológica. Para além disso, tem que compreender também que as letras do alfabeto representam fonemas. Então, a capacidade para analisar explicitamente a fala assume importância primordial na apren-dizagem da leitura e escrita, e, qualquer défice que se verifique ao nível desta habilidade poderá vir a provocar dificuldades de leitura e escrita (Morais, 1997). Quando se verifica um défice nas representações fonológicas haverá repercussões no desenvolvimento e uso das combinações entre as unidades mais pequenas dos códigos ortográficos e fonológicos com impacto na aprendizagem da leitura e escrita (Marchal, Snowling & Bailey, 2001).

Esse défice traduz-se ainda numa série de outros sintomas ao nível comportamental, causando nomeadamente, níveis baixos de: consciência fonológica, nomeação rápida automática, memória fonológica, repetição de cadeias fonológicas (Hoein & Lundberg, 2000; Snowling, 2001; Snow, Burns & Griffin, 1998).

Assim, os estudos que pretendem examinar o desenvolvimento da aprendizagem da leitura, e também os percursos que resultam em insucesso dessa aprendizagem, têm procurado avaliar essas competências em crianças pré-leitoras.

A avaliação das capacidades metafonológicas é, de facto, conside-rado o melhor processo para verificar quais as crianças que apresentam maior risco de insucesso na aquisição da leitura e escrita (Wagner, Torgesen, Laughon, Simmons & Rashotte, 1993; Morais, 1997).

Cardoso-Martins (1995) investigou a relação entre os diferentes níveis de consciência fonológica (identificação de rimas, sílabas e fonemas) e a aquisição da leitura e escrita em diferentes momentos, ao fim de 4 e 8 meses e final do ano. Os resultados apontavam que as capacidades das crianças para detectarem rimas num par de palavras no início da aprendizagem formal da leitura foram de facto preditivas das capacidades de leitura 4 meses mais tarde, mas não no final do ano lectivo. A habilidade para identificar a sílaba inicial foi preditiva da capacidade de leitura aos 4 e 8 meses após o início do ano, mas não da escrita. A habilidade para identificarem o fonema inicial foi preditivo das competências de leitura e escrita no final do ano lectivo.

Com efeito, a investigação recente tem continuamente demonstrado que a consciência dos fonemas está fortemente relacionada com os desempenhos em leitura e escrita (Marchall, Snowling & Bailey, 2001). Esta relação específica tem sido amplamente documentada a partir de estudos com crianças de idade pré-escolar (Storch & Whitehurst, 2002), sendo estas habilidades referidas ainda como boas preditoras do sucesso da aprendizagem da leitura.

Num estudo realizado por Johnston, Andersen & Holligan (1996) foi avaliada a forma como as crianças de 4 anos adquirem consciência fonémica. Foram aplicadas tarefas de leitura de palavras, conhecimento de letras, produção de rima, supressão de sílabas e de fonemas e segmentação fonémica. Os resultados evidenciaram que as crianças adquirem conhecimento de letras antes de terem adquirido consciência fonémica, e que as crianças pré-leitoras parecem desenvolver sensibilidade às estruturas fonémicas das palavras faladas pela conexão que fazem entre os sons das letras e os sons das palavras faladas. Este estudo demonstra ainda que a consciência que os pré-leitores têm dos fonemas que constituem as palavras são de facto preditivos do sucesso na leitura e escrita.

Abreu & Cardoso-Martins (1998) referem que o conhecimento de letras é o factor que torna as crianças mais hábeis para iniciarem a aprendizagem da leitura através do processamento e recordação das relações letra-som na palavra e, por esse meio, irem progredindo na leitura.

O conhecimento dos nomes das letras ajuda as crianças a compreenderem que estas representam a linguagem falada. Aquelas que conhecem as letras do alfabeto são capazes de identificarem essas letras na pronúncia das palavras (Abreu & Cardoso-Martins, 1998; Alves Martins & Silva, 1999; Vale, 1999). Num estudo de Abreu e Cardoso-Martins (1998) crianças brasileiras pré-leitoras representaram apenas com vogais as palavras inventadas (por exemplo, AEA para panela), o que segundo as autoras poderá ser indicativo do primeiro nível de descoberta do princípio alfabético, isto é, da compreensão de que cada letra corresponde a um fonema e do desenvolvimento das competências rudimentares de leitura.

O conhecimento de letras também tem sido considerado um co-requesito, a par da consciência fonémica, da aprendizagem da leitura e escrita (Share, 1995), já que esses dois factores em conjunto explicam a grande maioria da variância dos desempenhos em leitura. O conhecimento de letras em crianças do pré-escolar tem demonstrado ser um factor altamente preditivo dos progressos na leitura (Hempenstall, 2003).

No ensino pré-escolar é frequente as crianças mostrarem interesse pelas diferentes formas de escrita e indagarem sobre como se diz e escrevem determinadas palavras e letras. Ao iniciarem a escrita do seu próprio nome vão também tentando "inventar" escrita a partir dos sons que os constituem. Estas experiências com a escrita permitem às crianças ir tomando maior conhecimento acerca das correspondências entre os sons e signos gráficos, tornando-as mais hábeis para segmentarem as palavras nos sons correspondentes.

A escrita do nome próprio tem vindo a ser considerada uma tarefa muito adequada à avaliação de competências relacionadas com a aprendizagem da leitura em crianças pré-leitoras (Bloodgood, 1999; Olofsson, 2001). Esta tarefa parece implicar vários tipos de conhecimentos que estão envolvidos na leitura. Por exemplo, memória para padrões ortográficos, conhecimentos específicos de algumas letras e a compreensão da relação entre algumas letras e fonemas, particularmente o fonema inicial do nome.

A forma como as crianças representam a fala pela escrita traduz o nível de desenvolvimento da criança relativamente à sua compreensão do funcionamento do sistema alfabético. Snow, Burns & Griffin (1998) sugerem que as crianças do pré-escolar beneficiam com as oportunidades de usarem a sua inicial compreensão de letras e sons para escreverem palavras foneticamente. A escrita inventada, ou escrita baseada nos "sons", encoraja o desenvolvimento da consciência das mais pequenas unidades fonológicas que são os fonemas e, por consequência, terá repercussões na futura aprendizagem da leitura e escrita.

O teste de Escrita Inventada é um dos testes que melhor reflectem esse tipo de conhecimento antes do ensino formal. Neste teste as crianças são convidadas a escrever "como ouvem" uma série de palavras que contêm nomes e/ou sons de letras. Os resultados de vários estudos realizados com crianças portuguesas (Vale, 1999) têm mostrado que as crianças não escrevem ao acaso, tentando representar os "sons" que conseguem detectar nas palavras. Por isso, este teste implica o uso de consciência fonológica, consciência fonémica e, pelo menos, alguns conhecimentos alfabéticos. Daí que esteja fortemente relacionado com os desempenhos em leitura.

Outra competência fonológica com clara influência no progresso da leitura é a velocidade de recuperação lexical, avaliada pela habilidade das crianças nomearem cores, letras, números e imagens de objectos rapidamente. Embora ainda haja muitas dúvidas sobre o modo como essa competência influencia a aprendizagem da leitura, pensa-se que o desempenho nessas tarefas exige uma variedade de processos linguísticos e cognitivos tais como por exemplo, o acesso a, e a recuperação de, rótulos fonológicos, a integração de características visuais e a informação de padrões com representações ortográficas já armazenadas e a integração de informação visual com representações fonológicas armazenadas (Cutting & Denckla, 2001).

Segundo Wolf (1991) há uma relação estreita entre a velocidade de nomeação para estímulos numéricos e reconhecimento de palavras, sendo que a velocidade de nomeação de objectos se encontra fortemente correlacionada com a compreensão da leitura. A rapidez de processamento visual de símbolos e respectiva conexão verbal, parecem, segundo o autor, ser correlatos do acto de leitura.

Em suma, considerando que a aprendizagem da leitura é um processo complexo que exige o uso de várias competências do domínio do processamento fonológico, este estudo pretende examinar a relação entre as competências cognitivas e linguísticas por um lado e, por outro, os conhecimentos alfabéticos antes da aprendizagem formal da leitura e escrita. É ainda intenção deste estudo discutir os dados relativamente à possibilidade de avaliar precocemente o risco de insucesso na aprendizagem da leitura.

MÉTODO

Estes dados que agora apresentamos fazem parte de um estudo mais alargado em que se pretende identificar precocemente algumas das variáveis associadas às dificuldades de aprendizagem da leitura e da escrita, em crianças de 5 anos, a frequentarem o Jardim-de-infância, assim como identificar, para o português, crianças em risco de insucesso na aprendizagem da leitura e escrita, antes de iniciarem o ensino básico.

O principal objectivo do trabalho que agora apresentamos é:

– Examinar a relação entre as competências linguísticas e cognitivas gerais e os conhecimentos alfabéticos antes da aprendizagem formal da leitura e da escrita.

Este estudo é do tipo exploratório correlacional, realizado com um grupo de 57 crianças, que frequentavam no ano lectivo 2002/2003 5 salas de 3 Jardins-de-infância da cidade de Vila Real.

Um dos Jardins-de-infância pertence à rede pública do Ministério da Educação, um à rede privada e o terceiro é semi privado. Estes Jardins--de-infância foram escolhidos intencionalmente de forma a poder ser garantido o acompanhamento e avaliação do mesmo grupo de crianças no 1.° ano do Ensino Básico, no ano lectivo 2003/2004.

Participantes

Todas as crianças do grupo de 5 anos das salas participantes foram avaliadas.

O grupo inicial de crianças a avaliar era constituído por 57 crianças (31 meninas e 26 rapazes), nascidas entre Fevereiro de 1997 e Dezembro do mesmo ano.

Duas destas crianças, do sexo masculino saíram do estudo: uma porque se ausentou para o estrangeiro no período que coincidiu com a avaliação, e outra porque apresentava graves perturbações de linguagem, frequentando terapia da fala.

A média de idades das 55 crianças que permaneceram no estudo é de 5 Anos e 10 Meses, na data da primeira testagem.

Foi tomado em consideração algum evidente sinal de cansaço por parte das crianças. Apenas 5 indagaram se havia mais provas para realizarem, mostrando sinal de algum cansaço na 1ª sessão. Todas as

84 Leitura, Literatura Infantil e Ilustração

restantes se mostraram entusiasmadas, não evidenciando sinais de cansaço em nenhuma sessão.

INTRUMENTOS E PROCEDIMENTOS

As crianças foram avaliadas em 3 sessões, numa sala sossegada e afastada do recreio. O tempo médio de duração das provas por criança e por sessão, foi de cerca de 30 a 35 minutos.

A aplicação das provasfoi realizada entre as últimas semanas de Maio e as duas primeiras de Junho.

Na primeira sessão foram aplicados os seguintes testes: M.P.Raven, Sensibilidade fonológica (3 condições) e Conhecimento de letras do alfabeto. Na segunda sessão: Sensibilidade fonológica (2 condições), Escrita do nome e RAN (cores, objectos, números, letras, letras e números e letras, números e cores). Na terceira sessão, o T.I.C.L. (Teste de Identificação de Competências Linguísticas) e Teste de Escrita Inventada.

Teste de inteligência – Matrizes Progressivas Coloridas de Raven

Como a inteligência se encontra frequentemente associada ao sucesso escolar, foi utilizado o teste de inteligência não verbal de RAVEN, com o objectivo de verificar se a inteligência geral estava relacionada com as competências linguísticas gerais do grupo, assim como com os desempenhos a observar nos testes de processamento fonológico, sensibilidade fonológica e de conhecimentos alfabéticos. O teste foi administrado segundo as instruções do manual (Raven, Court & Raven, 1976).

Teste de sensibilidade fonológica

Este teste foi desenhado por Vale (1999) a partir da Common Unit Task (Duncan, Seymour & Hill, 1997) e da Same-Different Task (Treiman e Zukowsky, 1991). A tarefa envolvia um juízo "igual-diferente" na detecção de uma unidade fonológica alvo (ataque, body, rima, núcleo e coda) que era partilhada ou não por um par de palavras. As crianças tinham de produzir uma resposta "sim" ou "não".

Todos os itens eram monossílabos fonológicos e todas as unidades alvo podiam assumir uma forma simples ou complexa. Por exemplo, doze-dure, flete-flor. Quer os pares positivos, quer os pares negativos foram apresentados numa ordem ao acaso em cada condição.

No sentido de evitar confundir a criança pedindo-lhe que fixasse a sua atenção em diferentes unidades fonológicas nos sucessivos ensaios, os itens foram organizados em blocos por condição e foram passados na seguinte ordem: ataque, *body* (C+V/CC+V), rima, núcelo e coda. Havia 16 ensaios experimentais para cada condição.

No início de cada bloco era dito à criança se a unidade alvo estava no princípio, no meio ou no fim das palavras do par. Antes da testagem de cada condição havia 6 ensaios de treino durante os quais era dada informação correctiva. Dependendo da capacidade de atenção da criança, o teste durava 2 ou 3 sessões de cerca de 20 minutos que ocorriam em dias diferentes. A ordem de passagem das condições foi controlada através do uso de um quadrado latino.

O resultado de cada condição do teste foi obtido através de uma medida corrigida que consistia em subtrair ao número de "hits" (respostas "sim" aos pares de palavras que partilhavam a unidade alvo) o número de falsos alarmes (respostas "sim" aos pares de palavras que não compartilhavam a unidade alvo). Assim, a pontuação de cada criança podia situar-se entre +8 a -8.

Conhecimento das letras do alfabeto

Numa folha A4 foram escritas, numa ordem aleatória em 2 listas paralelas, 23 letras do alfabeto português, no tipo de letra Geneva 14. Havia uma folha para as letras maiúsculas e outra para as minúsculas.

Cada folha contendo as letras maiúsculas e minúsculas foi mostrada à criança perguntando-se: "Conheces esta letra? Qual é?" O objectivo era não induzir pistas que dessem indicação do som ou nome das letras, mas deixar a criança decidir sozinha.

Era dado um ponto a cada resposta certa e o total era dividido por dois, portanto cada criança podia ter no máximo 23 pontos.

Escrita do nome

Neste teste foi solicitado às crianças que escrevessem o seu próprio nome num papel branco A4. A cotação desta tarefa foi a seguinte (Olofsson, 2001): para qualquer letra ou letras parecidas com a escrita atribuia-se 1 ponto; uma letra simples representando correctamente o primeiro fonema, 2 pontos; para duas ou mais letras representando correctamente os fonemas atribuia-se 3 pontos; a maior parte do nome escrito, 4 pontos e, para a escrita correcta do nome, 5 pontos.

Teste RAN (Rapid Automatized Naming)
O teste RAN (Rapid Automatized Naming), desenvolvido por Denckla & Rudel (1994, 1996), é constituído por um conjunto de 4 subtestes, respectivamente para nomeação rápida de cores, objectos, números e letras e ainda outras duas sub séries, uma de letras e números e outra de letras, números e cores. Cada subteste tem 50 estímulos numa sequência ao acaso organizados numa matriz de 5 símbolos apresentados por 10 vezes. Neste teste a nomeação deve ser realizada da esquerda para a direita, em linha, e o mais rapidamente possível e sem erros.

Depois de explicado o procedimento a cada criança, estas puderam fazer 5 ensaios de cada subteste. Iniciou-se a prova anotando-se os erros ao mesmo tempo que se contabilizava o tempo num cronómetro.

Teste T.I.C.L. (Teste de Identificação de Competências Linguísticas)
O teste T.I.C.L. (Teste de Identificação de Competências Linguísticas, Viana, 2002) tem por objectivo avaliar a linguagem expressiva das crianças em idade pré-escolar. Foram utilizadas na avaliação 3 sub-escalas do teste: Conhecimento lexical (64 itens); conhecimento morfo-sintáctico (20 itens) e Memória auditiva (19 itens).

O T.I.C.L. foi apresentado em forma de bloco de notas, contendo várias folhas com desenhos que serviam de suporte e estímulo para as respostas das crianças. A cada resposta correcta atribuía-se 1 ponto. A pontuação máxima era de 110 pontos.

Teste de escrita inventada
Este teste foi elaborado por Vale (1999) a partir do de Mann (1993). É constituído por uma lista de 15 palavras bissilábicas e 3 trissilábicas, em que 11 palavras incluíam a produção fonológica do nome de uma letra ou som correspondente a uma letra (por exemplo le de letra L, em legumes); 2 incluíam a produção de um numeral (seis em sexta; um em atum); 5 continham fonemas nasais que evocam numerais (ande, leão, atum).

Foi distribuída por cada criança uma folha pautada onde escreviam como sabiam cada palavra que lhes era ditada pela examinadora. As crianças foram também informadas de que se não soubessem escrever a palavra toda podiam escrever só um "bocadinho" ou qualquer letra que achassem que pertencia à palavra. Cada palavra, sempre que necessário, foi ditada duas vezes, aguardando-se que a criança escrevesse para se passar à seguinte.

A selecção das palavras foi feita em função da necessidade de se desencadear a produção da escrita. Algumas crianças não se sentiram muito à vontade, mostrando resistência em realizar a prova. Argumentavam que não sabiam escrever letras ou não conheciam como se escreviam as palavras ouvidas.

Cada reposta podia receber entre 0 e 4 pontos. Eram atribuídos 0 pontos no caso de não ser escrita qualquer letra, ou no caso de as letras não representarem nenhum aspecto da estrutura fonológica da palavra; 0,5 pontos no caso de ser representada uma letra isolada correspondente a algum aspecto da estrutura fonológica da palavra que não fosse o fonema inicial; 1 ponto no caso de ser produzida uma letra que correspondesse ao fonema inicial; 2 pontos no caso de haver duas ou mais letras que correspondessem a uma parte da estrutura fonológica da palavra; 3 pontos no caso de as respostas representarem a totalidade da estrutura fonológica da palavra, mas de forma pré-convencional e 4 pontos no caso da palavra ser escrita de forma ortograficamente correcta. A pontuação máxima era de 72 pontos.

RESULTADOS

O Quadro I apresenta os resultados da estatística descritiva executada para todas as variáveis avaliadas. Como a maioria das crianças tinha um conhecimento de letras muito reduzido ou mesmo nulo, os subtestes RAN que implicavam o conhecimento de letras (letras, letras+números, letras+números+cores) foram realizados apenas por 13 crianças. Por uma razão da mesma ordem, o subteste RAN-números foi realizado por 45 crianças.

Quadro I
Resultados obtidos em todos os testes realizados

	Mínimo	Máximo	Média	Desvio Padrão
MPC – Raven (máx. = 36)	12	31	19.78	3.82
Detecção Rima (máx. = 8)	-1	8	6.00	1.83
Detecção Ataque (máx. = 8)	0	7	3.51	1.97
Detecção Coda (máx. = 8)	0	7	3.31	1.69
Detecção Body (máx. = 8)	1	8	5.89	1.72
Detecção Núcleo (máx. = 8)	-1	6	2.38	1.65
Conhecimento Letras (máx. = 23)	.00	27.50	8.00	7.44
Escrita do Nome (máx. = 5)	1	5	4.82	.611
Escrita Inventada (máx. = 72)	0	56	11.25	17.40
TICL (máx. = 110)	69	110	95.42	8.71
RAN – Cores – N.°.E. (máx. = 50)	0	10	1.95	2.18
RAN – Objectos – N.°.E. (máx. = 50)	0	7	1.20	1.28
RAN – Números – N.°.E. (máx. = 50)	0	7	2.09	2.14
RAN – Letras – N.°.E. (máx. = 50)	0	3	1.23	1.09
RAN – L + N.° – N.°.E. (máx. = 50)	0	5	2.38	1.55
RAN – L + N.° + C – N.°.E. (máx. = 50)	0	5	1.46	1.71
RAN – Cores – T	50	250	86.22	36.16
RAN – Objectos – T	48	116	73.58	14.88
RAN – Números – T	41	152	86.19	25.98
RAN – Letras- T	54	117	84.46	21.29
RAN – L + N.°- T	48	150	90.15	30.69
RAN – L + N.° + C – T	57	130	92.62	23.92

N.° E.= número de erros; T = Tempo em segundos; L+N= letras + números;
L+N+C=letras + números + cores

Os resultados obtidos no Teste Raven situam o grupo no percentil 75 (Simões, M., 2000), isto é, num nível de inteligência geral normal-superior. Relativamente aos testes de Detecção Fonológica, de Conhecimento de Letras e de Escrita Inventada os valores observados em cada uma das condições são coincidentes com dados apresentados em outros estudos com crianças portuguesas de idades semelhantes (Vale, 1999) e que caracterizam as crianças como pré-leitoras. Os conhecimentos proto-alfabéticos e alfabéticos são escassos e, além disso, a sensibilidade fonémica apresenta níveis baixos. Como se pode observar também no Quadro I, a Escrita do Nome revelou-se uma tarefa muito acessível para a

Relações entre competências cognitivas/linguísticas...

maioria das crianças, embora algumas não tivessem conseguido realizá-la, o que pode constituir uma medida de diferenciação a explorar. O TICL deu igualmente lugar a resultados de nível esperado (Viana, 2002), indicando que, enquanto grupo, as crianças revelam um desenvolvimento normal da linguagem oral. Quanto aos testes RAN (Rapid Automatized Naming), ocorreram dois tipos de situação. As provas que avaliavam a nomeação de cores e a nomeação de objectos foram facilmente realizadas por todas as crianças, dando origem a um número médio de erros bastante baixo. Já as provas que continham números e, muito marcadamente, as provas que continham letras, foram recusadas por um grande número de crianças, o que não é de surpreender dado o seu baixo nível de conhecimentos proto-alfabéticos. Uma vez que as crianças que responderam aos testes RAN produziram muito poucos erros, parece ser adequado usar o tempo gasto na execução destas tarefas como uma medida de acesso e execução de códigos fonológicos, tanto mais que esse aspecto é o seu indicador mais específico relativamente à qualidade do processamento fonológico.

No sentido de examinar as associações entre as diferentes variáveis em estudo, foram calculados os coeficientes de correlação de Pearson entre todos os resultados obtidos.

Um dos resultados mais salientes a apontar nestas análises é, como se pode verificar no Quadro II, a observação de que as variáveis mais fortemente relacionadas com a aprendizagem da leitura, quer dizer, a Sensibilidade Fonémica, o Conhecimento de Letras e o conhecimento de como representar a fala pela escrita medido pelo teste de Escrita Inventada apresentam associações significativas entre si. Outra observação relevante é a de que essas variáveis produziram correlações médias-altas com o resultado relativo ao nível geral de linguagem oral, avaliado pelo TICL. A Escrita do Nome próprio da criança também apresentou correlações significativas com o Conhecimento de Letras e com o TICL, embora de pequena grandeza. Considerando ainda a variável Escrita do Nome, apenas as correlações com os testes RAN de Cores e de Objectos, nos *scores* relativos ao número de erros, atingiram coeficientes altos. Esse resultado, em conjunto com a ausência de correlações com variáveis de sensibilidade fonémica e de conhecimentos sobre a representação escrita da fala, sugere que a Escrita do Nome possa estar associada mais a factores de memória para padrões ortográficos do que a factores de índole fonológica. Paralelamente, há que registar o facto da média obtida na Escrita do Nome ter atingido valores de tecto e um desvio-padrão

Correlações entre os resultados de todos os testes realizados

	2	3	4	5	6	7	8.	9	10	11	12	13	14	15	16	17	18	19	20	21	22
1. MPC-Raven	.293*	.150	-.069	.375*	.257	.365**	.205	.265*	.396**	-.226	-.270*	-.134	-.012	.093	-.123	-.134	-.228	-.126	.261	.059	-.022
2. D. Rima		.292*	.321*	.584**	.471**	.393**	.396**	.364**	.410**	-.407**	-.126	-.291	-.020	-.458	-.252	-.336	-.119	-.198	.080	-.158	-.584*
3. D. Ataque			.682**	.397**	.304*	.476**	.094	.461**	.338*	-.317*	-.166	-.440**	-.423	-.330	-.355	-.223	-.294*	-.499**	-.609*	-.544	-.395
4. D. Coda				.289*	.274*	.342*	.109	.485**	.348**	-.325*	-.258	-.445**	-.391	-.246	-.307	-.388**	-.426**	-.486**	-.533	-.255	.-104
5. D. Body					.346**	.401**	.069	.335*	.365**	-.375*	-.132	-.372*	-.098	-.246	-.329	-.155	-.266*	-.252	-.248	-.427	.-444
6. D. Núcleo						.210	.162	.242	.262	-.169	-.107	.033	-.206	.641	-.011	-.234	-.192	-.020	-.203	.227	.163
7. C. Letras							.291*	.725**	.489**	-.357**	-.146	-.486**	-.505	-.620*	-.730**	-.361*	-.250	-.430**	-.241	-.520	-.553*
8. E. Nome								.192	.334*	-.663**	-.552**	-.199	.a)	a)	a)	-.443**	-.173	-.386*	a)	a)	a)
9. E. Inventada									.527**	-.233	-.090	-.466**	-.328	-.445	-.355	-.269	-.213	-.511**	-.283	-.420	-.209
10. TICL										-.555**	-.235	-.517**	.066	.065	.130	-.675**	-.386**	-.383*	.255	-.019	.091
11. RAN-C-E											.467**	.557**	.053	-.066	.198	.552**	.313*	.398**	.058	-.086	-.121
12. RAN-O-E												.330*	.345	.150	.390	.275	.348**	.261	.614*	.397	.269
13. RAN-N-E													.703**	.680*	.832**	.434**	.343*	.670**	.479	.422	.401
14. RAN-L-E														.679**	.785**	-.017	.170	.362	.665*	.563*	.304
15. RAN-L+N-E															.865**	.145	-.149	.259	.512	.663*	.539
16. RAN-L+N+C-E																.023	.103	.269	.549	.604*	.417
17. RAN-C-T																	.674**	.734**	.346	.480	.526
18. RAN-O-T																		.367*	.518	.372	.333
19. RAN-N-T																			.767**	.840**	.654*
20. RAN-L-T																				.825**	.527
21. RAN-L+N-T																					.781**
22. RAN L+N+C-T																					

pequeno, o que pode ter contribuído para a ausência de um maior número de correlações significativas envolvendo essa variável. Os resultados obtidos no TICL apresentaram-se também associados significativamente ao RAN-Cores, quer relativamente ao número de erros, quer relativamente ao tempo gasto na execução da prova. Como era esperado, as várias provas RAN produziram fortes coeficientes de correlação entre si. O Ran-Números (realizado por 45 crianças) obteve, quer no *score* de erros, quer no *score* de tempo, coeficientes de correlação moderados quer com a sensibilidade fonémica, quer com o TICL, o que sugere a possibilidade de este poder ser um teste adequado para avaliar processos fonológicos nas crianças pré-leitoras. O facto de poucas crianças terem respondido às provas RAN-Letras pode ter contribuído para a ausência de correlações significativas entre essas variáveis e as variáveis mais associadas ao desenvolvimento de conhecimentos alfabéticos.

Finalmente, há a registar os coeficientes significativos obtidos relativamente ao teste de inteligência não-verbal (Raven). Como essas associações incluíam variáveis como o Conhecimento de Letras, Escrita Inventada e o TICL, é possível que o nível de inteligência geral estivesse a afectar as correlações de grau zero observadas. Por essa razão foram efectuadas correlações parciais com a variável Q.I. controlada, que são apresentadas no Quadro III.

Estando a variável relativa à inteligência não-verbal controlada, mantêm-se significativas uma série de correlações que associam o nível de desenvolvimento geral da linguagem oral com competências especificamente relacionadas com a aprendizagem da leitura e da escrita. Vejam-se, no Quadro III, as correlações entre os resultados obtidos no TICL por um lado e, por outro, os níveis de sensibilidade fonémica, o Conhecimento de Letras e os resultados do teste de Escrita Inventada. São de registar também os coeficientes significativos entre por um lado os testes RAN de Cores e particularmente o de Números, quer no *score* de erros, quer no *score* de tempo, e, por outro lado, os resultados obtidos no TICL, na Escrita Inventada, no Conhecimento de Letras e nos testes de Sensibilidade Fonémica, especificamente o ataque e a coda.

Correlações parciais entre os resultados de todos os testes realizados,
estando controlada a variável Q.I. (M.P.C. – Raven)

	2	3	4	5	6	7	8	9	10	11	12	13	14	15	16	17	18	19	20	21
1. D. Rima	.262	.357**	.534***	.428***	.321*	.359**	.311*	.334*	-.366**	-.050	-.266	-.017	-.510	-.227	-.318*	-.056	-.186	.003	-.183	-.604*
2. D. Ataque		.702***	.371**	.277*	.457**	.065	.442**	.306*	-.293*	-.131	-.428**	-.425	-.349	-.342	-.216	-.270*	.,490**	-.679*	-.560	-.397
3. D. Coda			.340*	.303*	.395**	.125	.523***	.409**	-.350**	-.288*	-.459**	-.393	-.241	-.318	-.407**	-.455**	-.492**	-.534	-.262	-.106
4. D. Body				.278*	.306*	-.008	.263*	.253	-.321*	-.034	-.350**	-.101	-.304	-.307	-.122	-.200	-.223	-.386	-.485	-.470
5. D. Núcleo					.128	.115	.186	.180	-.118	-.040	.070	-.210	.226	.022	-.213	-.142	.022	-.289	.219	.174
6. C. Letras						.237	.700***	.402**	-.302*	-.052	-.474**	-.538	-.705**	-.741**	-.342*	-.184	-.432**	-.374	-.583*	-.585*
7 E. Nome							.146	.282*	-.615***	-.492***	-.177	-	-	-.429**	-.132	-.336*	-	-	-	-
8. E. Inventada								.476***	-.184	-.020	-.450**	-.336	-.489	-.336	-.238	-.162	-.503***	-.377	-.453	-.210
9. TICL									-.520***	-.144	-.509***	.077	.030	-.687***	-.330*	-.380**	.170	-.046	.108	
10. RAN-C-E										.433**	.545***	.051	-.046	.176	.546***	.275*	.398**	.124	-.074	-.129
11. RAN-O-E											.307*	.355	.183	.373	.250	.305*	.227	.736**	.429	.273
12. RAN-N-E												.708**	.701**	.829***	.418**	.323*	.666***	.536	.434	.401
13. RAN-L-E													.683**	.789***	-.173	.172	.357	.692**	.564	.303
14. RAN-L+N-E														.887***	-.030	-.132	.268	.507	.661**	.543
15. RAN-L+N+C-E															-.204	.070	.242	.606*	.616*	.417
16. RAN-C-T																.671***	.716***	.304	.403	.506
17. RAN-O-T																	.351*	.614*	.396	.336
18. RAN-N-T																		.810***	.838***	.650*
19. RAN-L-T																			.840***	.552
20. RAN-L+N-T																				.784**
21. RAN L+N+C-T																				

DISCUSSÃO DOS RESULTADOS

Tal como tinha sido previsto, os dados obtidos indicam a existência de relações significativas entre o desenvolvimento geral da linguagem oral e várias medidas de processamento fonológico consideradas como boas preditoras da aprendizagem da leitura e também do insucesso em leitura.

As correlações agora encontradas sugerem, tal como vem sendo discutido em outros estudos (Olofsson, 2000; Snow, Burns & Grifffin, 1998; Snowling, 2001), que se possa estabelecer uma ponte entre o desenvolvimento da linguagem oral e a aprendizagem da leitura em português através de um componente comum que é o processamento fonológico. A importância de esta relação poder existir prende-se com a questão de serem encontrados meios adequados para avaliar precocemente os riscos de as crianças virem a ter problemas específicos na aprendizagem da leitura.

Os dados que mostram existir relações significativas entre o tipo de testes que aqui foram utilizados e o insucesso em leitura foram recolhidos na sua grande maioria com crianças que, embora fossem pré-leitoras, tinham já um conhecimento de letras substancialmente maior do que as crianças aqui testadas (Snow, Burns & Grifffin, 1998). Este aspecto pode ter contribuído para a robustez e a significância das correlações mencionadas. Por isso afigura-se importante testar a hipótese de poder encontrar essas mesmas relações junto de crianças com muito poucos conhecimentos alfabéticos.

O facto de as correlações apresentadas neste trabalho terem sido produzidas a partir da avaliação de crianças que ainda eram pré-leitoras e que manifestavam um conhecimento muito reduzido de letras sugere que existem possibilidades de se poder vir a usar este tipo de testes antes da aprendizagem da leitura como meio para indiciar crianças em risco de insucesso. Considerando os custos sociais e psicológicos que o insucesso em leitura produz (Snow, Burns & Griffin, 1998) parece ser bastante relevante investigar o desenvolvimento das crianças em risco antes de experimentarem o insucesso.

Qualquer dos testes aqui utilizados, sobretudo aqueles que não faziam apelo a conhecimentos explícitos sobre letras, foram muito bem tolerados pelas crianças, o que indica que é importante aprofundar o estudo da relação entre esses testes e os desempenhos posteriores em leitura.

Dada a importância que a literatura tem vindo a dar ao uso de testes de nomeação rápida (RAN) para o estudo do desenvolvimento em leitura (Cutting & Denckla, 2001; Olofsson, 2000) convém salientar que, na ausência de conhecimentos sobre letras, o subteste de nomeação de números parece ser o que mais contribui para o estabelecimento de correlações robustas com as outras medidas de conhecimentos alfabéticos e metafonológicos.

REFERÊNCIAS BIBLIOGRÁFICAS

ABREU, M. D. & CARDOSO-MARTINS, C. (1998). Alphabetic acess rout in beginning reading acquisition in portuguese: The role of letter-name knowledge. *Reading and Writing: An Interdisciplinary Journal.* 10, 85-104.

ALVES MARTINS, M. & SILVA, A. C. (1999). Os nomes das letras e a fonetização da escrita. *Análise Psicológica*, Vol.1, 49-63.

ALVES, R. & CASTRO, S. L. (2002). Linguagem e dislexia: o choque linguístico. In *Dislexia nas várias culturas.* Um pacote de formação multimédia para alunos, pais e professores. D.I.T.T.

BLOODGOOD, J. W. (1999). What's in a name? children's name writing and literacy acquisition. *Reading Research Quarterly*, 34 (3), 342-367.

CARDOSO-MARTINS, C. (1995). Sensivity to rhymes, sillabes and phonemes in literacy acquisition in portuguese. *Reading Research Quarterley*, 30 (4), 808-827.

CUTTING, L. E. & DENCKLA, M. B. (2001). The relationship of rapid serial naming and word reading in normally developing readers: An exploratory model. *Reading and Writing: An Interdisciplinary Journal*, 14, 673-705.

DENCKLA, M. B. & RUDEL, L. (1974). Rapid automatizad naming of pictures, objects, colours, letters and numbers by normal children. *Cortex*, 10, 186-202.

DENCKLA, M. B. & RUDEL, L. (1976). Rapid Automatizad Naming (RAN). Dislexia differentiated from other learning disabilities. *Neuropsychologia*, 14, 471-479.

HEMPENSTALL, K. (2003). Beyond Phonemic Awareness: The role of other phonological abilities. *Educations News. Org.* file://Beyond Phonemic Awareness. htlm.

HOIEN, T. & LUNDBERG, I. (2000). *Dyslexia: From theory to intervention.* Kluwer Academic Publishers.

HULME, C. & SNOWLING, M. (1992). Phonological deficits in dyslexia: A "Sound" reappraisal of the verbal deficit hypothesis? *In* N. Singh & I.

Beale (Eds), *Learning Disabilities. Nature, Theory and Treatment*, (pp. 270-301). New York: Springer Verlag.

JOHNSTON, R. S.; ANDERSEN, MARJORIE, A.; HOLLIGAN, C. (1996). Knowledge of the alphabet and explicit awareness of phonemes in pre-readers. The nature of the relationship. *Reading and writing: An Interdisciplinary Journal*, 8, 217-234.

LUNDBERG, I. (2002). The child's route into reading and what can go wrong. *Dyslexia*, 8, 1-13.

MANN, V. A. (1993). Phoneme awareness and future reading ability. *Journal of Learning Disabilities*, 4, 259-269.

MARCHALL, C.; SNOWLING, M. & BAILEY, P. (2001). Rapid auditory processing and phonological ability in normal readers and readers with dyslexia. *Journal of Speech Language and Hearing Research*, 44 (4), 925-940.

MORAIS, J. (1997). *A arte de ler. Psicologia Cognitiva da Leitura*. Lisboa: Edições Cosmos.

OLOFSSON, A. (2001). Towards a method for assement of reading development in preschool children. Print awareness and metaphonological skills in pratical application. *Psychology*, 8 (3), 300-312.

OLOFSSON, A. (2000). Naming speed, phonological awareness and initial stage of learning to read. *Log. Phon. Vocol.*, 25, 35-40.

RAVEN, J. C. (1976). *Coloured Progressive Matrices* (Sets A, AB, B). Oxford: Psychologists Press, Ltd.

SHARE, D. L. (1995). Phonological recoding and self-teaching: sine qua non of reading acquisition. *Cognition*, 55, 151-218.

SIMÕES, M. M. R. (2000). *Investigação no Âmbito da Aferição Nacional do Teste das Matrizes Progressivas Coloridas de Raven (M.P.C.R.)*. Lisboa: Fundação Calouste Gulbenkian e FCT – Ministério da Ciência e Tecnologia.

SNOW, C. E.; BURNS, M. S. & GRIFFIN, P. (1998, Eds.). *Preventing reading difficulties in young children*. Washington, D. C.: National Academy Press

SNOWLING, M. I. (2001). From Language to Reading and Dyslexia. *Dyslexia*, 7, 37-46.

STORCH, S. A. & WHITEHURST, G. J. (2002). Oral language and Code-related precursors to reading: Evidence from a longitudinal structural model. *Developmental Phychology*, 38 (6), 934-947.

SWAN, D. & GOSWAMI, U. (1997). Picture naming deficits in developmental dyslexia: The phonological representations hypothesis. *Brain and Language*, 56, 334-353.

WAGNER, R. K.; TORGESEN, J. K.; LAUGHON, P.; SIMMONS, K. & RASHOTTE, C. A. (1993). Development of young reader's phonological processing abilities. *Journal of Educational Psychology*, 85, 83-103.

WOLF, M. (1991). Naming speed and reading. The contribution of cognitive neurosciences. *Reading Research Quarterly*, 16, 123-141.

VALE, A. P. S. (1999). *Correlatos metafonológicas e estádios iniciais de leitura--escrita de palavras no português – Uma contribuição experimental.* Vila Real: Uinversidade de Trás os Montes e Alto Douro, Dissertação de Doutoramento não publicada.

VIANA, F. L. (2002). *Da linguagem oral à leitura. Construção e validação do teste de identificação de competências linguísticas.* Lisboa: Fundação Calouste Gulbenkian/Fundação para a Ciência e Tecnologia.

CONTRIBUTOS PARA A ANÁLISE DE SITUAÇÕES DE EXPLORAÇÃO DE UMA HISTÓRIA EM CONTEXTO DE SALA DE AULA NO 1.º ANO DE ESCOLARIDADE

JOANA CADIMA e PATRÍCIA SILVA
Faculdade de Psicologia e Ciências da Educação
Universidade do Porto

Resumo:

O presente trabalho, integrado no projecto Contributos para o desenvolvimento da Literacia em crianças de idade pré-escolar, pretende analisar os comportamentos interactivos do professor numa situação de leitura e de exploração de um livro de histórias. Consiste num estudo exploratório, que tem como objectivo contribuir para a construção de uma grelha de análise da situação de exploração de histórias no contexto de sala de aula.

Foram observadas e registadas em vídeo e áudio as situações em quatro turmas do 1.º ano de uma escola E. B. 1 de uma comunidade em desvantagem social. As categorias criadas a partir das situações observadas permitiram sistematizar os comportamentos interactivos através de uma análise comparativa entre os professores.

Encontrámos diferenças substanciais na forma como cada professor conduz a situação, nomeadamente, em termos da leitura e no tipo de solicitações efectuadas.

Conclui-se com algumas considerações susceptíveis de reflexão acerca das diferentes formas de exploração de texto e tendo em conta a sua relação com o processo de ensino/aprendizagem da leitura e da escrita.

Abstract:

The present work, included in the project Contributions for the Development of Literacy in Preschool Children, aims to analyze the interactive behaviors of 1st grade teachers during storybooks read-alouds. This exploratory study seeks to present a first proposal of an observational tool to analyze teachers' interactive behaviors. Four situations of classroom storybook read--alouds were observed in a school in a socially disadvantaged environment. Naturalistic notes and transcripted video and audiotapes were collected. The categories found meant to summarize the teachers' interactive behaviors through a comparative analysis.

The findings suggest substantial differences between teachers concerning reading and the types of questions posed.

We discuss the different possible ways of book reading and their relationship with the teaching and learning process of reading and writing.

Este trabalho centra-se na análise dos comportamentos interactivos de quatro professores numa situação de leitura e exploração de uma história, realizada no âmbito do projecto Contributos para o Desenvolvimento da Literacia em Crianças de Idade Pré-Escolar[1].

O projecto acima referido, implementado numa comunidade em desvantagem social, teve como principal objectivo estudar e promover competências de literacia em crianças de idade pré-escolar (5 anos), com vista a uma melhor aprendizagem da leitura/escrita na escolaridade básica.

Este projecto decorreu em duas fases essenciais:

– A primeira, que decorreu de Abril de 2000 a Setembro de 2001, incidiu na elaboração e implementação de um programa de desenvolvimento de competências de literacia, designado por *Clube de Leitura,* dirigido às crianças de idade pré-escolar, às suas famílias e educadoras, com o objectivo geral de promover a leitura conjunta do livro. Este objectivo foi trabalhado através da exploração de diferentes tipos de livros

---

[1] Projecto desenvolvido no Centro de Psicologia da Universidade do Porto (Linha de investigação n.º 3: Psicologia do Desenvolvimento e Educação da Criança) e coordenado pelo Prof. Doutor Joaquim Bairrão. Financiado pela *Fundação Calouste Gulbenkian.*

Contributos para a análise de situações de exploração de uma história... 99

e organizada em vários módulos de trabalho (Gamelas, Leal, Alves, & Grego, 2003);

– A segunda fase deste projecto, de Outubro de 2001 Julho de 2002, com as referidas crianças a frequentarem o 1.º ano de escolaridade do Ensino Básico, pretendeu avaliar os efeitos do programa de actividades no desenvolvimento da linguagem e na aquisição da leitura e da escrita destas crianças. Pretendeu-se verificar se o que tinha sido trabalhado de forma intencional e planificada com os pais e com as educadoras estava relacionado com o que as crianças aprenderiam na escola primária. Para isso, foram avaliadas todas as crianças das quatro turmas que frequentavam o 1.º ano da Escola E. B. 1 daquela comunidade, incluindo as que tinham participado na 1ª fase e as que não tinham tido qualquer participação.

Os resultados apontam para a existência de uma relação entre a participação das famílias no *Clube de Leitura* e um maior desenvolvimento de competências de linguagem e de leitura nas crianças. O envolvimento das famílias em situações de leitura conjunta com as crianças parece, assim, apoiar a aprendizagem da leitura e da escrita e as competências que a suportam (Gamelas, Leal, Alves, & Grego, 2003)

Esta 2ª fase teve igualmente como objectivo estudar os processos implicados na aprendizagem da leitura e da escrita. Foram realizadas várias observações naturalistas nas salas de aulas das quatro turmas do 1.º ano, com o intuito de compreender o processo de ensino/aprendizagem que ocorria no contexto específico destas turmas.

Essencialmente, pretendeu-se observar os comportamentos interactivos dos professores e as actividades desenvolvidas no contexto de sala em situações consideradas pertinentes para a aprendizagem da leitura e da escrita: o processo de ensino de uma letra específica e de um caso de leitura e a exploração de um livro de histórias (Bairrão, Leal, Gamelas, Cadima & Silva, 2003).

Esta última situação, a que se refere o presente trabalho, ao contrário das outras, não se relaciona especificamente com a aquisição da leitura. Contudo, é considerada relevante para a promoção de diversas competências da literacia, especialmente a nível da compreensão da leitura (Lonigan, Anthony, Dyer, & Samwel, 1999; Sipe, 2000).

Vários estudos apontam para a relação entre esta actividade e ganhos em diferentes aspectos literácitos, nomeadamente, no crescimento de vocabulário e da linguagem oral, no conhecimento das convenções do impresso e no gosto e motivação para a leitura (Dickinson & Smith, 1994; Sipe, 2000; Smolkin & Donovan, 2000; Whitehurst & Lonigan, 1998). No que se refere à compreensão de histórias, a apropriação por parte da criança da linguagem descontextualizada do livro e o conhecimento que vai adquirindo dos elementos centrais da narrativa, contribuem para o desenvolvimento de um sentido de estrutura de história que expande a sua compreensão. Ao mesmo tempo, estão envolvidos processos cognitivos superiores que, por serem necessários à extracção de significado, estão implicados na leitura (Dickinson & Smith, 1994; Sipe, 2000; Whitehurst & Lonigan, 1998). Neste sentido, e como aponta a NAYEC (1998), é importante propiciar às crianças experiências diárias de leitura de livros nos primeiros anos de escolaridade, dando assim continuidade às actividades desenvolvidas no jardim de infância e respeitando a conceptualização da aprendizagem da leitura e da escrita como um contínuo desenvolvimental.

Os benefícios deste tipo de situação parecem relacionar-se essencialmente com duas particularidades. Por um lado, a leitura de histórias está embebida num contexto natural relevante (Sipe, 2000), que potencia o envolvimento das crianças em experiências significativas (NAYEC, 1998). Por outro lado, a natureza interactiva de que se reveste proporciona oportunidades de discussão livre e espontânea, encorajando as crianças a participarem activamente nas suas aprendizagens (NAYEC, 1998; Smolkin & Donovan, 2000). A leitura de histórias situa-se, assim, num contexto comunicativo possibilitador de aprendizagens significativas (Castro & Gomes, 2000).

Neste sentido, considerámos pertinente observar esta situação, não só pelos aspectos apontados pela literatura, como também por ser uma situação análoga à que as crianças tinham vivido no Clube de Leitura, proporcionando maior continuidade entre os contextos educativos. Uma vez que os professores não incluíam a leitura de livros nas actividades da sala, foi-lhes proposto organizar uma situação de exploração de uma história, a partir de um livro fornecido pela equipa do Projecto.

O livro escolhido, o *Cavaleiro Pequenino*, de R. Bergonse[2], segue a estrutura do conto tradicional. Porém, trata-se de uma história nova para as crianças. Inclui uma organização com princípio, meio e fim,

---

[2] Bergonse, R. (2001). *O cavaleiro pequenino*. Rio de Mouro: Everest Editora.

cujo enredo se desenrola à volta de diversas peripécias. Reúne assim as componentes – coerência e surpresa – que despertam o interesse das crianças (Schraw, Flowerday & Lehman, 2001). O livro é também atractivo por conter imagens que ilustram os vários acontecimentos narrados e que podem ajudar as crianças a compreender melhor a história (Sipe, 2000).

A proposta do mesmo livro para as diferentes turmas possibilitava--nos, ainda, realizar análises comparativas, dado existir um ponto de partida comum. No entanto, as formas de exploração da história ficaram ao critério de cada professor, de modo a que cada um pudesse utilizar as estratégias com que se sentisse mais confortável e que considerasse mais adequadas à sua turma.

Interessava-nos perceber, a um nível exploratório, como estes professores liam histórias, não para definir o estilo próprio de cada um, mas sim para tentar captar o vasto leque de possíveis comportamentos do professor perante esta situação. Pretendíamos, portanto, iniciar a elaboração de uma grelha de análise que permitisse sistematizar os diferentes comportamentos observados, com a possibilidade de, posteriormente, a utilizar com os professores para conjuntamente reflectir sobre as práticas educativas da leitura e da escrita.

As observações nas salas de aula das quatro turmas do 1.º ano foram efectuadas no final do ano lectivo. Recorremos às gravações áudio e vídeo de modo a registar todos os comportamentos do professor e podermos, assim, analisar mais aprofundadamente o conteúdo das observações.

PROPOSTA DE ANÁLISE

Na tentativa de sistematização dos comportamentos dos professores, foram criadas diferentes categorias, com base em todos os comportamentos observados no decorrer das actividades. A grelha de análise resultante (Quadro 1) estabelece uma ligação entre as categorias de ordem temporal, de modo a deixar transparecer a sequência de apresentação das actividades realizadas pelos professores.

Todos os professores deram início à actividade com a **apresentação do livro** (categoria 1), assim como prosseguiram com a **leitura da história** (categoria 2), embora o tenham feito de forma distinta. Alguns professores avançaram com uma **conclusão da história** (categoria 3), onde foi explorado o tema. Procederam, de seguida, à visualização da

102 *Leitura, Literatura Infantil e Ilustração*

ilustração (categoria 4) e, por último, realizaram com as crianças actividades de **animação da história** (categoria 5).

Na grelha de análise são especificados todos os comportamentos observados no decorrer das situações (Quadro 1).

QUADRO 1
Síntese dos comportamentos observados na situação
de exploração de uma história

Categorias	Comportamentos
Apresentação do livro:	• Mostra a capa • Diz o título da história • Diz o nome do autor • Clarifica o título • Faz uma pequena introdução à história

Leitura da história	• Acrescenta informação
	   sob a forma de texto:
	      √ Clarifica vocabulário
	      √ Expande ideias
	• Solicita resposta
	   das crianças relativamente a:
	      √ Vocabulário • *Leading*[3]
	      √ Expansão de ideias • através de:
	      √ Recordação imediata • Questões
	         do que foi lido/explicitado
	• Relê partes do texto
	• Omite partes do texto
	• Faz interrupções não relacionadas com a história
	• Responde às intervenções espontâneas das crianças

Conclusão da história	• Comenta/expande ideias:
	      √ Explora tema/ideia principal
	      √ Relaciona tema com as experiências das crianças
	• Solicita resposta das crianças no sentido de:
	      √ Explorar tema/ideia principal
	      √ Relacionar tema com as experiências das crianças

---

[3] Dá uma pista através de uma palavra/frase que inicia sem a acabar, de forma a serem as crianças a terminá-la (Gover & Englert, 1998).

Quadro 1 – (cont.)
Síntese dos comportamentos observados na situação
de exploração de uma história

| Ilustração | • Mostra as imagens (em simultâneo com a leitura/ depois da leitura):
  √ Comenta/descreve a imagem (sem relacionar com a história)
  √ Explicita elementos centrais comuns às narrativas, utilizando o livro como exemplo.
  √ Relaciona imagens com acontecimentos da história:
    • Comenta/Recorda:
      √ Vocabulário
      √ Expansão de ideias
      √ Recordação do que foi lido
    • Solicita resposta das crianças relativamente a:
      √ Vocabulário   √ *Leading*
      √ Expansão de ideias √ através de:
      √ Recordação do que   √ Questões
      foi lido/explicitado |
| **Animação da história:** | • Tipos de actividades desenvolvidas pelas crianças com orientação do professor
  √ Escrita e desenho
  √ Leitura
  √ Perguntas de interpretação
  √ Recordação de informação
  √ Reconto |

ANÁLISE COMPARATIVA:

Em cada categoria foram encontrados diferentes comportamentos, resultantes das especificidades dos modos de actuação de cada professor.

De forma a evidenciar as semelhanças e as diferenças entre os professores e, assim, a estabelecer uma análise comparativa, descreveremos em seguida, com base no Quadro 2, os principais comportamentos observados em cada categoria.

QUADRO 2

Análise comparativa dos principais comportamentos observados nos professores

	TURMA 1	TURMA 2	TURMA 3	TURMA 3
Apresentação da história	• Mostra a capa • Diz o título da história • Diz o 1.º nome do autor • Clarifica título • Faz uma pequena introdução à história 03'00	• Mostra a capa • Diz o título da história 01'00	• Diz o título da história 01'00	• Diz o título da história 01'00

Leitura da história	• Acrescenta informação sob a forma de texto:
	  • Vocabulário
	  • Ideias
	• Solicita resposta (leading/questões):
	  • Vocabulário
	  • Ideias
	  • Recordação imediata
	• Faz interrupções não relacionadas com a história
	• Responde às intervenções espontâneas das crianças
	
	12'00
		• Leitura: 2 interrupções não relacionadas com a história
		• **Releitura** da história:
		• Solicita resposta (questões):
		  • Recordação imediata
		• Faz interrupções não relacionadas com a história
		• Responde às intervenções espontâneas das crianças
		
		04'00 + 04'00
			(mostra em simultâneo as imagens)
			• Omite texto
			• Solicita resposta (leading/questões):
			  • Recordação imediata
			  • Ideias
			  • Vocabulário
			• Faz interrupções não relacionadas com a história
			• Responde às intervenções espontâneas das crianças
			
			09'00
				• Omite texto
				• Solicita resposta (leading/questões):
				  • Vocabulário
				• Faz interrupções não relacionadas com a história
				• Responde às intervenções espontâneas das crianças
				
				05'00

Conclusão da história	• Explora tema – significado de aventuras *(o dia está cheio de aventuras; vir para a escola é uma aventura; passear por sítios desconhecidos, fazer coisas que nunca fizeram....)* • Relaciona tema com experiências das crianças		• Explora tema – significado de aventuras *(ajudar os velhinhos, as pessoas, quando lhes cai alguma coisa ou precisam de ajuda para carregar alguma coisa, a arranjar as coisas, a atravessar a passadeira, ajudar os animais)*	

Contributos para a análise de situações de exploração de uma história... 105

QUADRO 2 – (CONT.)

Análise comparativa dos principais comportamentos observados nos professores

Ilustração	03'00 • Mostra as imagens (depois da leitura da história) • Explicita alguns dos elementos centrais comuns às narrativas (capa, texto/ilustração, personagens, localização no espaço e no tempo, autor), utilizando o livro como exemplo. • Comenta/descreve a imagem (sem relacionar com a história) • Relaciona imagens com acontecimentos da história: • Comenta/Recorda • Solicita resposta das crianças relativamente a: – Recordação do que foi lido/explicitado	04'00 • Mostra as imagens (depois da leitura da história) • Relaciona imagens com acontecimentos da história: • Comenta/Recorda • Solicita resposta das crianças relativamente a: – Recordação do que foi lido	02'30 • Mostra as imagens (em simultâneo com a leitura da história) • Comenta/descreve a imagem (sem relacionar com a história) • Relaciona imagens com acontecimentos da história: – Recordação do que foi lido/explicitado	02'30 • Mostra as imagens (depois da leitura da história) • Comenta/descreve a imagem (sem relacionar com a história) • Relaciona imagens com acontecimentos da história: • Comenta/Recorda • Solicita resposta das crianças relativamente a: – Vocabulário – Expansão de ideias – Recordação do que foi lido/explicitado
Animação da história	09'00 • Escrita e/ou desenho (bd) da história por parte de cada criança	04'00 • Solicita recordação de informação	02'30 • Solicita recordação de informação • Reconto • Escrita e desenho (bd) da história por parte de cada criança	05'30 • Reconto • Leitura por parte das crianças • Perguntas: as crianças perguntam umas às outras
	1h00' 1h30	01'00 + 01'30 20'00	1h18' 1h30	1h00' 40'00
T				

Categoria 1 – Apresentação do livro

Nesta categoria, o professor 1 salienta-se relativamente aos outros por apresentar mais detalhadamente o livro. Este professor, para além de referir o título, como os outros professores, analisou com as crianças o seu sentido, integrando essa informação com a imagem da capa. Referiu ainda o nome do autor, combinou com as crianças quando iriam ver as imagens e fez uma pequena introdução à história ("este senhor aqui também andava à procura de algumas coisas") o que, juntamente com os elementos anteriores, proporcionou uma primeira contextualização da narrativa. Esta abordagem prévia não só parece ajudar as crianças a preparem-se para a actividade de leitura, como parece contribuir para o seu envolvimento e motivação (Paris, Wasik & Turner, 1991).

Os restantes professores iniciaram a situação com a leitura do título da história. Relativamente à disposição do grupo, as crianças da turma 4 não estavam sentadas no seu sítio habitual, ao contrário das crianças das outras turmas, mas dispostas em roda, juntamente com o professor.

Categoria 2 – Leitura da história

Relativamente às leituras realizadas pelos professores, pareceram existir duas formas de actuação distintas. Os professores das turmas 2 e 4 optaram por uma leitura mais continuada, com um número mínimo de interrupções. Essas intervenções raras relacionaram-se, no caso do professor 4, somente com a clarificação de vocabulário e, no caso do professor 2, limitaram-se a recordar ou a comentar alguns pormenores da história quando a releu. Este professor foi o único a optar por ler duas vezes às crianças. Das duas vezes leu sem expressividade e, no final da primeira vez, leu a nota do autor, sem contudo fazer uma pausa ou referir que o que estava no momento a ler já não pertencia à história.

Pelo contrário, as leituras dos professores das turmas 1 e 3 caracterizaram-se por sucessivas intervenções, tanto das crianças como dos professores, o que levou a que o tempo de leitura despendido correspondesse aproximadamente ao dobro do das turmas 2 e 4 (Quadro. 2). Os professores das turmas 1 e 3 parecem ter optado por discutir o texto à medida que a história era lida. No entanto, o género de intervenções realizadas por cada professor parecem servir propósitos diferentes à compreensão. O professor 3 centrou-se na recordação imediata do que foi lido e explorou também algum vocabulário. De facto, uma importante particularidade deste professor relacionou-se com a opção de mostrar as imagens em simultâneo com a leitura o que levou a que, página a página, alternasse a leitura com a exibição das imagens correspondentes e, nos momentos em que as crianças as observavam, lhes solicitasse a recordação do que tinha acabado de ler.

As intervenções do professor 1 pareceram ir no sentido de esclarecer/compreender conceitos ou ideias. A sua leitura da história, bastante expressiva e pausada, foi marcada por sucessivas intervenções das crianças. Durante a leitura, o professor recorreu constantemente ao *leading* (comportamento em que o professor inicia uma palavra/frase sem a acabar, de forma a serem as crianças a terminá-la; Gover & Englert, 1998), o que provocou uma leitura muito interactiva. Porém, este professor não utilizou esta estratégia apenas relativamente a palavras e frases previsíveis no contexto da história (ex. nomes das personagens), mas também face a palavras ou frases altamente imprevisíveis, que dificilmente poderiam ser adivinhadas pelas crianças.

O professor colocou também algumas questões sobre o vocabulário e o sentido de algumas partes da história (ex: "o que é um velho sábio?"; "o que ele estava a precisar?"). Com frequência optou por acrescentar informação para clarificar um conceito ou uma ideia do texto, de uma forma muito fluida, isto é, sem ser perceptível que essa informação não fazia parte da história (ex. "vendaval, *que era aquele vento que se fazia sentir na ponte*"; "a toupeira, *que conhecia tudo ali nas redondezas*"[4]).

É ainda de referir que os professores 3 e 4 decidiram, em conjunto, omitir algumas partes do texto, argumentando que este era demasiado extenso e que dificultava a compreensão por parte das crianças

Categoria 3 – Conclusão da história

Os professores 2 e 4, após a leitura, mostraram de imediato as imagens.

Os professores das turmas 1 e 3 foram, por isso, os únicos a explorar o tema da história. Ambos discutiram e aprofundaram com as crianças, no

---

[4] O *itálico* indica a informação que o professor acrescentou ao texto.

108   *Leitura, Literatura Infantil e Ilustração*

final da leitura, a ideia por eles considerada principal e, desta forma, proporcionaram às crianças um momento de reflexão e de construção de um significado geral/integrador da história. O professor 3 discutiu com o grupo o sentido de 'aventura' (ex: "ajudar os velhinhos, ajudar as pessoas quando lhes cai alguma coisa"). O professor 1, além disso, relacionou o tema com as experiências pessoais das crianças (ex: "aventura é o nosso dia todo"; "quando vocês entraram aqui no primeiro dia de aulas foi, se calhar, a maior aventura das vossas vidas!") e estabeleceu, assim, uma ponte entre a história e as suas vivências.

Categoria 4 – Ilustração

No que respeita à exibição das imagens, o professor 3 destacou-se por ter sido o único a apresentar as imagens em simultâneo com a leitura do texto. Esta opção permitiu um maior dinamismo na leitura e, ao activar os dois sistemas de códigos (visual e escrito), uma interligação imediata entre os dois tipos de mensagem (Sipe, 2000).

Os professores das turmas 2 e 4 optaram por mostrar as imagens no fim da leitura e o professor 1 negociou essa decisão com as crianças, através de um sistema de votos. Estes três professores, ao apresentarem as imagens, tenderam a relacioná-las com os eventos relatados anteriormente, permitindo às crianças recapitularem a história.

Neste sentido, as imagens serviram como ponto de partida para, no caso 3, recordar informação imediata e, no caso das restantes turmas, recordar os principais acontecimentos da história.

É de salientar ainda que o professor 1 aproveitou o momento de observação das imagens para explicitar alguns dos elementos centrais da narrativa (capa, autor, relação entre o texto e a ilustração, personagens, localização no espaço e no tempo), utilizando o livro como exemplo. Esta explicitação foi exclusiva deste professor. O professor referiu ainda que o livro continha uma nota do autor e leu-a.

Categoria 5 – Actividades de animação da história

Todos os professores desenvolveram, a seguir à leitura, actividades em torno da história. O professor 2 foi o único que apenas solicitou às crianças a recordação de alguns aspectos, relacionados com um pormenor (ex: "o que é que a toupeira encontrou?"), ao passo que os restantes professores realizaram outro tipo de actividades e investiram bastante mais tempo (Quadro 2). As crianças da turma 4 leram novamente o texto, cada uma uma parte, e fizeram perguntas umas às outras sobre a história; as turmas 3 e 4 procederam ao reconto, com a ajuda do professor; as crianças das turmas 1 e 3 estiveram posteriormente envolvidas na tarefa de desenho individual dos episódios relevantes da história. Esta última actividade, mais demorada e mais exigente para as crianças, por implicar que tivessem presente os principais acontecimentos da história e os conseguissem organizar no papel, foi realizada de forma diferente em cada turma. Na turma 1, algumas crianças começaram por recusar a proposta do professor que, inicialmente, além do desenho exigia a escrita das respectivas legendas, pelo que o professor optou por simplificar a tarefa e pedir apenas os desenhos.

Na turma 3, o professor começou por recapitular novamente a história, contou em conjunto com as crianças o número de episódios e cada criança dividiu a folha de desenho por esse número. O professor recordou novamente qual o evento a representar em cada divisão do papel e só depois realizaram autonomamente o desenho.

DISCUSSÃO

A construção da grelha a partir da observação da situação de exploração de uma história permitiu verificar que, mesmo quando restrita a quatro professores, existe uma diversidade de atitudes e de actuações. Cada professor apresentou formas de abordar a história e/ou alguns comportamentos específicos o que, a aliar às condicionantes de cada grupo de crianças, proporcionou situações singulares.

De um modo global, as discrepâncias mais salientes referem-se ao modo como os professores procederam à leitura. Dois professores (turmas 2 e 4) optaram por uma leitura mais continuada, quase ininterrupta, enquanto que os outros dois (turmas 1 e 3) preferiram incluir na leitura momentos para recordar, explicar ou clarificar. Estas diferenças foram também encontradas em outros estudos de investigação (Dickinson & Smith, 1994). No entanto, a opção por uma ou outra abordagem não parece ter um conclusivo impacto no desenvolvimento de competências

110 *Leitura, Literatura Infantil e Ilustração*

literácitas nas crianças. Se, por um lado, os professores sentem que as crianças devem ouvir atentamente a história e usam exclusivamente este modelo, menos intervenções espontâneas das crianças podem ter espaço para ocorrer, com repercussões para a compreensão da história (Sipe, 2000). Por outro lado, a quantidade de conversa ao longo da leitura não parece estar relacionada com o desenvolvimento da compreensão, o que significa que os professores não precisam de se sentirem compelidos a constantemente pararem para discutir (Dickinson & Smith, 1994). Alguns estudos apontam para as vantagens da leitura continuada, como fizeram os professores 2 e 4, que parece contribuir mais directamente para o desenvolvimento da compreensão oral (Lonigan, Anthony, Dyer, & Samwel, 1999). Para que as crianças acompanhem este tipo de leitura, é necessário que ouçam atentamente, o que suscita desenvolvimento a nível da atenção e da concentração. A leitura mais interactiva traz outros benefícios às crianças, nomeadamente a nível da expressão oral, por envolver uma participação mais activa por parte delas (Lonigan, Anthony, Dyer, & Samwel, 1999).

Por não existir um modelo único de actuação que se considere mais benéfico, estes dados reforçam a relevância do professor usar diferentes formas de leitura, e não uma em exclusivo, e optar por aquela que ache mais propícia a cada situação.

Efectivamente, a criação de oportunidades para conversar e o tipo de discussão à volta do livro, antes, durante ou depois da leitura, parecem ser mais preponderantes para o desenvolvimento da compreensão das crianças do que a forma como os professores lêem (Dickinson & Smith, 1994). Todavia, nem esta convicção na relevância da discussão é consensual na literatura (Lonigan, Anthony, Dyer, & Samwel, 1999).

Relativamente a estes momentos de discussão, no que respeita aos professores das turmas 2 e 4, os comportamentos e as actividades realizadas após a leitura permitiram-nos compreender melhor as suas intenções. O professor 2, ao ler duas vezes o texto e ao não proporcionar momentos prolongados de discussão em torno do mesmo (realiza apenas algumas perguntas de recordação de informação), parece entender que a leitura do texto é suficiente para as crianças compreenderem a história. Já o professor 4 orientou a turma de modo a serem as crianças as protagonistas na exploração do texto: são elas que realizam o reconto, que lêem uma segunda vez e que fazem perguntas umas às outras. O professor parece assim valorizar e incentivar a participação activa das crianças.

Os professores 1 e 3, que tinham discutido a história ao longo da leitura, foram os mesmos que, após a leitura, criaram a oportunidade para as crianças reflectirem e integrarem a história numa ideia central. Neste sentido, estes professores parecem ter dado mais espaço para o diálogo e, de alguma forma, maior ênfase à compreensão do conteúdo e das possíveis mensagens que a história poderia conter.

No entanto, embora existam estas semelhanças relativamente ao modo como efectuaram a leitura e ao facto de propiciarem discussão em torno da história, estes dois professores parecem distinguir-se no nível de desafio cognitivo e de compreensão literácita que espoletam nas crianças (Dickinson & Smith, 1994; Sipe, 2000; Smolkin & Donovan, 2000), ao preferirem salientar nesse diálogo diferentes aspectos.

De facto, o professor 1 pareceu oferecer mais desafio cognitivo por tender a acrescentar/solicitar informação no sentido de expandir ideias do texto e das crianças, enquanto o professor 3 encaminhou as questões no sentido de recordar informação imediata. As interrupções do professor 1 ocorreram em momentos variados da leitura, parecendo relacionar-se com os momentos em que uma determinada palavra ou frase surgia no texto, ao passo que os momentos para solicitar questões na turma 3 ocorreram sempre no final de cada página, quando o professor mostrava as figuras às crianças.

O professor 1 foi o único a manifestar a preocupação em explicitar os elementos centrais da narrativa, quer no momento de apresentação do livro, quer no momento de exploração das imagens, elementos esses que parecem contribuir de uma forma mais clara para o desenvolvimento nas crianças de um sentido de estrutura da história e, consequentemente, estimular a sua compreensão (Sipe, 2000).

Da mesma forma, a exploração da conclusão realizada pelo professor 1 saiu do âmbito da história para se generalizar e transpor para a vida das crianças. O conceito explorado – aventuras – ganhou, através do modo como o professor conduziu a conversa, um significado mais amplo (ex: "o dia está cheio de aventuras") e, assim, aplicável fora da situação do texto e susceptível de se relacionar com as experiências de vida das crianças, aspectos considerados extremamente relevantes, na medida em que permitem atingir altos níveis de compreensão e de apreciação (Sipe, 2000). Pelo contrário, o professor 3 limitou o conceito a um dos significados entendidos no texto (ex: "ajudar as pessoas") e restringiu a aplicação desse conceito às situações descritas na história. Consequentemente, embora

112   *Leitura, Literatura Infantil e Ilustração*

tenha focado a atenção no tema do texto e proporcionado, deste modo, um momento para as crianças atenderem a ele, a discussão pareceu recair, mais uma vez, na recordação de acontecimentos da história. Ao considerar simultaneamente os outros momentos da situação de exploração, parece evidenciar-se neste professor uma preocupação central, que dominou toda a exploração realizada, com a recordação directa/imediata de informação, que pode significar um baixo nível de desafio cognitivo para as crianças e limitar assim as potencialidades desta situação (Dickinson & Smith, 1994; Sipe, 2000; Smolkin & Donovan, 2000).

Neste sentido, o professor 1 parece ter sido aquele que mais propiciou discussão cognitivamente desafiante, por ter incluído na sua exploração a identificação de elementos estruturais do texto, a expansão de ideias, a análise e a clarificação de vocabulário (Dickinson & Smith, 1994; Sipe, 2000; Smolkin & Donovan, 2000).

No entanto, embora estas diferenças pareçam trazer mais vantagens em termos da compreensão e da apropriação da história, é interessante atender a como evoluiu a animação da história que, nestas duas turmas, como já referimos, envolveu o desenho dos principais eventos. Não é nosso propósito analisar o comportamento das crianças, até porque tal não é possível face aos dados que dispomos. Contudo, o professor 1 teve que alterar a primeira proposta de animação da história devido às reacções das crianças e a, face às perguntas de recordação, não terem presente os principais eventos da história, ou seja, se por um lado este professor parece ter propiciado momentos mais desafiantes para as crianças, não conseguiu, por outro, que as crianças realizassem na totalidade a tarefa, ao contrário das crianças da turma 3 que a realizaram com aparente facilidade. As sucessivas instruções do professor da turma 3, no início da actividade de animação, podem ter contribuído para esta maior facilidade em concretizar a tarefa, mas também é importante atender à forma como foi lida a história e à preocupação constante em oferecer momentos para a sua recordação. Proporcionar às crianças uma experiência globalmente mais rica, como o fez o professor 1, não parece implicar ganhos a todos os níveis, nomeadamente, na recordação de histórias. Tal como a leitura, parecem existir diferentes formas de explorar e de discutir a história que promovem diferentes competências nas crianças. O tipo de leitura e exploração pelos quais os professores optam devem então depender das competências que se querem desenvolver nas crianças (Lonigan, Anthony, Dyer & Samwel, 1999).

Contributos para a análise de situações de exploração de uma história... 113

Apesar de, numa perspectiva global, os professores se destacarem pelos diferentes comportamentos que exibiram, também nos parece pertinente realçar algumas semelhanças entre eles. Todos iniciaram a situação com a apresentação do livro, de seguida leram a história, e todos mostraram as imagens às crianças, embora o professor 3 o tenha feito durante a leitura. Todos realizaram diversas actividades com as crianças, com a excepção do professor 2 que apenas efectuou algumas perguntas sobre o texto. Neste sentido, e como tínhamos referido a propósito da criação das categorias de análise, os professores assemelham-se relativamente à organização geral da situação, com fases de procedimentos similares.

Em conclusão, a exploração de uma história parece constituir uma situação privilegiada que permite a adopção, por parte dos professores, de uma variedade de estratégias e comportamentos adequados ao desenvolvimento da literacia. À volta de um livro, os professores podem desenvolver uma diversidade de actividades e efectuar uma multiplicidade de opções, de acordo com as competências que pretendem promover nas crianças. Achamos fundamental discutir esta potencialidade da situação de ler livros, especialmente tendo em conta a realidade destas crianças, cujos adultos significativos – pais e professores – poucas experiências desta natureza lhes proporcionam. Esta primeira grelha de análise pode servir como um ponto de partida para esta discussão e, ao pretender ser revista, melhorada e completada com novos comportamentos, pode revelar-se um instrumento útil na promoção de situações de leitura de livros nestes primeiros anos de escolaridade.

REFERÊNCIAS BIBLIOGRÁFICAS

BAIRRÃO, J.; LEAL, T.; GAMELAS, A .M.; CADIMA, J. & SILVA, P. (2003). *Contributos para o Desenvolvimento da Literacia em Crianças de Idade Pré-Escolar. Implementação de um estudo de investigação/intervenção (2ª Fase).* 2.º Relatório de Actividades (Fevereiro, 2003) enviado à Fundação Calouste Gulbenkian. Centro de Psicologia da Universidade do Porto. Linha de investigação 3: Psicologia do Desenvolvimento e Educação da Criança.

CASTRO, S. L. & GOMES, I. (2000). *Dificuldades de Aprendizagem da Língua Materna.* Lisboa: Universidade Aberta.

114   *Leitura, Literatura Infantil e Ilustração*

DICKINSON, D. K.& SMITH, M. W. (1994). Long-Terms Effects of Preschool Teachers' Book Readings on Low-Income Children's Vocabulary and Story Comprehension. *Reading Research Quarterly, 29 (2),* 105-122.

GAMELAS, A. M.; LEAL, T.; ALVES, M. J. & GREGO, T. (2003). Contributos para o desenvolvimento da literacia. Clube de leitura. *In* F. L. Viana, M. Martins & E. Coquet (Coords.) *Leitura e literatura infantil e ilustração: investigação e prática docente.* Braga: Centro de Estudos da Criança, da Universidade do Minho.

GOVER, M. & ENGLERT, C. S. (1998). Orchestrating the Thought and Learning of Struggling Writers (CIERA Report 1-002). Ann Arbor: CIERA/University of Michigan.

LONIGAN, C. J., ANTHONY, B. G., DYER, S. M. & SAMWEL, C. S. (1999). Effects of Two Shared Reading Intervention on Emergent Literacy Skills of At-Risk Preschoolers. *Journal of Early Intervention,* 22 (4), 306-322.

NAYEC (1998). Learning to Read and Write: Developmentally Appropriate Practices for Young children, *Young Children,* 53 (4), 30-46.

PARIS, S. G., WASIK, B. A., & TURNER, C.T. (1991). The Development of Strategic Readers. In R. Barr, M. L. Kamil, P. B. Mosenthal & P. D. Pearson (Eds.), *Handbook of reading research* (vol. 2, pp. 609-640). New York: Longman.

SCHRAW, G., FLOWERDAY, T. & LEHMAN, S. (2001). Increasing Situational Interest in Classroom. *Educational Psychology Review,* 13 (3), 211-225.

SIPE, L. R. (2000). The construction of literary understanding by first and second graders in oral response to picture story book read-alouds. *Reading Research Quarterly,* 35 (2), 252-275.

SMOLKIN, L. B. & DONOVAN, C. A. (2000). *The context of comprehension: Information book read alouds and comprehension acquisition* (CIERA Report #2-009). Ann Arbor: CIERA/University of Michigan.

WHITEHURST, G. J. & LONIGAN, C. J. (1998) Child Development and Emergent Literacy. *Child Development,* 69 (3), 848-872.

SEGUNDA PARTE

LITERATURA INFANTIL

INFÂNCIA E LITERATURA: CONTRIBUTOS PARA UMA LEITURA DA NARRATIVA INFANTIL CONTEMPORÂNEA

Ana Margarida Ramos
Departamento de Línguas e Culturas
Universidade de Aveiro

Resumo:

Pretende-se, nesta comunicação, proceder à leitura de um conjunto de textos literários destinados à infância, publicados nos últimos dez anos por autores que têm como principal objecto do seu trabalho literário a escrita para adultos, mas que, em determinado momento, por motivos vários, publicaram textos destinados ao público infantil. Para tal, parte-se, do princípio segundo o qual a "Literatura Infantil" compreende uma produção literária com um destinatário preferencial, definido, sobretudo, por uma determinada faixa etária, assim como da ideia de que os textos para as crianças, apesar de se destinarem a um público consideravelmente jovem, podem ser concebidos como uma produção em tudo semelhante (do ponto de vista da qualidade, do rigor e do sentido estético e artístico) à que é produzida para adultos. Além disso, ter-se-á em conta que estas edições, cujo número e importância têm vindo a aumentar, motivam uma reflexão cada vez mais atenta e aprofundada sobre o conceito de "Literatura Infantil" e sobre os elementos, de índole intratextual e paratextual, que orientam a sua leitura enquanto obras para a infância.

Abstract:

We pretend, in this communication, to proceed to the reading of a group of literary texts destined for children, texts published in the past ten years by authors who have as a principal object of their literary work writing for adults, but who, at in some point, for a variety of reasons, have published texts destined for children. We start from the principle according to which the "Children's Literature" comprehends a literary production with a preferential receiver, defined, mostly, by a determined age level, as well as from the idea that texts for children, despite being meant for a considerably young public, can be considered as a production in all things similar (from the point of view of quality, rigour and the aesthetic and artistic senses) to that that is produced for adults. Besides that, we will take into account that these editions, whose number and importance have been increasing, motivate an ever more attentive and profound reflection over the concept of "Children's Literature" and over the elements, of infratextual and paratextual nature, that orientate its reading as works for children.

Partindo da noção de que a "literatura infantil" compreende uma produção literária com um destinatário preferencial, definido, sobretudo, por uma determinada faixa etária, assim como da ideia de que a "literatura infantil", apesar de se destinar a um público consideravelmente jovem, pode ser concebida como uma produção em tudo semelhante (do ponto de vista da qualidade, do rigor e do sentido estético e artístico) à que é produzida para adultos, pretendemos fazer incidir a nossa análise sobre textos literários recentes, publicados nos últimos dez anos, escritos por autores que têm como principal objecto do seu trabalho literário a escrita para adultos, mas que, em determinado momento, por motivos vários, publicaram textos destinados ao público infantil. Estas produções, cujo número e importância têm vindo a aumentar, motivam, inclusivamente, uma reflexão cada vez mais atenta a aprofundada sobre as questões da Literatura Infantil (em congressos, colóquios e publicações várias), retirando-a do estatuto de "parente pobre" da Literatura canónica que ocupava. Além disso, ao centrarmos a nossa atenção sobre autores que escrevem para públicos aparentemente tão distintos, poderemos, talvez, contribuir para a reflexão sobre a existência (ou não) de fronteiras rígidas entre "literaturas", sustentadas na idade dos leitores a que se destinam.

Infância e literatura: contributos para uma leitura da narrativa...   119

Trata-se, esta, de uma tendência que, não sendo recente[1], tem merecido, nos últimos anos, por parte dos autores, das editoras e do público, um investimento considerável, comprovado pelas dezenas de títulos publicados e vendidos anualmente. É notória a evolução que o livro infantil, também enquanto produto comercial, tem sofrido recentemente. Tem-se assistido, até, ao nascimento de várias editoras vocacionadas exclusiva ou preferencialmente para a publicação de obras destinadas aos mais novos. A melhoria na qualidade gráfica e visual, o investimento ao nível das ilustrações e dos grafismos, a opção pela diversificação dos formatos permitem, igualmente, falar do livro infantil enquanto obra de arte material, a que não é estranha a colaboração cada vez mais assídua de *designers* e artistas plásticos consagrados, alguns deles premiados diversas vezes, exactamente por este tipo de actividade.

Aliás, a importância cada vez maior dos elementos de ordem paratextual, onde se conjugam não só a componente pictórica, mas também o formato e as dimensões do livro, a colecção em que se integra, a editora que o publica, o tipo e o tamanho de letra escolhidos, a mancha gráfica e a ocupação das páginas, assim como a distribuição do texto, as menções paratextuais sobre a idade preferencial dos leitores, permite, em muitos casos, falar de autoria conjunta (autor e ilustrador). Estas questões revelam-se de pertinência acrescida quando, em alguns exemplos, parecem ser de âmbito formal os únicos indicadores capazes de permitirem a definição de um determinado texto como "literatura para a infância". É este o caso de um mesmo conto alvo de publicações distintas, uma para adultos e outra assumidamente para um público infantil. Mário de Carvalho, por exemplo, selecciona o conto "O tombo da lua", integrado na colectânea *Casos do Beco das Sardinheiras* (1981) para uma edição autónoma destinada a crianças "a partir dos 8 anos", alterando-lhe o título para "O homem que engoliu a lua". Este texto, cuja análise realizámos

---

[1] Veja-se, por exemplo, nos anos 80, a publicação de *A Luz de Newton*, de Hélia Correia (ilustrada por Alice Aurélio), como primeiro volume da Colecção Universos Mágicos, da Relógio d'Água, onde, anos mais tarde, são igualmente publicados textos de Clara Pinto Correia – *A Ilha dos Pássaros Doidos* e *O Sapo Francisquinho* – e *O Segredo do Rio* de Miguel Sousa Tavares. Contudo, é preciso não esquecer igualmente a actividade literária de Sophia de Mello Breyner Andresen e de Agustina Bessa-Luís, entre outros autores que acumulam a escrita para públicos distintos há várias décadas...

120   *Leitura, Literatura Infantil e Ilustração*

noutro contexto[2] pode inclusivamente ser alvo de leituras distintas, de acordo com o nível etário do público leitor de cada uma das edições, privilegiando, o leitor adulto, a erupção do fantástico no seio da ambiência de um bairro tipicamente lisboeta, onde se destacam os tipos populares, de cariz pícaro e paródico, enquanto o leitor infantil lerá a história à luz do universo maravilhoso, regido por leis próprias, e onde é aceitável, de acordo com a regras do género, a acção de engolir a lua, por parte de uma personagem. Onde os leitores adultos observam a paródia de comportamentos e linguagem, os leitores mais jovens encontrarão processos inspiradores do cómico, divertindo e conduzindo ao riso. Assim, a estratégia editorial, teoricamente um elemento externo[3] à definição do texto literário, intervém no desenho do conceito e das fronteiras da Literatura Infantil. O conto em questão adquire contornos substancialmente diferentes mediante as competências e a enciclopédia dos leitores que com ele interagem: de *conto fantástico*, na edição para adultos, transforma-se em *conto maravilhoso*; deixa de estar inserido numa colectânea, percorrida por uma linha de coesão orientadora de uma leitura global, para se assumir como um conto autónomo; ganha novas dimensões de sentido com a ilustração; abandona o carácter documental e irónico/caricatural para adoptar as características comuns da Literatura Infantil... Não porque o texto tenha mudado substancialmente, mas porque a edição é diferente. Lídia Jorge, por seu turno, inclui numa colectânea[4] de contos seus, publicada em 1997, "O conto do nadador", publicado pela Contexto em 1994, como obra cuja leitura é "aconselhada a partir dos 12 anos". Este conto não trai o estilo da autora em questão, revelando uma narrativa cheia de implícitos e de não-ditos que o leitor terá de completar para compreender alguns dos seus sentidos possíveis. Além disso, questiona temáticas pertinentes como os papéis pré-determinados pelo sexo, a idade e o meio sócio-cultural, nomeadamente os femininos, de

---

[2] Confrontar Ramos, Ana Margarida (2003).

[3] Existem outros casos de géneros definidos por questões formais, como é o caso da literatura de cordel, em que é o critério da forma de exibição e de venda que a define, entre outras designações de teor semelhante como *"bibliothèque bleue"*, conjunto de textos de edição popular definidos pela cor dominante do papel de pouca qualidade material usado na impressão.

[4] Confrontar com Jorge, Lídia (1997) *O marido e outros contos*, Lisboa, Dom Quixote.

Infância e literatura: contributos para uma leitura da narrativa... 121

forma não explícita, através de inúmeras alusões e de sugestões simbólicas muito fortes, de difícil compreensão por parte de leitores pouco experientes, sejam eles juvenis ou mesmo adultos. As análises de que foi alvo, juntamente com os outros contos da colectânea, não referem a sua edição enquanto texto infanto-juvenil, preferindo destacar as qualidades que permitem a sua inclusão numa linha temática coerente seguida pela autora e marcada por «personagens que vivem dilemas, crises, experiências e estados de espírito típicos das sociedades contemporâneas» (Gonçalves, 1999). Uma leitura deste conto, ao contrário do de Mário de Carvalho, não permite descobrir as características tradicionalmente apontadas como definidoras das obras para a infância, como as enunciadas por Pedro Cerrillo[5]. Neste caso, como em outros, não parecem existir, por parte da autora, concessões temáticas ou formais à literatura infantil, para além de alguma (relativa) maior simplicidade semântica e sintáctica. É, igualmente, o que se verifica no texto *História do Hidroavião* de António Lobo Antunes, publicado pela primeira vez também em 1994, onde, no estilo que lhe é característico, o autor trata temáticas que lhe são particularmente caras, ligadas à Guerra Colonial em África, ao complicado processo de descolonização português e à forma como os retornados foram recebidos em Portugal, nomeadamente em Lisboa, num estilo marcado pela construção frásica saturada (visível quer no comprimento das frases e dos parágrafos, quer no emprego constante de enumerações), pelo emprego de registos de língua surpreendentemente distintos, pela presença de refrão e de repetições insistentes, nomeadamente da questão do cego sobre Lisboa, pelo recurso a uma linguagem metafórica[6], por um ritmo discursivo veloz, decorrente do uso do assíndeto, e pela utilização

---

[5] Do ponto de vista dos conteúdos, este autor elenca algumas características cuja frequência elevada permite apresentá-las como específicas da literatura infantil: presença frequente de elementos não normais; tendência para personificar e humanizar entidades não humanas; inexistência de complexidades temáticas e estruturais; apresentação de um conflito e da sua resolução; presença abundante de conteúdos fantásticos e fabulosos. No que diz respeito às personagens, o mais habitual é que a acção se centre num protagonista que se destaca das demais personagens, ao mesmo tempo em que ocorre uma preferência por personagens crianças ou jovens, além da presença de personagens animais (traduzido e adaptado livremente de Cerrillo, 2003: 78).

[6] Nem sempre acessível, por razões de selecção vocabular e de estruturação sintáctica, àqueles que seriam os destinatários preferenciais do livro.

122   *Leitura, Literatura Infantil e Ilustração*

recorrente de um discurso dominado pelas referências sensoriais, sobretudo no que diz respeito à visão, ao gosto e ao olfacto.

No caso destas publicações, parece-nos que a designação de "literatura infantil" que lhes é atribuída se baseia em critérios exclusivamente formais e externos ao próprio texto, o que permite que ele, de acordo com a estratégia editorial seleccionada, e independentemente da intenção original do texto, possa ser alvo, até, de "catalogações" distintas e contraditórias. Assim, e neste caso especificamente, "literatura infantil" parece ser uma designação que encontra a sua razão de ser em elementos estranhos à produção e à recepção do texto e que dizem respeito à forma como os intermediários da leitura – os editores – a apresentam, enquanto objecto material.

Particularmente interessante revela-se igualmente a contribuição de Mário Cláudio no domínio da literatura infantil, com a assinatura do conto, em 1996, *A Bruxa, o Poeta e o Anjo*. Trata-se de um texto que, apresentando elementos prototípicos dos textos para crianças, como as personagens infantis, a presença de maravilhoso, a existência de aventuras e a manutenção da surpresa quanto ao desenrolar dos acontecimentos que se revelam imprevisíveis, um ritmo discursivo ágil, pela presença do diálogo, permite igualmente uma abordagem mais complexa, pela existência de diversos níveis narrativos, pela relação de índole intertextual quer com textos tradicionais para a infância, quer com motivos e *topoi* nela recorrentes, como é o caso da figura da bruxa ou do anjo que são aqui alvo de recriação e re-elaboração artísticas. O narrador, aqui representado pela personagem do Poeta (associado ao contador de histórias), parte em "busca" das duas personagens tipificadas, conotadas respectivamente com o Mal e com o Bem, tomando como ponto de partida as ideias – no fim de contas os preconceitos – das duas crianças personagens, permitindo-lhes um conhecimento mais aprofundado das duas entidades e do seu significado e simbolismo. Assim, no epílogo do texto, ocorre uma transformação ao nível do circuito de comunicação das histórias, passando o narrador (poeta) a receptor e os ouvintes a autores, agora que as várias histórias, narradas e ouvidas, perseguidas e construídas, ganham uma dimensão que as pessoaliza, são interiorizadas por Erica e André, as personagens infantis do texto. Neste conto, onde são contadas muitas histórias, retoma-se e reflecte-se sobre uma herança cultural que, desde há muito, vem deixando marcas indeléveis no imaginário de todas as crianças. A prosa de Mário Cláudio, claramente adaptada ao seu público

Infância e literatura: contributos para uma leitura da narrativa...   123

preferencial, caracteriza-se não só pela influência da oralidade, mas também por um discurso lírico marcado sobretudo pelas repetições cadenciadas, com intuito quase musical. Aliás, os elementos sensoriais, sobretudo os auditivos, marcam aqui a sua presença, ou não estivéssemos perante um texto que recria o acto antiquíssimo de contar histórias...

O caso de Mia Couto, por exemplo, merece-nos igualmente alguns comentários. Publicou, com grande sucesso, em 2001, *O gato e o escuro*, com soberbas ilustrações de Danuta Wojciechowska. Este texto, escrito especificamente para um público infantil, aproxima-se, pela temática, pelo estilo e pela forma, de muitos dos pequenos contos e crónicas publicados por este autor para um público adulto. A brevidade, a condensação narrativa, a simplicidade discursiva, a linguagem metafórica e surpreendentemente inovadora, a presença de personagens crianças, a dimensão onírica e o tratamento de questões próximas da infância como a denúncia da guerra, do racismo ou das condições socio-económicas em Moçambique, caracterizam, por exemplo, "O dia em que explodiu Mabata-bata" *in Vozes Anoitecidas* ou "O fazedor de luzes" *in Na berma de nenhuma estrada e outros contos*, só para dar dois exemplos de textos que facilmente encontrariam leitores entre o público mais jovem. Contudo, nestes casos, é a sua apresentação material que, ao contrário dos anteriores, não promove esse tipo de leitura e de leitores.

Noutro âmbito de produções de autores que habitualmente não escrevem para crianças inserem-se, por exemplo, publicações como *O segredo do rio* (1996) de Miguel Sousa Tavares, *Estranhões e Bizarrocos* (2000) de Eduardo Agualusa ou, muito recentemente, os contos publicados pela Quetzal, na colecção "Olhar um Conto", de Vasco Graça Moura ou Inês Pedrosa. Nos textos destes dois últimos autores, ao invés de as imagens serem criadas com o propósito de ilustrarem uma determinada história, funcionando como complemento e apoio da leitura e/ou como leitura hipotética, até no sentido de alternativa, é o texto que se assume como posterior às imagens a que pretende dar uma história/leitura possível. Assim, e neste contexto, assiste-se, por parte dos dois autores acima referidos, a uma clara adaptação dos respectivos estilos literários desenvolvidos em obras de teor claramente distinto, como são as suas produções para adultos. Vasco Graça Moura, em *As Botas do Sargento* (2001), recria o motivo dos sapatos bailarinos, pertencente à tradição cultural, trabalhando-o numa narrativa acessível, a que não faltam elementos codificados da literatura para crianças, como a presença de interdições que são transgredidas, o tópico do segredo, o baile e a festa, a escolha de personagens próximas do universo infantil, elementos do maravilhoso, a manutenção da expectativa face ao desenlace, e elementos estilísticos como a preferência pelo discurso directo e pela apresentação linear dos acontecimentos, entre outros.

Inês Pedrosa, por seu turno, em *A menina que roubava gargalhadas* (2002), numa narrativa de teor moralizante, com intervenções do maravilhoso, apresenta as aventuras de Laura que, à semelhança da Alice de Lewis Carroll, referência intertextual implícita, viaja até uma realidade desconhecida, a da Amazónia, contactando com alguns elementos desta cultura e das suas tradições. Apresentando, igualmente, o motivo da personagem que transforma a sua maneira de ser depois de se aperceber das consequências do seu comportamento negativo, o conto em questão possibilita ainda à criança leitora o contacto com um universo desconhecido, simultaneamente maravilhoso e empírico, dominado pela magia e pelo faz-de-conta.

Rui Zink, que assina igualmente uma colecção de álbuns destinada a leitores muito específicos, ainda exclusivamente "ouvintes" e a necessitarem da intermediação dos pais/adultos e das imagens, insere-se num tipo de produção particular que conhece, ainda, relativamente poucos títulos assinados por autores portugueses, uma vez que a maioria dos textos deste âmbito correspondem a traduções e/ou adaptações estrangeiras. A colecção "O bebé que...", já com três títulos[7] e em que as vertentes lúdica e pedagógica estão presentes e associadas de forma original, centra-se na apresentação de enredos muito lineares em que são encenadas as rotinas, comportamentos e jogos de crianças muito pequenas, que os destinatários preferenciais dos textos facilmente reconhecem e com os quais se identificam, projectando-se na situação proposta por cada um dos livros. A birra do bebé, a sua aversão pela televisão ou a ausência da mãe são os tópicos que estruturam micro-narrativas, de estrutura linear e de desenlace feliz, em que se procura manter a expectativa e a surpresa, e em que, do ponto de vista linguístico, há todo um conjunto de elementos

---

[7] ZINK, Rui (2002): *O bebé que... não gostava de televisão*, Lisboa, Dom Quixote (ilustrações de Manuel João Ramos); ZINK, Rui (2002): *O bebé que... não sabia quem era*, Lisboa, Dom Quixote (ilustrações de Manuel João Ramos); ZINK, Rui (2003): *O bebé que... fez uma birra*, Lisboa, Dom Quixote (ilustrações de Manuel João Ramos).

Infância e literatura: contributos para uma leitura da narrativa... 125

que permitem e promovem uma aproximação do livro à criança leitora/ouvinte, como a linguagem acessível, por via da sua adaptação à faixa etária a que se destina e, até, da simulação do discurso do bebé, o discurso ritmado por repetições e paralelismos de vária ordem, onde se destacam os elementos sonoros, criadores de rimas, aliterações e outros efeitos fónicos, e os sintácticos, pela opção por estruturas frásicas recorrentes e reconhecíveis. Neste tipo de publicações, tem especial relevo a componente pictórica que, aqui, incentiva leituras complementares e alargadas do texto, como é o caso das imagens finais de *O bebé que... não gostava de televisão* ou *O bebé que... fez uma birra*, fornecendo interpretações possíveis para o mesmo, geralmente reveladoras de cómico, não se limitando a acompanhá-lo.

Mais recentemente, Manuel Jorge Marmelo também se estreou na escrita para a infância. No seu caso, a proximidade ao universo infantil, perfeitamente visível no conto *A Menina Gigante* (2003), decorre, sem dúvida, da partilha da responsabilidade autoral do texto com a sua filha, Maria Miguel Marmelo. Assim, neste trabalho a várias mãos, em que o autor assume que a escrita do texto surgiu a partir de uma ideia da filha, são claros alguns dos elementos que agradam ao público mais jovem e dos quais se destacam a presença de uma protagonista criança, próxima da realidade dos leitores, a existência de um problema e a sua resolução através de um desenlace de tipo positivo. A intriga, linear e sequencial, surge apresentada muito brevemente, sucedendo-se as várias fases que conduzem à superação do conflito pela valorização daquilo que era o elemento perturbador – a grande altura da menina. A forma veloz como a acção se precipita para o seu fim, sem deambulações ou peripécias intermédias, assim como alguma ingenuidade ou inocência dos procedimentos narrativos corresponde, estamos em crer, a uma estruturação do pensamento claramente infantil, dominada ainda pelas oposições de cariz maniqueísta em que o Bem e os bons se opõem sempre, e de forma inequívoca, ao Mal e aos maus e em que todos os problemas, por mais sérios que sejam, encontram sempre a sua solução. Esta publicação abre o próprio conceito de literatura infantil numa outra direcção, a da autoria infantil das histórias, ainda que reescritas ou trabalhadas de forma literária por adultos, havendo, por isso, uma afinidade que não pode ser desprezada entre a enciclopédia do autor e a do(s) leitor(es). Esta proximidade é ainda extensiva, no caso desta publicação, ao universo da protagonista, numa confluência de vozes e de registos que a narrativa, pela sua temática e pela forma como a "heroína" é apresentada, incentiva.

Questionado sobre o que entende por Literatura Infantil e sobre o que caracteriza um texto escrito para um público mais jovem, Manuel Jorge Marmelo afirma: «julgo que a literatura para crianças deve ter sobretudo preocupações lúdicas e formativas, cuidando para que o objecto literário proposto seja facilmente identificável e apreensível pelos potenciais leitores. Vocabulário e trama devem, por isso, ser o mais lineares possível, de modo a não colocar resistências à leitura. Não se trata, porém, de uma literatura menor. Antes uma literatura que deve ter basicamente as mesmas preocupações da escrita para adultos, embora em patamares distintos. Escrever de forma simples e linear pode bem ser, de resto, um desafio mais estimulante do que a escrita mais complexa, "para adultos"»[8], o que configura uma opinião partilhada por muitos autores que se deixam seduzir por este público particular.

Os textos cuja análise apenas esboçámos e aos quais poderíamos adicionar outros, como *A maior flor do mundo* de José Saramago, *As palavras difíceis* de António Mega Ferreira, *A ilha dos pássaros doidos* de Clara Pinto Correia, *História da Égua Branca* de Eugénio de Andrade, *O livro dos medos* de Sérgio Godinho, entre vários possíveis, têm em comum apenas dois aspectos: o facto de serem escritos por autores que não escrevem exclusivamente para crianças; e a sua edição enquanto textos destinados à infância, em editoras, colecções e formatos a ela dirigidos. Entre eles não é possível descobrir, para além dos materiais (da ordem do paratextual), elementos semânticos, relativos ao conteúdo, ou estruturais, relativas ao estilo e à técnica literária, comuns nem mesmo na sua génese ou intenção criadora.

Num estudo sobre alguns autores franceses de renome que também publicaram textos para a infância, Sandra Beckett realça a diversidade de pontos de vista dos próprios autores em relação às suas produções, defendendo a ocorrência, nos últimos anos, de um "effondrement des frontières entre textes pour enfants et textes pour adultes" (Beckett, 1997: 247), que também é consequência desta diversidade cada vez maior daqueles que publicam textos conotados com a literatura infantil. Alguns autores avançam mesmo a ideia de que o público infantil é o público ideal,

---

[8] Testemunho dado pelo autor quando questionado sobre o que, no seu entender, caracteriza a literatura infantil e a distingue da produção para adultos.

Infância e literatura: contributos para uma leitura da narrativa... 127

porque julga de forma espontânea e aprova ou não de forma incondicional. Para estes autores, a criança mantém grandes afinidades com o público primitivo do contador de histórias de que muitos escritores se assumem herdeiros, tomando como verdadeiro privilégio a sua aceitação pelos mais jovens, até porque têm clara consciência do papel fundamental de que se revestem as primeiras e inesquecíveis leituras.

Se a sua adequação à infância só pode ser reconhecida pelos leitores que os aceitam ou recusam de forma inequívoca, é óbvio o investimento num conjunto de elementos que permitem, apenas com um olhar, avaliar os destinatários que prevêem e que, de forma mais ou menos explícita, indiciam. Em termos materiais, as tendências mais recentes parecem ser as do uso de formatos não tradicionais, a importância crescente da ilustração, cada vez mais complexa e elaborada, recorrendo às mais variadas técnicas das artes plásticas, e que incluem a pintura (aguarela, pastel, óleo, entre outras), a colagem, a fotografia, o recorte, o uso de materiais diversificados e originais, o recurso à textura e ao relevo, reais ou aparentes, o jogo de perspectivas, a abundância da cor, a submissão do texto à imagem, a opção por manchas gráficas não tradicionais e variadas em cada página, criadoras da surpresa e propiciadoras de captar e manter a tenção dos leitores muito jovens. O livro infantil diversifica-se e enriquece-se numa evolução muito rápida, ganha simultaneamente a dimensão de brinquedo e de obra de arte de grande elaboração estilística, potencia diversas e novas utilizações, a que não será alheia a "competição" com outras solicitações das crianças como a televisão, o computador ou os vídeo-jogos. Surgem, nos últimos anos, ilustradores que, pela criação de um estilo próprio, reconhecível ao primeiro olhar, fazem escola e podem mesmo determinar o sucesso de uma publicação, de que os casos de João Caetano, Henrique Cayatte, Danuta Wojciechowska, André Letria, Fernanda Fragateiro ou Joana Quental são apenas alguns, necessariamente poucos, exemplos.

A literatura infantil portuguesa contemporânea, de génese assumidamente popular, parece, nos dias de hoje, fruto de razões várias, nem todas directamente ligadas a questões estritamente literárias, atrair franjas mais alargadas de autores seduzidos pelas potencialidades de um tipo de textos em que todas as liberdades criativas parecem ser permitidas e que, além disso, dialoga de forma perfeita, numa relação simbiótica exemplar, com outras manifestações artísticas, como é o caso das diferentes vertentes da expressão plástica.

128   *Leitura, Literatura Infantil e Ilustração*

REFERÊNCIAS BIBLIOGRÁFICAS:

Bibliografia activa:

ANTUNES, António Lobo (1998). *História do Hidroavião.* Lisboa: Ulmeiro (1ª 1994) (ilustrações de Vitorino).

CARVALHO, Mário (2003). *O Homem que engoliu a lua.* Porto: Âmbar (ilustrações de Pierre Pratt).

CLÁUDIO, Mário (1996). *A Bruxa, o Poeta e o Anjo.* Porto: Campo das Letras (ilustrações de Alfredo Martins).

JORGE, Lídia (1994). *O conto do nadador.* Lisboa: Contexto (ilustrações de Alain Corbel).

MARMELO, Manuel Jorge e MARMELO, Maria Miguel (2003). *A menina gigante.* Porto: Campo da Letras (ilustrações de Simona Traina).

MOURA, Vasco Graça (2001). *As Botas do Sargento.* Lisboa: Quetzal Editores (inspirado na obra de Paula Rego).

PEDROSA, Inês (2002). *A menina que roubava gargalhadas.* Lisboa: Quetzal Editores (inspirado na obra de Júlio Pomar).

ZINK, Rui (2002). *O bebé que... não gostava de televisão.* Lisboa: Dom Quixote (ilustrações de Manuel João Ramos).

ZINK, Rui (2002). *O bebé que... não sabia quem era.* Lisboa: Dom Quixote (ilustrações de Manuel João Ramos).

ZINK, Rui (2003). *O bebé que... fez uma birra.* Lisboa: Dom Quixote (ilustrações de Manuel João Ramos).

Outras referências:

BECKETT, Sandra Lee (1997). *De grands romanciers écrivent pour les enfants,.* Montréal/Grenoble : Presses de l'Université de Montréal/ELLUG.

CERRILLO, Pedro C. (2003). Literatura Infantil y Competencia Literaria: Hacia un ámbito de estudio e investigación proprios de la Literatura Infanto--Juvenil. In F. L. VIANA, M. MARTINS, M. & E. COQUET (Coord.), *Leitura, Literatura Infantil e Ilustração – Investigação e Prática Docente* (pp. 73--81). Braga: Centro de Estudos da Criança/Universidade do Minho.

GONÇALVES, Maria Madalena (1999): «Lídia Jorge: a arte de narrar *Marido e outros contos*», *in* http://www.geocities.com/ail_br/lidiajorgeaartedenarrar.html

RAMOS, Ana Margarida (2003). Recensão de *O Homem que engoliu a lua* de Mário de Carvalho. *Malasartes (Cadernos de Literatura para a Infância e a Juventude),* 12, 28-29.

QUANDO AS PALAVRAS E AS ILUSTRAÇÕES ANDAM DE MÃOS DADAS: ASPECTOS DO ÁLBUM NARRATIVO PARA A INFÂNCIA

SARA REIS DA SILVA
Instituto de Estudos da Criança
Universidade do Minho

Resumo:

Embora, em Portugal, seja ainda escassa a edição de álbuns narrativos dedicados às primeiras idades, existem hoje já alguns títulos a merecerem uma atenção sistemática, pelo facto de evidenciarem uma expressiva articulação entre a componente icónica e a componente linguística. Assim, nesta comunicação, procederemos, em primeiro lugar, a uma tentativa de fixação do conceito de álbum (uma designação, aliás, plena de ambiguidades), para, de seguida, centrarmos a nossa análise em duas obras recentes destinadas à infância nas quais, em nosso entender, se concretiza plenamente um diálogo intersemiótico entre o código verbal e o código pictórico, uma interacção potencialmente rentabilizadora de sentidos: *História de um Segredo* de João Paulo Cotrim / André Letria e *A Cor Instável* de João Paulo Cotrim / Alain Corbel. Em *História de um Segredo* e em *A Cor Instável*, livros de capa dura que guardam um discurso económico de tipo narrativo, bem como uma original riqueza figurativa e cromática, observa-se um conjunto de estratégias textuais e visuais que fazem destes dois títulos "objectos literários embelezados" e que, pela inovação semântica que representam, serão valorizadas na nossa proposta de leitura.

130 · *Leitura, Literatura Infantil e Ilustração*

Abstract:

Although, in Portugal, the editing of picture story books dedicated to the first ages is still scarce, there are already today some titles deserving a systematic attention, given the fact that they show an expressive articulation between the iconic component and the linguistic component. So, in this communication, we will proceed, at a first stage, to an attempt to fixate the concept of picture story book (a designation which is, by the way, full of ambiguities), and, at a second stage, to focus our analysis on two recent works meant for children in which, according to our understanding, an inter-semiotic dialogue between the verbal code and the pictorial code fully manifests itself, an interaction potentially enriching of meanings: *História de um segredo /Tale of a secret* from João Paulo Cotrim/André Letria and *A Cor Instável/The Unstable Colour* from João Paulo Cotrim/Alain Corbel. In *História de um segredo/Tale of a secret* and *A Cor Instável/The Unstable Colour*, hardback books that have an economic discourse of the narrative type, as well as an original figurative and chromatic richness, one can observe a set of textual and visual strategies that make of this two books "embellished literary objects" and that, for the semantic innovation that they represent, will be valorised in our reading proposal.

«...picture books seem to demand rereading; we can never quite perceive all the possible meanings of the text, or all the possible meanings of the pictures, or all the possible meanings of the text-picture relationships.» (Sipe, 1998: 101)

Factor promotor de (des)gosto em face do objecto-livro, as ilustrações, no espaço literário destinado explicitamente às crianças, possuem um papel determinante na percepção, na descodificação e na concretização dos sentidos explícitos e implícitos do discurso verbal. A prová-lo parece estar, por exemplo, a publicação recente de certos textos literários de destinatário explícito infantil construídos a partir de uma articulação qualitativa entre a componente linguística e a componente visual.

Embora, em Portugal, seja ainda escassa a edição de livros que comummente – e em falta de uma designação mais precisa – classificamos como álbuns narrativos dedicados às primeiras idades (2 a

Quando as palavras e as ilustrações andam de mãos dadas: ... 131

8 anos)[1], como assinalámos noutro lugar (Silva, 2003c), existem já alguns títulos a merecerem uma análise mais séria, pelo facto de evidenciarem uma expressiva e original conjugação dos códigos linguístico e icónico.

Se a clarificação e a fixação do conceito exigem uma reflexão alargada, a definição de critérios para a classificação deste tipo de textos representa também, ainda, um campo de estudo a merecer uma atenção mais demorada e sistemática. De facto, e de uma forma muito sumária, dado o carácter híbrido inerente aos álbuns, observa-se, não raras vezes, algumas imprecisões quanto à filiação de determinados textos num universo literário, várias hesitações decorrentes, muitas vezes, como sugerimos, dessa simbiose entre as palavras ou o discurso literário – quando o é, realmente – e o discurso pictórico. O que importa clarificar é que álbum, no contexto em que se insere esta análise, pressupõe um dialogismo entre uma escrita necessariamente literária e narrativa[2] e um conjunto de formas visuais artísticas, duas componentes que, em consonância, produzem significação, promovendo um processo de comunicação particular, relativamente invulgar no âmbito das técnicas literárias habituais ou canónicas. Cecília Silva-Diaz Ortega, por exemplo, identifica o álbum com um território privilegiado para a inovação, onde se plasmam algumas das características próprias das narrações pós-modernas, designadamente o dialogismo, a descontinuidade e a simul-taneidade (Ortega, 2003: 173-174).

As duas obras seleccionadas para esta intervenção, *História de um Segredo* de João Paulo Cotrim / André Letria e *A Cor Instável* de João Paulo Cotrim / Alain Corbel, parecendo concretizar intencionalmente o referido diálogo intersemiótico entre o código verbal e o código pictórico,

---

[1] O vocábulo álbum, um termo de influência francófona, tem sido utilizado, em Portugal, para designar os livros que, nos países anglo-saxónicos, são apelidados como "picture story books" e que evidenciam um discurso de tipo narrativo, produzido e rentabilizado com base na confluência artística entre as palavras literárias (quase sempre de prevalência reduzida) e uma forte componente icónica. Acrescentam-se, ainda, a estas características outros factores de ordem paratextual ou externa, como a capa dura, em certos casos, um formato de considerável extensão ou o papel de gramagem superior.

[2] Na realidade, e seguindo a formulação de Lawrence R. Sipe, «a essência do álbum reside na forma como o texto e as ilustrações se relacionam entre si», uma relação que é verdadeiramente «complexa e subtil» (Sipe, 1998: 97), em muitos casos, e que pode ir, por exemplo, desde a congruência profunda ao desvio quase integral (Scwarcz *apud* Sipe, 1998: 98).

132   *Leitura, Literatura Infantil e Ilustração*

uma interacção que se apresenta como potencialmente rentabilizadora de sentidos, guardam em si dois textos literários, cujos sentidos se afiguram fortemente corroborados ou expandidos pela ilustração.

A verdade é que, em *História de um Segredo* e em *A Cor Instável*, livros quadrangulares de capa dura, com um discurso económico de tipo narrativo, bem como com uma original riqueza / força figurativa e cromática (características genéricas que nos permitem situar as duas obras no universo dos álbuns para as primeiras idades), congregam-se diversas estratégias textuais e visuais que fazem destes dois títulos "objectos literários embelezados", pautados pela inovação semântica e, também, pela (re)construção criativa, por exemplo, no que ao desenvolvimento diegético dos dois contos diz respeito[3].

História de um Segredo, livro composto por duas mãos ligadas ao mundo da imagem – João Paulo Cotrim e André Letria – convida, desde o início, a um jogo de construção dialogal de sentidos, na medida em que ao título se junta, na capa, a representação de uma caixa bem fechada, parecendo, de certo modo, acordar a curiosidade e a vontade de saber o que se guarda / esconde nela. É interessante notar que este elemento icónico, a caixa[4], é reiterado na contracapa do livro, surgindo, desta vez, já aberta e parecendo, assim – e essencialmente pelo carácter antitético inerente às duas representações mencionadas – indiciar um percurso de descoberta, de desmistificação, de libertação ou de conhecimento do segredo de que fala o título. A própria folha de rosto, dominada pela imagem de uma fechadura, parece indiciar também que, de facto, só espreitando nessa caixa de surpresas que é o livro, se poderá desvendar o segredo, uma ideia que vemos confirmada nas duas páginas finais deste mini-álbum, nas quais surgem uma chave, a simbolizar duplamente a abertura e o fechamento, bem como «o mistério a penetrar, o enigma a resolver (...), a descoberta» (Chevalier e Gheerbrant, 1994: 190 e 191) e, de novo, uma fechadura[5].

---

[3] J. A. Gomes considera que o álbum oferece «uma nova configuração do conto, em que o discurso narrativo resulta fundamentalmente da conjugação de duas linguagens: palavra e imagem.» (Gomes, 2003a: 3).

[4] Do ponto de vista simbólico, a caixa «contém sempre um segredo: encerra e separa do mundo o que é precioso, frágil ou temível.» (Chevalier e Gheerbrant, 1994: 144).

[5] Esta estratégia, baseada na conclusão do livro a partir de duas imagens, indicia, em nosso entender, a intenção de João Paulo Cotrim e André Letria de imprimir relevância e de fazer prevalecer a componente pictórica.

A estruturação técnico-compositiva de *História de um Segredo*, uma narrativa condensada – de certa forma, em embrião, como adiante explicitaremos – que se pauta por uma relativa circularidade diegética, alicerça-se, de facto, numa ligação necessária e propositada entre o registo verbal e o registo visual, sendo, no entanto, evidente uma prevalência deste último em relação ao primeiro, como parece reflectir a opção por colocá-lo no fundo de cada página ou num local, em certa medida, periférico. Aliás, em muitos momentos, as palavras solicitam a introdução de imagens visuais para completar ou concretizar o seu sentido.

Por outras palavras, a construção da história obedece a uma espécie de esquema baseado num pedido verbal e numa resposta visual, visto que, à formulação linguística de um elemento ou de uma condição necessária para a construção da narrativa – «Precisamos de...» (Cotrim e Letria, 2003) –, se segue a sua introdução / concretização figurativa, como se verifica, por exemplo, na sequência em que se afirma «Precisamos de cor para que aconteça alguma coisa» (idem, *ibidem*) e a cor se impõe realmente ao «lugar (...) branco e sem ninguém» (idem, *ibidem*) mencionado na questão que abre o texto; ou noutro segmento textual em que se diz também «Precisamos de meninos que são os heróis deste conto de encantar» (idem, *ibidem*) e logo surgem representados dois meninos.

Do ponto de vista discursivo e também no âmbito dos processos de implicação do narratário na narração e / ou de captação da atenção da criança leitora ou ouvinte, destaca-se, neste texto, a presença de um registo muito próximo do coloquial, de feição oralizante, fortemente apelativo e desafiador, consubstanciado, por exemplo, através de frequentes frases de tipo interrogativo.

Ainda no que diz respeito ao texto linguístico e ao texto visual, importa sublinhar que, entre ambos, se observa uma relação de forte congruência intersemiótica, na medida em que, além de se encontrarem em plena harmonia, para a construção integral de sentidos, como sugerimos, um necessita do outro. A título meramente exemplificativo, veja-se a sequência em que se constata que, «agora sim, temos quase tudo para haver história» (idem, *ibidem*) (e entenda-se que este «quase tudo» significa «correrias e vozes e barulho» de meninos), e surgem, inseridas no espaço pictórico, algumas formas verbais actanciais como «corre», «salta», «vem» ou «anda» (idem, *ibidem*), vocábulos que parecem adquirir contornos imagéticos e que denunciam uma opção figurativa com um

134 *Leitura, Literatura Infantil e Ilustração*

carácter próximo das técnicas da literatura experimental ou concreta, o que constitui, aliás, uma faceta bastante comum a muitos álbuns.

Outra estratégia na qual se baseia a arquitectura textual e pictórica de *História de um Segredo* reside no jogo com as categorias da narrativa (espaço, acção / intriga e personagens, por exemplo) e com alguns dos elementos necessários à criação de um «conto de encantar» (idem, *ibidem*), um subgénero narrativo mencionado reiteradamente pelo narrador. Assim, aos protagonistas infantis, seguem-se as referências à acção – «E onde há meninos há correrias e vozes e barulho» (idem, *ibidem*) –, a uma peripécia e até ao desenlace em aberto – «... e começou logo a ver-se a palavra «fim.»» (idem, *ibidem*).

Em certa medida, a história anunciada pelo título acaba por não se concretizar plenamente, parecendo, afinal, representar, como adiantámos anteriormente, uma narrativa em embrião à espera dos elementos necessários (intriga, heróis, etc.) ao seu crescimento. Na realidade, as pistas fornecidas quer pelo título – *História de um Segredo* – quer pelas ilustrações da capa e da contracapa, bem como pelas duas páginas que fecham o livro, são, de facto, muito "fugidias", enganosas até, porque o texto finaliza quase como principiou, ou seja, sem a descoberta / o conhecimento do segredo que representaria, afinal, o cerne diegético desta história.

Se, em *História de um Segredo*, é a categoria narratológica da acção que surge, desde logo, ressaltada pelo título, em *A Cor Instável*, assistimos à valorização linguística e pictórica de um outro elemento, uma personagem, que é, afinal, uma cor a quem, à partida, é atribuída uma configuração humana, uma centralidade evidente e cuja trajectória é relatada, em exclusivo, no texto.

De facto, toda a acção se desenvolve em torno de um núcleo problemático singular, uma situação de conflito individual em que se debate uma excepcional e solitária Cor ou um estado de desequilíbrio que veremos resolvido cabal e positivamente no desfecho da diegese.

É precisamente com a expressão verbal e pictórica do isolamento referido que esta narrativa de João Paulo Cotrim e Alain Corbel (o também premiado ilustrador de *Contos e Lendas de Macau* de Alice Vieira) abre, uma história introduzida, do ponto de vista linguístico, de uma forma visivelmente económica e condensada[6] – «A cor especial sentia-se só.»

---

[6] De referir que, também neste livro, o texto verbal se situa, regra geral, num local periférico da página, sendo, frequentemente, antecedido pelas ilustrações.

Quando as palavras e as ilustrações andam de mãos dadas: ... 135

(Cotrim e Corbel, 2003). Em contrapartida, do ponto de vista pictórico, observa-se a criação extensa de um cenário vasto, a ocupar as duas páginas iniciais e a representar um espaço no qual se inclui, além dos elementos participantes da representação espacial – como uma árvore, uma casa ou uma estátua equestre –, a heroína deste conto, com uma expressão amargurada.

Após a explicação da causa desse estado, através do recurso à oposição e à diferenciação visual da protagonista das restantes Cores, facto que, ao nível da construção icónica, se traduz, por exemplo, numa espécie de viagem até ao interior da casa representada na sequência inicial[7], bem como na descrição sequenciada e episódica do quotidiano da heroína[8], o narrador introduz uma peripécia – «Certo dia incerto...» (Cotrim e Corbel, 2003) e outras personagens maravilhosas[9] – o olho Benvisto e os seus amigos Lux e Sintomuito – que possuem uma função transformadora e determinante na instauração do equilíbrio eufórico final que caracteriza esta narrativa: «A Cor Especial, depois de muito brincar, e ainda mais do que muito brincar, com os três amigos, percebeu que nada é a preto e branco. E que cada um pode ser arco-íris. Sentiu-se ouro sobre azul.» (idem, *ibidem*).

Além disso, a componente pictórica encontra-se imbuída de fortes marcas não só de âmbito maravilhoso, mas também da ordem do absurdo ou do *nonsense*, um conjunto de traços que, de um modo original, promovem o cómico a partir da recriação visual da história contada[10].

---

[7] O leitor percebe essa alteração de espaço, pela inclusão de uma janela através da qual se pode observar a estátua equestre colocada também no primeiro cenário re-criado.

[8] Esta descrição passa pela referência à tranformação cromática da protagonista em diferentes contextos: quando acordava, quando ia a correr para a escola, quando lhe davam uma canelada, se pensava nas férias, quando recebia presentes, ao fim da tarde ou se andava de barco.

[9] A própria heroína, a Cor Instável, em particular o seu carácter isolado ou excepcional, reflecte-se também, em nosso entender, na configuração hiperbólica de índole maravilhosa da sua cabeça, um elemento visual distinto do restante conjunto de personagens.

[10] *Vide*, a título exemplificativo, a ilustração que se segue ao segmento textual «O olho Benvisto cresceu de espanto. – Sabes, quase ninguém é sempre a mesma coisa, nem por dentro nem por fora. Anda daí se queres ver.» (Cotrim e Corbel, 2003). Trata-se da reutilização da imagem da estátua equestre, mas, desta vez, a imobilidade do cavaleiro é alterada, surgindo este em pleno movimento ou em fuga.

Ao nível ideotemático ou ideológico consideramos, ainda, que a construção diegética e pictórica de índole maravilhosa serve também a veiculação metafórica do estado ou da condição humana daqueles que, por razões tão simples como a tendência reflexiva ou a sensibilidade, se apresentam como diferentes entre iguais. De facto, o universo em que se move a protagonista – ela própria diferenciada, ao nível físico, das restantes figuras com quem interactua –, um espaço visual no qual prevalecem os traços minimalistas, os ângulos agudos ou alguma rigidez pictórica, parece lembrar a "dureza" do espaço citadino ou industrial.

Em termos comparativos, consideramos, assim, que ao registo pictórico de *A Cor Instável*, encontra-se inerente uma carga simbólica mais forte do que no caso de *História de um Segredo*. Em contrapartida, os dois livros em análise possuem em comum o facto de evidenciarem um diminuto grau de redundância, no que diz respeito à relação que se opera entre o texto verbal e as formas visuais aí patentes, na medida em que aquilo que as palavras explicitam não surge espelhado, de um modo rígido e restrito, nas ilustrações. De facto, as imagens ora acabam por "responder" às palavras, completando-as, ora seguem um percurso de recriação metafórica, por vezes, até simbólica – especialmente em *A Cor Instável* –, sempre no sentido da manutenção de uma «inter-relação entre as duas linguagens em presença», daí resultando verdadeiramente uma narrativa (Gomes, 2003b).

Em *História de um Segredo* e *A Cor Instável*, podemos constatar, ao nível das relações entre os códigos linguístico e pictórico, a prevalência de uma interacção intensificadora, dado que, como procurámos explicitar, as imagens ampliam a informação das palavras e vice-versa, instaurando-se intencionalmente aquilo que L. R. Sipe (1998: 97) designa como "trans-mediação" ou a criação de novos significados no texto a partir da inter-pretação do texto condicionada pelas imagens e das imagens pelo texto, num processo aparentemente interminável.

A novidade de *História de um Segredo* e de *A Cor Instável* repousa, assim, quanto a nós, no diálogo entre escritor e ilustradores que parece realmente ter existido, um trabalho cooperativo e interactivo revelador de uma verdadeira preocupação artística[11] que resulta numa confluência

---

[11] Na nossa opinião, contribui para a confirmação desta noção o facto de, na capa, não existir a referência ou a diferenciação da autoria do texto e das ilustrações. Surgem, apenas, a menção a João Paulo Cotrim / André Letria, em *História de um Segredo*, e a João Paulo Cotrim / Alain Corbel, em *A Cor Instável*.

Quando as palavras e as ilustrações andam de mãos dadas: ... 137

estética muita inovadora, no actual panorama da literatura portuguesa com destinatário explícito infantil.

Muito em síntese, porque *História de um Segredo* e *A Cor Instável* se inserem nesse conjunto de livros que «utilizam dois códigos – a imagem e o texto – para contar a sua história» (Colomer, 1996: 27), sendo que, nestes, a eficácia e a expressividade comunicativa resultam quer do aspecto visual quer do verbal (Nikolajeva e Scott, 2000: 225), consideramos que estes dois originais títulos, exemplos de qualidade ao nível da «experimentalidade literária e artística» (Colomer, 1996: 31), poderão, junto dos mais novos, contribuir para o fomento da competência lecto-literária, designadamente da capacidade de inferir informação não explícita, bem como para a promoção do gosto estético e do prazer de uma leitura autónoma, proporcionada por essa espécie de viagem encantatória que a aliança feliz entre as palavras e as ilustrações oferece.

REFERÊNCIAS BIBLIOGRÁFICAS

Bibliografia Activa:

COTRIM, João Paulo e CORBEL, Alain (2003). *A Cor Instável*. Porto: Edições Afrontamento

COTRIM, João Paulo e LETRIA, André (2003). *História de Um Segredo*. Porto: Edições Afrontamento

Outras referências:

CHEVALIER, J. & GHEERBRANT, A. (1994). *Dicionário dos Símbolos*. Lisboa: Teorema

COLOMER, Teresa (1996). El Álbum y el Texto. *Peonza*, 39, 27-31.

GOMES, José António (2003a). O conto em forma(to) de álbum: primeiras aproximações. *Malasartes [Cadernos de Literatura para a Infância e a Juventude]*, 12, 3-6.

GOMES, José António (2003b). O Álbum para as Primeiras Idades. Documentação fornecida pela APPLIJ (Secção Portuguesa do IBBY) e pela Biblioteca Municipal de Almeida Garrett no âmbito dos *9ºs Encontros Luso-Galaicos do Livro Infantil*. Porto, 12-14 de Novembro (texto policopiado).

NIKOLAJEVA, Maria e SCOTT, Carole (2000). The Dynamics of Picture-book Communication» *in Children's Literature in Education*, 31 (4), 225-239.

138 *Leitura, Literatura Infantil e Ilustração*

Ortega, Cecilia Silva-Díaz (2003). Un instrumento para describir las variaciones metaficcionales en el álbum. *Anuario de Investigación en Literatura Infantil y Juvenil* (ANILIJ), 1, 167-189.

Sánchez-Fortún, José Manuel de Amo (2003). *Literatura Infantil: claves para la formación de la competencia literaria.* Málaga: Ediciones Aljibe.

Silva, Sara Reis (2003a). Das palavras às ilustrações: uma leitura de *O Nabo Gigante* e de *João e o Feijoeiro Mágico. Malasartes [Cadernos de Literatura para a Infância e a Juventude],* 12, 7-16.

Silva, Sara Reis (2003b). *História de um Segredo* (Recensão). *Malasartes [Cadernos de Literatura para a Infância e a Juventude],* 12, 26-27.

Silva, Sara Reis (2003c). Quando se "traz à luz das cores e das formas" as vozes das histórias: Tendências do Álbum para Crianças. Conferência apresentada nos *9ºs Encontros Luso-Galaicos do Livro Infantil.* Porto: Biblioteca Almeida Garrett, 12-14 de Novembro (no prelo).

S., Lawrence R. (1998). How Picture Books Work: A Semiotically Framed Theory of Text-Picture Relationships. *Children's Literature in Education,* 29 (2), 97-108.

ITINERÁRIOS DA "DOR-AMOR": POSSÍVEIS PERCURSOS DOS CONTOS DE FADAS NUMA ABORDAGEM PSICOCRÍTICA

JOANA CAVALCANTI
E.S.E. Paula Frassinetti

Resumo:

Nesta comunicação proponho a discussão sobre os itinerários da dor e do amor nos contos de fadas, a partir de alguns pressupostos teóricos da Literatura e da Psicanálise que reconhecem tais narrativas como sendo o pano de fundo para muitas descobertas no período da infância. Considero que os contos de fadas nos desafiam na base dos nossos desejos mais profundos, sendo, portanto, lugar de busca no qual o leitor e a leitora podem vivenciar a sua subjectividade de maneira mais plena possível, visto que tais histórias são fonte inesgotável de produção de sentido e construção simbólica. Sendo assim, oferecem-nos um espaço singular de trans-subjectividade, no qual a realidade é apreendida e transformada na direcção da superação dos impulsos destrutivos pelos impulsos de construção, constituindo solo fértil para a conquista de autonomia e permanente busca de significado pela vida. Suponho que os contos reactualizam em nós algo que transcende ao bem e ao mal, porque está na dimensão da dor-amor, dupla que parece ser motivo de toda conduta e base de todas as relações humanas e pano de fundo.

Tais narrativas falam magicamente do "Era uma vez...", tempo/espaço que faz parte da história de todos nós. Enfim, desde que o mundo é mundo, tais histórias existem e fazem parte das mais elevadas expressões simbólicas de que o bem sempre vence o mal, que a palavra salva e faz esperançar e que, apesar de todas as dores e etapas a serem vencidas, somos salvos pelo amor.

Abstract:

In this communication I propose a discussion about the itineraries of pain and love in fairy tales, beginning from some theoretical assumptions of literature and psychoanalysis that recognise such narratives as the background to many childhood discoveries. I consider that fairytales challenge us with regard to the basis of our most profound desires, constituting, therefore, a place of seeking in wich the reader can live his or her subjectivity in the fullest way possible, given that such stories are a never-ending source of production of meaning and symbolic construction. In this way, they offer us a singular space of trans-subjectivity, in which the reality is apprehended and transformed in the direction of the overcoming of destructive impulses by the impulses of construction, constituting a fertile ground to the conquering of autonomy and permanent searching of meaning for life. I suppose that the tales refresh in us something that transcends good and evil, for they are in the dimension of pain-love, a duo that seems to be the motive for all the conduct and basis for all the human relations and background.

Such narratives speak magically of "Once upon a time…", time/space that is part of the history of all of us. So, since the world is world, such histories exist and are a part of the highest symbolic expressions that good always wins over evil, that the word saves and gives hope and that, despite all the pain and stages to be overcome, we are saved by love.

"Amar também é bom, porque o amor é difícil. O amor de duas criaturas humanas talvez seja a tarefa mais difícil que nos foi imposta, a maior e última prova, a obra para a qual todas as outras são apenas uma preparação."

Rainer Maria Rilke

1. Do "encantamento" ao "discurso científico"

O "Era uma vez…" representou sempre uma janela aberta para que eu pudesse viver momentos tecidos por experiências muito significativas. O convite para ouvir histórias funcionava como um passaporte mágico porque eu, na minha meninice, acreditava que a partir dali outros mundos eram fundados, outras realidades passavam a existir e algo de muito importante era possível acontecer.

Não era apenas um jogo de imaginação, mas algo que fazia transcender, e o que era apenas um momento de troca de afecto, embalado pela melodia de uma voz querida, transformava-se numa travessia de dor e amor.

Fui então envolvida, desde muito cedo, num manto de histórias que significavam partilha e encontro, mas, principalmente, cumplicidade, realizada num pacto, quase secreto, de que as histórias eram feitas das histórias de toda a gente e por isso significavam e valiam tanto. Elas possuíam corpo e alma, religação com o mundo. Ainda que falassem de medo, tristeza ou dor, eu as queria guardar embrulhadas, como presentes, no fundo do meu coração. Assim, todas as vezes que desejava descobrir um segredo, superar um medo ou me deslumbrar, era só desfazer os laçarotes que atavam os presentes e de lá, do indizível, surgia uma história.

Não sabia que um simples "Era uma vez..." marcaria para sempre o meu percurso de vida. A entrada no mundo da literatura foi acontecendo e fui abrindo outras janelas. Entretanto, foi o contacto com muitos educadores e pessoas de várias partes do mundo que me devolveu o sentido da importância dos contos de fadas durante a infância. Ao desenvolver projectos no âmbito da leitura e da investigação em torno da teoria literária, tive o prazer de conhecer muita gente, de compartilhar saberes em espaços diversos, nos quais escutei uma infinidade de pessoas falarem sobre seus anseios com relação à formação de leitores e de como desenvolver o gosto pela leitura e das suas próprias experiências como leitores.

Com frequência os contos de fadas eram mencionados e o facto era tão recorrente que decidi olhar para tais narrativas de forma mais aprofundada, embora compreendesse que não seria um percurso tão fácil quanto parecia ou parece. Pois, mesmo sendo absurdo, existem muitos preconceitos com relação à Literatura para Infância, e quando se trata dos contos de fadas tal facto é ainda mais sublinhado.

Por questões existenciais e de formação académica decidi investigar os contos de fadas a partir de conjecturas realizadas por autores como Bruno Bettelheim, Cashdam, Melanie Klein, Jean Bellemin-Nöel, Juan David-Nasio, Manoni, Françoise Dolto, entre outros. Contudo, sempre a procura de olhares diferentes que pudessem oferecer fundamentação necessária para um trajecto consciente e crítico. Muitas vezes questionei o valor de verdade contido em algumas interpretações psicanalíticas desses textos por serem demasiadamente redutoras, quando o literário sugere o contrário ao desafiar o leitor na sua visão semântica de mundo.

142 *Leitura, Literatura Infantil e Ilustração*

Certa de que tais contos imprimem marcas que extrapolam em muito os mecanismos de defesa referidos pela psicanálise (identificação, projecção e sublimação...) considero as questões da dor e do amor como pano de fundo do processo de criação literária, sobretudo dessas narrativas tradicionais que foram construídas segundo uma lógica e uma matriz de símbolos, que se pode comparar a um "puzzle" que, a partir de uma base motora, faz girar seus diversos elementos e, portanto, constituem-se como figuras poliédricas com diversas funções.

Passei a ver os contos de fadas como leitura importante e significativa no período da infância por compreendê-los como espaço poético e fantástico para a emergência de uma pessoa mais motivada a produzir sentido e significado para vida, e mais capaz de buscar-se no "algures" que a linguagem não consegue nomear e que constitui cada sujeito. Este é o lugar de busca e desafio habitado pelo "não-dito". Tal qual nos aponta Lacan, em muitos dos seus escritos, o indizível está no lugar onde "somos" e "não estamos". Este é o lugar da fantasia e da dor e de onde nos erguemos para lutar por um equilíbrio psíquico que nos recompense.

São as fantasias originárias de que fala Freud que impulsionam o surgimento dos inúmeros sentimentos que definem a afectividade humana, fruto de uma falta primeira e congénita, resultado de um estado lacunar que é preciso preencher. Nesse sentido, os contos de fadas podem desempenhar a função de provocar sentimentos de identificação, de projecção no outro e que resultam num despertar a si mesmo.

Assim, defendo o método psicocrítico utilizado por alguns investigadores que se lançam ao desafio de compreender melhor o motivo pelo qual essas histórias marcam tão fortemente a vida de tantas pessoas. Lembro que talvez seja pelo facto de não existir afecto puro, pois todo sentimento é reactivado por uma fantasia, expresso por uma palavra e motivo de uma conduta e a dor inconsciente não é uma sensação sem consciência, mas um processo estruturado como uma linguagem e todo afecto doloroso é o reviver de uma antiga dor traumática (Nasio, 1997, pp. 83, 84). É possível que a reactualização de determinados afectos proporcionados pelos contos de fadas sirva como meio de sublimação das fantasias arcaicas resultantes da cisão simbólica entre o "seio bom" que alimenta e nutre e o "seio mau" que nega o paraíso e gera insatisfação, ansiedade, medo, raiva e depressão.

1.1. No princípio era a dor...

Para a psicanálise *"A dor é o objecto em torno do qual se estrutura o complexo pulsional. (...) é fantasística, objecto de fantasia (...) a dor é um furo, uma ausência; e como objecto de fantasia, ela é o mesmo furo, mas preenchido pelo sujeito (...) seja como furo vacante ou como furo habitado, seja dor real ou fantasística, ela permanece sempre inconsciente, tão inconsciente quanto às fantasias originárias de que fala Freud* (Nasio, 1997, pp. 83, 84).

A dor nos inaugura no mundo ao nos subtrair de um lugar onde tudo era pleno e seguro: o corpo da mãe. Assim, nascer significa também sentir a maior de todas as dores que é a perda do primeiro objecto de desejo e amor. A dor da separação será reactualizada por toda a vida e ressurgirá sob a máscara do recalcado, mas quase sempre, será também ela, o motivo de toda a conquista. Portanto, *"A dor só existe sobre um fundo de amor"* (Nasio, 1997, p. 18). Assim, a dor é para todos o lugar a ser preenchido, transformado, ainda que sendo originário dos sentimentos de perda, abandono, angústia e separação será a partir daí que simbolicamente nos tornamos únicos e capazes de lutar por algo que nos restitua o sentimento de totalidade.

A falta (espaço da dor) é condição humana, mas também significa o motivo para a salvação. A dialéctica "dor-amor" é o que permite o nascimento e a construção do sujeito, este sempre marcado pelo estado lacunar constituinte e pela busca incessante de amor, o que significa uma travessia permanentemente incompleta. Transcender o motivo da falta primeira faz parte da caminhada humana, tal como nos propõem os contos de fadas é preciso ter coragem para superar provas e esperança para encontrar o amor. A estrutura geradora dessas narrativas permite processos de identificação que nos colocam no circuito das trocas humanas necessárias para o crescimento individual e colectivo.

1.2. Travessia... da dor para o amor

É precisamente nos itinerários dessa travessia de "dor-amor" que a psicocrítica se situa para dizer que a análise dos textos literários dotou a psicanálise de uma nova dimensão, pois a literatura ajuda-nos a ver o outro em nós, a partir do instante que estabelece novas realidades e possibilita a intersubjectividade. Entre uma palavra e outra o leitor tem a possibilidade de viver experiências afectivas impossíveis de serem concretizadas na realidade factual. Então, o outro que reside no tecido literário faz parte de uma colectividade que habita em cada um de nós e que funciona como um "espelho de pele", mais do que imagem reflectida é a alma da personagem que entra em cena para dizer: "agora somos um, mas habitado por muitos outros que amam, odeiam e vivem tantas vidas quanto as que puderem viver".

A "persona" amplifica a fantasia e concede ao leitor o sentido de desconstrução de um mundo supostamente estabelecido segundo os padrões da realidade. O leitor elege a personagem como ressonância da sua própria fantasia, mas também é eleito por ela para comungar seu pleno e precário destino. Por isso, alguns autores como Harold Bloom falam da criação literária como sendo algo comprometido com o processo de transformação e esta transformação deve ser de carácter universal.

Para a dor como furo posso utilizar a imagem de um "anel giratório" em torno do qual circula uma colecção complexa de imagens e de significantes, sendo o seu centro o lugar onde se ergue a pessoa viva do amado, isto é o amor surge como representante oponente do estado de dor e todas as produções humanas serão, neste sentido, tentativa da recuperação de um estado onde "outrora fomos ricos".

Dentro dessa lógica as personagens e tudo aquilo que as envolvem representam aspectos referentes à experiência humana em tudo aquilo que é grandeza e fragilidade e que se vive a partir de um sentimento de busca de sentido para a vida que está na base do amor. Este nasce desse espaço vivo e movimentado onde estão as pulsões de destruição que preenchem o lugar da dor. O amor surge como princípio antagonista do estado de dor e constitui-se em fantasia regeneradora capaz de fazer viver o melhor de cada um de nós e por isso a identificação com os heróis nos contos é tão importante e tão frequente.

A elaboração de sentimentos positivos autoriza um processo in-consciente, mas vivido afectivamente, de que ao nos identificarmos com as personagens entramos numa relação de transubjectividade sustentada numa imagem investida de desejo e identificada na busca de paixão pela vida, mesmo reconhecendo que é "...a impotência original do ser humano que se torna a fonte primeira de todos os motivos morais" (Nasio, 1997, p. 151).

Os contos de fadas não consistem apenas em proporcionar um momento de prazer e diversão, mas sobretudo provocam a criança naquilo que lhe é essencial e que está na ordem dos afectos e emoções representantes da dor (medo do abandono, angústia da separação, inveja, culpas e ansiedades... o mal) e do amor (gratidão, doação, satisfação, compensações, regeneração, partilha, segurança... o bem). Que outras narrativas exemplificam melhor a dualidade e a ambiguidade transmitida por símbolos como: "era uma vez..." o príncipe, a princesa, reis, rainhas, a bruxa, madrastas, pais ausentes, as fadas, a floresta, auxiliares mágicos, a casa, o castelo, um reino distante, animais que falam, a eterna luta entre o bem e o mal, entre outros, senão essas histórias aparentemente tão inocentes? E como podem ser tão ingénuas se falam de sentimentos e situações como: canibalismo, seres estranhos, crueldade, abandono, fome, morte, perseguições, vaidade, cobiça, inveja, traição, ódio, perversão, provas difíceis, metamorfose, sexualidade, etc...?

Segundo o escritor Guimarães Rosa, a "coisa" não está nem na partida nem na chegada, mas na travessia que deve ser realizada. Por outro lado, o caminhar é importante porque vai traçando o percurso, indicando as entradas e saídas, apontando clareiras para que "coisa" em vez de falta seja pulsão de vida. Aí reside a aventura do herói dos contos de fadas: realizar a travessia e conquistar a possibilidade de por algum tempo "ser feliz para sempre" representada muitas vezes pela "conjunção amorosa" que finaliza, temporariamente, uma busca qualquer por meio do casamento que simbolicamente remete o leitor para o encontro com o outro.

1.3 A (in)conclusão

Evidentemente que não nego outras perspectivas de abordagem e acredito mesmo que a riqueza de interpretações consiste em poder entrecruzar olhares, leituras e discursos diferentes para que se problematize a realidade de forma mais abrangente. Portanto, a psicocrítica não invalida os aspectos sociais, antropológicos, filosóficos que também sugerem uma reflexão acerca dos contos de fadas. Entretanto, não se pode negar o facto de que o drama humano está implicado na ordem dos sentimentos que se erguem a partir de uma matriz única e difusa representada pelo percurso da dor e do amor.

Penso que hoje, mais do que nunca, neste mundo contemporâneo mergulhado em profundas contradições existenciais, se tem buscado um sentido para a vida que possa "garantir", entre outras coisas, a própria existência. No meio de conflitos económicos, éticos, morais e religiosos vive-se um período de intensa despertença de tudo de forma instantânea e os dias escapam velozmente. Os sentimentos são dissolvidos sem que exista apropriação daquilo que é desejado, experimentado e sentido. Tudo é embalado, etiquetado e consumido. Tudo é produto, inclusive pessoas e sentimentos podem ser oferecidos nas grandes prateleiras do mercado. Somos enfim, criaturas perdidas, alienadas e reduzidas ao não-ser, imbricadas no caótico e desumano processo de reificação.

No meio disso, deixo-me invadir pela reflexão sobre a dor-amor vividos nos contos de fadas, o que pode, para muitos, parecer de uma grande inutilidade. Fantasia, imaginação, sonho, também, passam pelo processo de industrialização. Ora, se as coisas mais essenciais para a vida pessoal e colectiva foram transformadas para atenderem demandas de mercado, então imaginem o resto! Estamos literalmente sendo devorados por uma realidade instrumentalizada, para a qual se tem que produzir e servir porque somente assim a vida faz sentido.

Em contrapartida, diante desse sentir esvaziado de significado com o qual estamos profundamente comprometidos, existe uma necessidade premente e atenta de se levantar discussões em torno do imaginário, ético, moral, afectivo e poético, enfim ontológico. Dentro desse conjunto incluo os contos de fadas por tudo aquilo que podem contribuir para a formação integral das crianças, na medida em que os mesmos provocam sentimentos diversos e são capazes de produzir a fruição estética necessária para que o texto literário produza significado e construa novas sensibilidades.

De facto, da experiência estética ninguém sai igual, e o texto literário tem a possibilidade de promover no leitor uma visão mais ampla e re-significada da existência porque o interroga e questiona na base de sentimentos formulados a partir da simbólica travessia da dor para o amor, dupla desencadeadora das múltiplas dimensões dos contos de fadas, ainda que o final não seja o mágico "felizes para sempre"

Considero que o mais importante dos contos de fadas reside numa mensagem que está implícita em suas raízes primordiais e que fala muito directamente à alma humana ao centralizar o enredo nas questões da dualidade entre o bem e o mal, mas sobretudo, quando o bem é consagrado não se pretende dizer que no mundo tudo é alegria, mas precisamente que a dor deve ser superada pelo desejo de amar e ser amado e tal conquista faz parte de uma luta diária e permanente e para a qual nos devemos preparar. Portanto, o vazio deve ser preenchido, habitado por algo que nos conduza a uma conquista espiritual e que é da ordem do amor.

Os contos de fadas como narrativas estruturadas a partir de um fio condutor popular, tratam da dor e do amor de forma muito singular, amiúde maniqueísta, e com final feliz. As personagens que odeiam e sofrem conseguem sempre, pela travessia de um estado caótico, o seu objecto de desejo e amor. Portanto, a visão finalista incorpora uma passagem iniciática, que implica uma axiologia.

A reflexão sobre alguns aspectos dessas narrativas é necessária, na medida em que se assume o desejo de compreender por que crianças do mundo inteiro e de todas as épocas se encantam com essas narrativas e no que a leitura dessas histórias pode contribuir para uma vida com mais significado. Entrar em contacto com esse género da literatura pode representar para a criança a possibilidade de estar diante de si mesma, mergulhada no seu mundo interior e sensível ao outro, ou seja, identificada e confrontada com realidades diferentes, mas que falam de um lugar comum.

Embora a função do conto não seja, fundamentalmente, a de ensinar, mesmo porque a literatura não deve servir de instrumento meramente pedagógico, não se pode esquecer de que o acto de se reconhecer no outro proposto pela ficção pode ajudar a criança a dominar os sentimentos de destruição (representados pelo mal) e a lutar por uma vida feliz e gratificante, onde os sentimentos positivos geram compensação e podem re-assegurar um bem maior.

Muitas são as hipóteses que norteiam a pesquisa sobre o valor dos contos de fadas, desde as que percebem a influência dessas narrativas para a construção do imaginário popular e sua interferência no conjunto de ideologias que fazem o social, até à interpretação simbólica desses textos e sua ampla actuação no psiquismo das crianças. Assim, a literatura e a psicanálise unem-se por um fio condutor comum representado pela palavra para anunciar aquilo que Jean Bellemin-Nöel considera fundamental nesta aliança que é o de poder entrar em contacto com os "estranhos habitantes" existentes em cada um de nós.

Os sentimentos de despertença e estranhamento também motivam a busca e se crianças do mundo inteiro e em todas as épocas se tornam sensíveis aos dramas e desventuras das personagens dos contos de fadas é porque "(...) o fantástico ensina a ver e escutar, a pensar e a viver fora do rebanho, oferece um belo risco a correr (...), pois a descoberta do belo quebra clichés, torna-nos exigentes, fertiliza" (Held, in Amarilha, 1997, p. 20).

Assim, a leitura dos contos de fadas propõe algo que é dessa natureza, uma impressão segredada de que somos falta, dor-furo em busca do objecto de amor perdido, ainda que se viva os piores conflitos e sentimentos de hostilidade como ser abandonado numa floresta escura e fria, ameaçado por uma mãe-má ou culpado por desejar mal ao outro. Se a criança for motivada a interiorizar sentimentos de gratidão e amor, então se tornará mais capaz de autonomia, de viver fora do rebanho e correr o risco necessário para ser gratificada pela busca de uma vida feliz.

Narrativas como Capuchinho Vermelho, Cinderela, O Pequeno Polegar, João e Maria, O Menino do Junípero, Vasalisa: a bela, Pele de Asno, A Bela e o Monstro, entre outras, tocam no "Pássaro da Alma" que mora em cada um de nós (Isnunit, 2000) e rememoram os nossos desejos mais íntimos e indizíveis, pois servem como aplacamento de uma dor, liberação de uma tensão e exemplo de uma prova bem superada. Por isso são como "um presente de amor".

As conjecturas que aqui realizei apontam para o inconcluso que constituem os estudos relacionados aos contos de fadas, pois falar de literatura para crianças e dos seus aspectos psíquicos, afectivos, sociais, estéticos, éticos e morais extrapola a dimensão da psicanálise, visto fazer parte de um conjunto de complexidades humanas que escapam à compreensão simplista de totalidade, naquilo que diz respeito ao ser e estar no mundo.

Apenas acredito que os contos de fadas podem ser um espaço privilegiado para a construção de um novo ser, de onde se pode apelar para o sentimento de partilha e desejo de transformação. Estas narrativas construídas a partir dos itinerários da "dor-amor", são uma das maiores expressões simbólicas de que o bem sempre vence o mal e por mais que o destino nos imponha sofrimento e dor somos e seremos sempre, salvos pelo amor.

REFERÊNCIAS BIBLIOGRÁFICAS

AMARILHA, M. (1997). *Estão mortas as fadas? Literatura Infantil e Prática Pedagógica*. Petrópolis. Rio de Janeiro: Vozes.

BETTELHEIM, Bruno (1980). *A psicanálise dos contos de fadas*. (3ª Ed). Rio de Janeiro: Paz e Terra.

Itinerários da "Dor-Amor": possíveis percursos dos contos... 149

BELLEMIN-NÖEL, J. (1983). *Les contes et leurs fantasmes*. Paris: Presses Universitaires de France, 1983.

CASHDAN, S. (2000). *Os sete pecados capitais dos contos de fadas: Como os contos de fadas influenciam as nossas vidas*. Rio de Janeiro: Campus.

COSTA, M. C. (1997). *No reino das fadas*. Lisboa: Fim de Século Edições.

DOLTO, F. (1993). *No jogo do desejo*. Lisboa: Imago.

ECO, H. (1994). *Seis passeios pelos bosques da ficção*. São Paulo: Companhia das Letras.

Held, J. (1980). *O imaginário no poder: as crianças e a literatura fantástica*. São Paulo: Summus.

KLEIN, M. (1990). *Melanie Klein hoje: desenvolvimento da teoria e da técnica*. Rio de Janeiro: Imago.

KLEIN, M. (1991). *Inveja e gratidão e outros trabalhos*. São Paulo: Imago.

LACAN, J. (1978). *Escritos*. (Tradução de Inês Oseki). São Paulo: Perspectiva.

NASIO, J. D. (1997). *O livro da dor e do amor*. Rio de Janeiro: Zahar Editores.

QUE FAREMOS COM ESTAS BIBLIOTECAS?

HENRIQUE BARRETO NUNES e MANUELA BARRETO NUNES
Biblioteca Pública de Braga e
Universidade Portucalense

Resumo:

Depois de recordada a génese e criação da Rede Nacional de Bibliotecas Públicas e da Rede de Bibliotecas Escolares em Portugal, analisa-se o seu desenvolvimento tendo em conta as missões que os Manifestos da Unesco cometem àqueles 2 tipos de bibliotecas.

Abstract:

After the genesis and creation of the National Network of Public Libraries and of the Network of School Libraries in Portugal is recalled, their development is analysed keeping in mind the missions that the UNESCO manifests ascribe to those two types of libraries.

Em 1987 iniciou-se em Portugal uma revolução silenciosa e tranquila mas extremamente eficaz, que alterou profundamente a imagem e o papel que as bibliotecas públicas até então desempenhavam, no nosso país.

A criação da Rede Nacional de Leitura Pública, que procurava respeitar os princípios consignados no "Manifesto da Unesco para as Bibliotecas Públicas" permitiu que em Portugal hoje já existam 120 bibliotecas públicas municipais modernas e atractivas, um serviço público gratuito que, para além das colecções tradicionais, se encontra apetrechado com as novas tecnologias da informação e da comunicação e oferece os mais variados e necessários serviços às comunidades em que se inserem.

Encontrando-se ainda mais de 120 municípios com as suas bibliotecas em fase de concepção ou construção, tal significa que 86% dos concelhos portugueses têm ou vão ter muito brevemente uma biblioteca.

É evidente, para quem está no terreno e sobretudo para as populações, que na esmagadora maioria das localidades onde existem bibliotecas a funcionar em pleno, a sua efectiva implantação na comunidade é indiscutível, já que rapidamente se tornaram no mais importante centro cultural e informativo local e num espaço de lazer indispensável, o que é complementado pelo apoio imprescindível que proporcionam aos estabelecimentos de ensino dos mais diversos níveis ou à formação ao longo da vida.

Voltando um pouco atrás, deve referir-se que no relatório que esteve na base do lançamento da rede de bibliotecas municipais (Julho, 1986) se dizia:

A rede de bibliotecas escolares, que funciona precariamente – também por carência de pessoal técnico, de livros e de instalações – e que em todos os países é considerada peça muito importante do sistema de ensino, é também fundamental para a preparação de futuro leitores da Biblioteca Pública.

Torna-se portanto cada vez mais urgente que, pelas entidades responsáveis lhe seja prestada a atenção que merece.

Apesar da constatação desta realidade, só em 1997 foi finalmente definida entre os Ministérios da Educação e da Cultura uma política de criação de uma rede de bibliotecas escolares que começou a colmatar uma tremenda lacuna existente no sistema de ensino português, mas de cuja importância só após a Revolução dos Cravos se tomou verdadeira consciência (como aliás sucedia por motivos óbvios, com as bibliotecas públicas).

Contando com o apoio das bibliotecas municipais das localidades onde já começaram a ser instaladas, as bibliotecas escolares, encaradas como centros de recursos básicos do processo educativo, têm um papel central em domínios como a aprendizagem da leitura, a literacia, a criação e o desenvolvimento do prazer de ler e a aquisição de hábitos de leitura, as competências de informação e o aprofundamento da cultura cívica, científica, tecnológica e artística.

Neste momento encontram-se já integradas na Rede de Bibliotecas Escolares cerca de 1250 escolas de diferentes graus de ensino, que criaram ou renovaram e modernizaram as suas bibliotecas, tendo sido já investidos no programa 23,400 milhões de euros.

Estas bibliotecas, tal como sucede com as públicas, procuram respeitar os princípios consignados no "Manifesto da Biblioteca Escolar" elaborado pela Unesco (2000), nomeadamente quando afirma:

"A Biblioteca Escolar proporciona informação e ideias fundamentais para sermos bem sucedidos na sociedade actual, baseada na informação e no conhecimento.
A biblioteca escolar desenvolve nos alunos competências para a aprendizagem ao longo da vida e estimula a imaginação, permitindo que se tornem cidadãos responsáveis".

Falando da missão das bibliotecas escolares, o Manifesto afirma que elas disponibilizam serviços de aprendizagem, livros e recursos a todos os membros da comunidade escolar, para que desenvolvam o pensamento crítico e saibam utilizar a informação em qualquer suporte ou meio de comunicação.

Detendo-se sobre os objectivos da Biblioteca Escolar, o Manifesto, depois de sublinhar que ela é parte integrante do processo educativo, enumera os objectivos a atingir, que devem corresponder a serviços básicos essenciais ao desenvolvimento da literacia, das competências de informação, do ensino-aprendizagem e da cultura.

Estes objectivos identificam-se em grande parte com os da bibliotecas públicas, as quais por sua vez, igualmente segundo o documento da Unesco que a elas diz respeito, de entre as suas missões se destacam as de "criar e fortalecer os hábitos de leitura nas crianças desde a primeira infância", "apoiar a educação formal", "estimular a imaginação e a criatividade das crianças e dos jovens", "facilitar o desenvolvimento da capacidade de utilizar a informação e a informática", etc.

Efectivamente no "Manifesto da Biblioteca Escolar", depois de se afirmar que à biblioteca escolar compete antes de mais apoiar e promover os objectivos educativos definidos de acordo com as finalidades e currículo da escola, igualmente se realça que os seus serviços devem

154   *Leitura, Literatura Infantil e Ilustração*

privilegiar a criação e o desenvolvimento nas crianças do hábito e do prazer da leitura, da aprendizagem e da utilização das bibliotecas ao longo da vida.

Esta parte do Manifesto termina afirmando – e sublinho este item dados os objectivos gerais deste 5.º Encontro – que à biblioteca escolar compete "promover a leitura, bem como os seus recursos e serviços, junto da comunidade escolar e fora dela".

Neste breve escorço não se podem também esquecer dois aspectos relevantes, que nunca poderão ser ignorados, dos objectivos da biblioteca escolar:

- – organizar actividades que favoreçam a consciência e a sensibilização para as questões de ordem cultural e social;
- – defender a ideia de que a liberdade intelectual e o acesso à informação são essenciais à construção de uma cidadania efectiva e responsável e à participação na democracia.

Efectivamente, a existência de um sistema de bibliotecas públicas não esgota as possibilidades de criação e promoção de hábitos de leitura junto de crianças e jovens: a realidade demonstra-nos que muitos pais nunca levarão os seus filhos à biblioteca pública, enquanto que, na escola, eles encontrarão obrigatoriamente um espaço de leitura e informação passível de ser frequentado dentro e fora das actividades lectivas. E, se bibliotecas públicas e escolares têm alguns objectivos comuns, já apontados, a biblioteca escolar tem missões e objectivos muito claros, que a distinguem de bibliotecas destinadas ao uso do público em geral, onde crianças e jovens devem ser encarados enquanto actores sociais autónomos e não no contexto de um papel social específico (o de alunos).

As bibliotecas escolares podem contribuir para enriquecer as vivências de crianças e adolescentes, construindo pontes de ligação com o mundo exterior, promovendo o pensamento autónomo e capacidades de decisão que apoiem e enriqueçam as suas vidas. Nesse sentido, um dos principais objectivos que norteiam a sua actividade é fornecer as melhores oportunidades de acesso à informação, de maneira a que os alunos possam tornar-se cidadãos independentes, críticos e participativos: "A informação é o bater do coração da aprendizagem com significado nas escolas" (Todd, 2003).

Em todas as definições, a biblioteca escolar é apresentada como um centro de recursos educativo ao serviço da comunidade escolar, procurando corrigir as desigualdades de origem sócio-económica e cultural dos alunos no acesso à leitura e à cultura em geral, e devendo integrar-se no projecto educativo e curricular do estabelecimento de ensino em que se integra, no âmbito do qual se ocupará da promoção de métodos activos de ensino e aprendizagem.

Na realidade, a biblioteca escolar só faz sentido se for capaz de contribuir significativamente para a aprendizagem e a construção de conhecimento por parte dos alunos: a construção de conhecimento é o *produto* da actividade da biblioteca escolar.

Assim o reflecte o *Manifesto da UNESCO sobre Bibliotecas Escolares*, que aponta como a primeira das suas missões o apoio e a promoção dos objectivos educativos de acordo com as finalidades e o currículo da escola, devendo "proporcionar oportunidades de utilização e produção da informação que possibilitem a aquisição de conhecimentos, a compreensão, o desenvolvimento da imaginação e o lazer" (3ª missão) e "apoiar os alunos na aprendizagem e na prática de competências de avaliação e utilização da informação, independentemente da natureza e do suporte, tendo em conta as formas de comunicação no seio da comunidade" (4ª missão).

A afirmação destes princípios tem implicações óbvias, quer na constituição das colecções das Bibliotecas Escolares, quer nas suas acções de difusão e animação. É que, se a leitura de ficção e a convivência com a literatura constituem as bases de todas as literacias e, logo, de uma aprendizagem mais sólida, e se as bibliotecas escolares devem criar e manter nas crianças o hábito e o prazer da leitura (2ª missão do Manifesto da UNESCO), o facto é que elas não podem esquecer o seu papel determinante no apoio ao ensino/aprendizagem, devendo as colecções reflectir as áreas do conhecimento leccionadas na escola.

A definição dos limites é difícil de estabelecer e os professores-
-bibliotecários interrogam-se sobre as prioridades na aquisição de documentos e das acções consequentes, condicionados como estão, deve acrescentar-se, por parquíssimos orçamentos e pelo geral desinteresse de muitos dos seus colegas de trabalho. Na realidade, torna-se mais fácil adquirir literatura de ficção, por um lado porque reflecte a imagem tradicional que se tem da biblioteca e parecer ser um factor anímico das suas actividades e, por outro lado, porque – não podemos negá-lo – o mercado editorial português é parco em edições de literatura científica e de divulgação para crianças e jovens, enquanto abundam as colecções de

156 Leitura, Literatura Infantil e Ilustração

ficção, de autores portugueses e estrangeiros, de maior ou menor qualidade.

Sobre este tema, muitos autores coincidem na importância da literatura para a promoção de outras competências de literacia, acreditando que "a literatura faz de nós melhores pensadores, [pois] leva-nos a compreender os vários lados de cada situação e, em consequência, torna mais abrangente a nossa visão do mundo" (Langer, 1995). A literatura não só pode ajudar-nos a ser melhores seres humanos, como também contribui para melhorar a nossa capacidade de aprendizagem em todas as áreas do conhecimento e ao longo de toda a vida. Esta constatação não implica que toda a aprendizagem se faça pela literatura, mas antes a torna num motor poderoso para a aquisição de conhecimento e para a resolução de problemas complexos, na escola, em casa e no futuro profissional. No contexto da biblioteca escolar, isto deveria levar a uma melhor integração de géneros e recursos de informação e à promoção de actividades transdisciplinares enquanto forma de melhorar todo o processo do ensino/aprendizagem.

O facto é que é no ambiente da biblioteca escolar que os alunos deveriam estabelecer as primeiras aproximações à aprendizagem de estratégias de pesquisa de informação, essenciais para a sobrevivência num mundo dominado pela produção e circulação de informação em contextos altamente diversificados. Através da biblioteca escolar, os professores das diferentes disciplinas poderão sensibilizar os alunos para o confronto de opiniões e para a crítica da informação recebida nos seus diversos suportes, e uma tal estratégia de difusão do conhecimento deve ser promovida desde os primeiros níveis de ensino, contribuindo desde cedo para a construção de um saber individualizado.

Mas tal será possível apenas se forem construídas colecções abrangentes, em termos de suportes e de temas contemplados, que permitam simultaneamente promover hábitos de leitura e o prazer da leitura literária e contribuir para o reconhecimento das formas de organização e recuperação do conhecimento, ampliando os saberes apreendidos nos tempos lectivos e desenvolvendo capacidades de literacia variadas.

Muitos professores-bibliotecários objectarão a estas reflexões, dizendo que a maior parte dos professores não usa a biblioteca e nem sequer responde aos pedidos de colaboração que lhes são dirigidos. Esta situação é infelizmente verdadeira, diz-nos a observação empírica da realidade, mas a sugestão que pretendemos fazer é que se olhe para a situação ao contrário e que as equipas das bibliotecas se perguntem se têm colecções que, à partida, possam responder a eventuais necessidades dos professores e, mais ainda, criar-lhes novas necessidades a partir de uma oferta consequente e efectivamente dirigida à construção dos vários saberes disciplinares. Encontramos aqui a muito glosada atitude pró-activa da biblioteca que, sendo sobre colecções documentais não o é exclusivamente: é também sobre *acções*, da mesma maneira que as suas acções não são só sobre animação, mas sobre *produção*.

A construção do espaço da biblioteca escolar como um ambiente de aprendizagem aberto, dinâmico e interactivo é essencial para a prossecução dos seus objectivos e para o cumprimento das suas missões. Num mundo complexo, todos os ambientes de informação são também meios complexos, caracterizados pela interacção de múltiplos factores. O meio *formador* que é a biblioteca escolar deve incluir de forma equilibrada as múltiplas valências exigidas pela formação de crianças e adolescentes e contribuir simultaneamente – e porque não são, em absoluto, aspectos contraditórios – para a sua formação enquanto leitores e enquanto utilizadores e produtores de informação cumprindo, afinal, plenamente, a sua missão educativa.

A cumplicidade e a cooperação entre bibliotecas públicas e escolares são fundamentais para atingir estes objectivos. De entre todo o sistema bibliotecário de um país, elas são a base e a raíz do processo de acesso ao conhecimento dos cidadãos, e a garantia da sua democraticidade: o sucesso da acção da biblioteca escolar poderá ser aferido quando o jovem aluno se transformar num cidadão adulto capaz de processar e utilizar autonomamente os recursos de informação à sua disposição, entre os quais se destaca a biblioteca pública.

REFERÊNCIAS BIBLIOGRÁFICAS

ALVES, M. & Neves, R. (1998). Tecendo a rede de bibliotecas escolares. *Liberpolis*, 79-89

CALIXTO, J. A. (1996). *A biblioteca escolar e a sociedade de informação*. Lisboa: Caminho.

FIGUEIREDO, F. E. (2004). Um olhar sobre o programa Rede Nacional de Biblioteca Públicas. *Páginas A & B*, 13, 105-127.

CONNOLLY, J. (2004). Toss out the textbook! The power of story in bringing the curriculum to life". In Annual Conference of the International Association of School Librarianship, 33rd, Dublin, 2004 – *From Aesop to e-book: the story goes on. Selected Papers.* Erie, Pennsylvania: IASL, 2004. p. 130-142.

LANGER, J. (1995). *Envisioning literature: literary understanding and literature instruction.* New York: Teacher's College Press.

UNESCO (1998) *Manifesto da UNESCO sobre Bibliotecas Públicas. Bibliomédia*, 1, 44-45.

NUNES, H. B. (1996). *Da biblioteca ao leitor.* Braga: Autores de Braga.

TODD, R. (2003). Transitions for preferred futures of school libraries: Knowledge space, not information place; Connections, not collections; Actions, not positions; Evidence, not advocacy. Keynote paper. In *International Association of School Librarianship (IASL) Annual Conference.* Durban, South Africa.

UNESCO. IFLA (2000). *Manifesto da Biblioteca Escolar: a biblioteca escolar no contexto do ensino aprendizagem para todos* [em linha]. Lisboa: Ministério da Educação. Gabinete da Rede de Bibliotecas Escolares, cop. 2000. Consulta em: 2004 Out. 12. Disponível na Internet <URL: http://barril.dapp.min-edu.pt/rbe/index.htm>.

VEIGA, I. (1996, Coord.). *Lançar a rede de bibliotecas escolares.* Lisboa: Ministério da Educação.

VENTURA, J. (2002). *Bibliotecas e esfera pública.* Oeiras: Celta.

BIBLIOTECA ESCOLAR
E DESENVOLVIMENTO DA COMPETÊNCIA LITERÁRIA,
NO 2.° CICLO DO ENSINO BÁSICO

LINO MOREIRA DA SILVA
Instituto de Educação e Psicologia
Universidade do Minho

Resumo:

Apesar da dinâmica que se tem verificado na criação de bibliotecas, continuamos a evidenciar índices baixos em leitura, elevadas percentagens de analfabetismo e iliteracia, defeituoso desenvolvimento cultural – factores que importa sobrelevar, pelas consequências que deles nos advêm e, se não forem corrigidos, poderão continuar a advir.

Um dos aspectos em que a formação de leitores terá de ser exercida, na escola, será o do desenvolvimento da competência literária. A par de outras competências, como a linguística, a comunicativa, a enciclopédica..., a competência literária terá de fazer parte integrante da preparação do leitor, do presente da escola para o longo da vida. Desse factor vai depender, em grande medida, o desenvolvimento harmonioso do indivíduo, pois que a dimensão literária dos textos envolve valores formativos indispensáveis na educação.

A escola, e deitando mão a um dos seus recursos essenciais, que é a biblioteca, não poderá descurar a preparação do leitor para aproveitar as imensas potencialidades formativas da literatura. Trata-se de educar, através desse importante recurso da escola, para a interacção heurística e hermenêutica com os textos, preparando os alunos para aprenderem a lidar com a pluralidade de leituras admitidas pelo texto literário.

Com base nestes pressupostos, o autor da presente comunicação propõe-se: a) reflectir acerca do conceito de competência literária, b) relevar, de tal conceito, aspectos a trabalhar no domínio do desenvolvimento da competência literária,

160   *Leitura, Literatura Infantil e Ilustração*

com adequação ao 2.° ciclo do ensino básico, c) suscitar contributos da dinamização da biblioteca escolar, pondo-os ao serviço do desenvolvimento da competência literária dos alunos, na escola e nesse mesmo nível da escolaridade.

Abstract:

Despite the dynamic that was been going on in the creation of libraries, we keep showing low indices in reading, high percentages of illiteracy, defective cultural development – factors that we must highlight, for the consequences they carry and, if not corrected, will continue to carry.

One of the aspects in which the formation of readers must be exercised, in school, will be the one of literary competence. As well as other competences, such as the linguistic, the communicational, the *encyclopaedic...*, the literary competence must be an integrating part of the reader's preparation, of the school's gift for life. From that factor will largely depend the harmonious development of the individual, as the literary dimension of the texts involves formative values indispensable in education.

School, resorting to one of its essential resources, the library, cannot disregard the preparation of the reader to take advantage of the immense formative potentialities of literature. Through that important school's resource, for the heuristic and hermeneutic interaction with the texts, the school can prepare the students to learn to deal with the plurality of readings allowed by the literary text.

Based on this assumptions, the author of the present communication proposes to: a) reflect about the concept of literary competence, b) highlight, from that concept, aspects on which to work in the area of literary competence development, adequate to the 2nd cycle of basic teaching, c) stimulate contributions to the dynamic development of school libraries, putting them to the service of the development of literary competence of the students, in school and in that same level of teaching.

INTRODUÇÃO

1 – Se ainda há poucos anos atrás podíamos (e devíamos) denunciar o facto de a falta de bibliotecas, especialmente as bibliotecas escolares, se encontrar entre as causas principais para os baixos índices de leitura praticados pelos portugueses, nos dias de hoje temos de reconhecer que a situação se tornou diferente. Muito por mérito dos Programas da Rede

Nacional das bibliotecas Públicas e das bibliotecas escolares (apesar de não estarem cumpridos todos os objectivos a que eles se propuseram) e da dinâmica que, por seu intermédio, se gerou, nomeadamente junto das autarquias e das escolas, a realidade evoluiu e encontra-se transformada. No presente, são as próprias escolas, as comunidades educativas e até mesmo as forças sócio-culturais das regiões as primeiras a não prescindirem da sua biblioteca, apresentando-a (por mais que isso envolva um considerável dispêndio de verbas em criação e conservação de infra-estruturas e em meios humanos e materiais), com orgulho, como imagem do seu progresso e desenvolvimento.

Todavia, o problema de base mantém-se, se é que não piorou, entretanto: a situação deficitária em leitura, e sobretudo em analfabetismo, iliteracia e desenvolvimento cultural (Benavente, 1996; *Jornal de Notícias*, de 02.07.2003), reflectido na falta de obtenção de sucesso educativo nas escolas, e mais objectivamente em insucesso institucional e abandono escolar, continuamos a ter imensos alunos que não lêem, não frequentam bibliotecas, declaram não gostar de ler e não desenvolveram competências para isso.

Se é certo que estes aspectos não são alteráveis de repente, e antes envolvem esforços de gerações, também é certo que está em causa a transformação de hábitos muito fundos, que só com persistência e trabalho se poderão demover. E o facto é que não há automatismos nestas matérias. Não havendo uma intervenção de base em formação de leitores, não será o regenerar e o suceder das gerações, biologicamente, que irá dar solução ao problema.

2 – Um dos aspectos em que essa formação terá de ser exercida, na escola, será o do desenvolvimento da competência literária. A par de outras competências, como a linguística, a comunicativa, a enciclopédica... a competência literária deverá integrar a preparação do leitor, do presente da escola para as exigências da vida. Desse factor irá depender, em grande medida, o desenvolvimento harmonioso do indivíduo, pois que a dimensão literária encerra valores indispensáveis para a sua formação.

Embora não se pretenda, na escola, formar escritores, mas utentes da língua, a um nível desenvolvido, tal não significará que se possa descurar a formação de leitores também para essa dimensão do texto.

Assim sendo, importará que a escola recorra a todos os meios ao seu alcance para promover o desenvolvimento da competência literária dos alunos. Um desses meios, e um dos mais importantes, é a biblioteca

162 Leitura, Literatura Infantil e Ilustração

escolar, que deverá ser posta ao serviço deste importante vector de formação dos alunos.

Será sobre essa realidade que nos vamos pronunciar, situando-nos, em termos de adequação pedagógico-didáctica, que justificaremos, a nível do 2.º ciclo do ensino básico.

O CONCEITO DE COMPETÊNCIA LITERÁRIA

Pretendendo-se avançar com propostas para a colocação da biblioteca escolar ao serviço do desenvolvimento da competência literária dos alunos, importará, antes de mais, explanar alguns entendimentos acerca desta realidade.

O que entender por competência literária não é, de modo algum, consensual e isento de reparos. Desde logo, surge o conceito de *competência* a levantar dificuldades. Tais dificuldades começarão a mostrar-se superáveis, ao designarmos por competência a "aptidão reconhecida de alguém para realizar um determinado acto", a "capacidade de poder apreciar ou resolver um dado assunto", "conjunto de conhecimentos, teóricos ou práticos, que uma pessoa domina, de requisitos que preenche e são necessários para um determinado fim", ou a "aptidão para fazer bem alguma coisa" (Casteleiro, 2001, p. 887).

Depois, surge a necessidade de definir o conceito de *competência literária*. Aceite a realidade do texto literário, enquanto "unidade semântica, dotada de uma certa intencionalidade pragmática, que um emissor/autor realiza através de um acto de enunciação regulado pelas normas e convenções do sistema semiótico literário e que os seus receptores/leitores decodificam, utilizando códigos apropriados" (Aguiar e Silva, 1982, pp. 542-543), admite-se a factualidade de a sua leitura exigir, por parte do leitor, capacidades, aptidões, requisitos (conhecimentos, saberes, experiências) que o mesmo leitor não adquire automaticamente, mas precisa de possuir para ser capaz (se quiser ser capaz) de ler um texto que se integre nas condições do texto literário.

Objecta-se, por vezes, que, relativamente ao texto literário, é preciso atender a que a literatura não existe enquanto realidade universal ou atemporal, caracterizável de forma unívoca; que é uma realidade a existência de *comunidades interpretativas* (Fish, 1995) que chamam a si particularidades no entendimento da mundividência literária; que são muitos os desafios postos pela *enciclopédia do leitor* (Eco, 1993, p. 99) perante a abertura e os *pontos de indeterminação* (Ingarden, 1973, p. 366) do texto literário, e pelo cânon literário, fora do qual toda a leitura pode ser considerada "desviada" ou mesmo errada; que o alcance a obter com o texto depende da compleição hermenêutica do leitor e da sua argúcia crítica. E por isso a competência literária, a existir, teria de tomar em consideração tal amplitude de variáveis que tornaria praticamente impossível a sua aquisição. Na relação dialógica que estabelece com o texto literário (Zilberman, 1989, pp. 64-66), cabe ao leitor fornecer-lhe *vitalidade*, o que se integra nos parâmetros do que lhe confere *litera-riedade* e é divergente de leitor para leitor.

Não sendo possível negar totalmente a validade destas objecções, faz todavia sentido (até na base da noção de texto literário referida) pressupor a existência de competência literária nos leitores de e para os textos literários, definindo-a, por exemplo, como (van Dijk, 1972, p. 176) a gramática textual detida internamente pelos indivíduos, permitindo-lhes comparar, resumir, recordar, ler, reconhecer um texto como literário, e em consequência admitir a possibilidade do seu desenvolvimento nos indivíduos, contando, para isso, com um trabalho de base, tomando-a como referência na escola.

Mesmo assim, algumas considerações deverão ser feitas.

Na base da competência literária, está a competência textual (ou competência comunicativa – Hymes, 1984). Esta designa (Aguiar e Silva, 1982, p. 535), globalmente, a capacidade de um emissor produzir textos e de um receptor os decodificar. Isso pressupõe a existência de competência linguística, por parte de emissor e receptor, e ainda, também em ambos, de competências *translinguísticas* (regras, convenções, características, princípios, convenções...), e competência enciclopédica (conjunto de informações sobre o mundo, sistemas de crenças e convicções...).

É assim que o leitor de um texto literário, ao exercer o seu esforço de leitura sobre ele, terá de evidenciar:

a) Conhecimento da língua natural e histórica (sistema modelizante primário em que o texto está escrito), sem o que ele não poderá "identificar e interpretar os signos literários, as microestruturas e as macroestruturas literárias que se constituem a partir dos signos linguísticos e das suas consequências e combinações" (Aguiar e Silva, 1990, p. 90).

b) Conhecimento do sistema literário (sistema modelizante secundário de que o texto depende), com as suas regras e os seus princípios, capazes de integrar um diversificado número de textos (seleccionado, porventura, em função de um cânon literário ou de uma comunidade de leitores).

c) Conhecimento dos mecanismos subjacentes à organização de cada texto, tanto (Siegfried Schmidt, referido por Aguiar e Silva) os que se organizam em *convenção de congruência com os factos* (notícia de jornal, capítulo de livro, receita de culinária...), como os que se organizam em *convenção estética* (poema, ficção...).

Então, se a competência linguística, o conhecimento que o falante/ /ouvinte possui da sua língua (representável sob a forma de regras e elementos que, em número finito, geram um número infinito de frases – Chomsky, 1971), é indispensável para realizar a leitura de um texto literário, o que não poderá dispensar um tratamento intenso na escola (Lomas & Osorio, 1993; Cassany, *et al.,* 1998), ela não é suficiente, tornando-se necessário, para isso, que o leitor, além da competência de leitura, em geral, possua e desenvolva *competência literária* (Aguiar e Silva, 1990, p. 91).

Admitindo-se que o leitor não nasce leitor, mas forma-se leitor, importa considerar a circunstancialidade dessa formação, e, em consequência, qual deverá ser a intervenção da escola. E ainda que, pelas objecções que se apontaram, trabalhar a competência literária seja sempre um esforço relativo e de resultados sempre parciais, tal será importante e deverá comportar aspectos como:

a) Desenvolvimento de estratégias de leitura e escrita, em geral;

b) Reconhecimento de que não é apenas no texto nem apenas no leitor que se encontra a chave para os sentidos do texto, mas na interacção do leitor com o texto, exercida através de um esforço de base, numa abordagem psicolinguística interactiva (Goodman, 1994);

c) Facultação de conhecimentos no âmbito da ciência da literatura;

d) Facultação de conhecimentos no âmbito da história da literatura (obras, autores, estilos, épocas...);

e) Facultação de conhecimentos sobre convenções que estão na base do texto literário e que configuram cada texto concreto como literário;

Biblioteca escolar e desenvolvimento da competência literária,...   165

f) Conhecimento de *metodologias* de abordagem textual (Silva, 1989, pp. 41-66).

É certo, insiste-se, que não compete à escola "generalista" formar "escritores", mas comunicadores, pela via do verbal oral e do verbal escrito. Mas da competência de leitura a ser trabalhada na escola, apesar do relativismo que a afecta, não poderá deixar de fazer parte a dimensão da competência literária, desde logo porque o texto literário é parte integrante do mundo dos textos, necessário, importante, mas ainda porque do texto comunicativo, em geral, já fazem parte aspectos que interferem com o literário e influenciam, no leitor, a sua competência de leitura.

AS RAZÕES DA FOCALIZAÇÃO, NO 2.º CICLO DO ENSINO BÁSICO, NO DESENVOLVIMENTO DA COMPETÊNCIA LITERÁRIA DOS ALUNOS

Como referimos, e é reconhecido amplamente, o texto literário ocupa um importante papel no mundo da leitura, pertencendo a essa tipologia textual boa parte dos textos que importa aos alunos de hoje, e cidadãos adultos do futuro, conhecer.

Embora não seja objectivo da escola formar escritores, no seu sentido mais perfeito, é obrigação sua preparar os alunos para a comunicação (competência comunicativa), e da correspondência a essa necessidade toma parte integrante o texto literário.

Também para a formação no âmbito da leitura do designado texto não literário (informativo, utilitário) é importante a formação para o literário, visto pertencerem-lhe, igualmente, muitos factores (de conhecimento e de competências) que lhe são comuns.

Além disso, a literatura tem funções formativas de destaque, que a dimensão educativa da escola não pode deixar passar em claro.

Se se admite que a competência literária pode ser desenvolvida, teremos, pois, na escola, de aplicar esforços nesse sentido.

Qual será a melhor altura para o fazer?

Havendo necessidade de garantir leitores para o futuro, sem dúvida que quanto mais cedo tais esforços começarem melhor. Primeiro, de uma forma empírica e desprecocupada, logo desde a familia e nos primeiros

166   *Leitura, Literatura Infantil e Ilustração*

anos de escolarização. Depois, cada vez com maior sistematicidade, ao longo da evolução escolar.

A razão da escolha do 2.° ciclo do ensino básico para o início de um esforço mais intenso e sistemático no desenvolvimento da competência literária nos alunos deve-se a que esse estádio da escolaridade corresponde, neles, à passagem de uma fase de aprendizagens basilares (nomeadamente, a leitura e a escrita), para outra, de mais abrangência e produtividade. Há também razões psicopedagógicas, encontrando-se os alunos, segundo Piaget (Piaget & Inhelder, 1968, p. 103; Piaget, 1972, p. 37), numa situação de transição das operações concretas para as operações formais, sendo estas últimas naturalmente mais voltadas que aquelas para aspectos de interiorização e sistematização.

Há ainda evolução e progressividade de nível dentro deste ciclo de ensino, a que é preciso corresponder com aumento da exigência nas aprendizagens. Igualmente se intensificam, na fase da vida dos alunos que corresponde ao 2.° ciclo do ensino básico, o interesse e a curiosidade, e em muitos casos até o empenhamento (que ninguém garante que, se não for estimulado, se vá manter por muito tempo no futuro).

Esta fase da vida do aluno, entre o 1.° ciclo e o 3.°, obriga à evitação, ou pelo menos à aplicação com cuidados, quanto ao uso de termos complexos – com o fim de se despertar a consciência para os conceitos que lhes correspondem, e que o professor sabe virem a ser necessários no âmbito da abordagem do discurso literário.

É assim que o desenvolvimento da competência literária, se deve ser preparado desde antes, tem, nesta fase da escolaridade, uma importância especial. Não o fazendo, poder-se-á estar a desperdiçar uma ocasião única na vida do aluno, com implicações muito sérias na sua formação e no seu futuro.

A BIBLIOTECA ESCOLAR AO SERVIÇO DO DESENVOLVIMENTO DA COMPETÊNCIA LITERÁRIA DOS ALUNOS

Um ponto de base a considerar para a proposta que apresentamos é o reconhecimento e a consideração da biblioteca escolar como motor de dinamização da escola.

Cada vez mais são chamados a fazer essas vezes os Centros de Recursos Multimédia (DAPP/ME, 2003), para a consulta e a produção de

Biblioteca escolar e desenvolvimento da competência literária,... 167

documentos em diferentes suportes (em espaços flexíveis e articulados, dotados de equipamento específico, fundo documental diversificado, equipa de professores e técnicos com formação adequada).

O espaço da biblioteca escolar tem sofrido, entre nós, transformações consideráveis, nos últimos tempos, fruto de maior reflexão, maior exigência, maior compreensão do poder da leitura relativamente à formação e à construção do sucesso educativo na escola. Em muitos casos, ele já se transformou de depósito de livros, em espaço para a leitura.

Mas continua a faltar uma verdadeira promoção da leitura e de preparação para ela. E para isso ainda não se criou a sensibilização necessária, envolvendo todos os tipos de textos.

O desenvolvimento da competência literária, terá de dizer-se, não é o âmbito mais fácil de dinamizar na escola. Sendo necessário, como referimos, que essa competência seja introduzida, desde cedo, no trabalho com os alunos, ela exige motivação, empenhamento na lectura, diversificação de situações, consideração de múltiplos pontos de vista... e para isso é importante que contemos com o contributo da biblioteca escolar.

Por outro lado, e como já referimos noutro lugar (Silva, 2002), a biblioteca escolar só tem razão de ser se for dinamizada, e essa dinamização passará por colocá-la num patamar de ascendência a nível de formação na escola, conciliando-se os objectivos que determinaram a sua existência com as necessidades dos alunos e da escola.

Um dos aspectos em que tal esforço deverá ser exercido, na escola, reporta-se ao desenvolvimento da competência literária. A par de outras competências, como a linguística, a comunicativa, a *enciclopédica...* (Aguiar e Silva, 1977), a competência literária terá de fazer parte integrante da preparação do leitor, do presente da escola para o longo da vida. Desse factor vai depender, em grande medida, o desenvolvimento harmonioso do indivíduo, enquanto ser em formação, pois que a dimensão literária encerra valores formativos indispensáveis na educação.

Partindo do entendimento de que o envolvimento da biblioteca escolar na competência de leitura dos alunos deverá começar pela motivação para a leitura por parte dos alunos – a leitura de cariz livre/receativo, geralmente designada de ocupação de tempos livres (neste domínio há muito de construir aprendizagem aprendendo), consideraremos as seguintes situações: a leitura livre de textos de escolha em liberdade, a leitura livre de textos com recurso à tutorialidade, a leitura

168   *Leitura, Literatura Infantil e Ilustração*

livre de textos de propositura externa, a leitura orientada de textos propostos I, a leitura orientada de textos propostos II.

a) Leitura livre de textos de escolha em liberdade

Visa-se aqui a construção *livre* de leituras, apresentando-se o bibliotecário e um conjunto de outros professores disponíveis como recurso para os alunos tirarem (por sua iniciativa) as suas dúvidas, terem alguém com quem debater as questões que se lhes apresentem. Propõem-se encontros de debate (tertúlias literárias) sobre leituras feitas e a instituição, aos poucos, de comunidades de leitores, que mesmo a níveis etários muito baixos de escolaridade, poderão dar resultados com sucesso.

Os textos a considerar serão de escolha dos alunos, ou por sua iniciativa individual (ou que em muitos casos será difícil), ou retirados de um conjunto de textospropostos/disponibilizados pelo professor bibliotecário, visando-se a descoberta, pelo aluno, de que o texto literário *"é um objecto semiótico que orienta e controla parcialmente o leitor, que lhe proporciona e impõe instruções, mas que permite e exige também ao leitor, em grau variável, o exercício de uma liberdade semiótica que se funda na interacção das próprias estruturas textuais com os instrumentos, os processos e as estratégias de descrição, análise e interpretação utilizados pelo leitor"* (Aguiar e Silva, 1990, p.92).

b) Leitura livre de textos com recurso à tutorialidade

Não cabe aqui desenvolver pressupostos e atributos pedagógico--didácticos que estão na base deste procedimento. Já o fizemos noutro local (Silva, 2003), bastando-nos referir, em síntese, que, apesar do peso de tradição que tal procedimento já possui (e de algumas reticências ideológicas, quase sempre fundadas em mal-entendidos), ele afigura-se bastante produtivo, pelo que deveria continuar a figurar como um modo de intervir a privilegiar nas nossas escola.

Na base do procedimento estará que os alunos interessados em trabalhar (livremente) a leitura serão divididos em grupos, no centro das quais estará um aluno reconhecido como mais experiente e capaz. O ambiente de confiança gerado será essencial para que, de uma forma desbloqueada, se evidenciem aspectos suscitados pela leitura dos textos, e que de outro modo ficariam por focalizar.

c) Leitura livre de textos de propositura externa

O proponente dos textos será o professor bibliotecário ou o grupo de professores a trabalharem em conjunto com ele. A leitura do texto será de realização individual, tendo lugar encontros-debate sobre leitura dinamizada pelo professor bibliotecário, um professor, um escritor, um convidado...

d) Leitura orientada de textos propostos – I

Esta opção de leitura pretende recuperar alguns princípios do designado ensino programado, mais propriamente na proposta do modelo de Skinner (Skinner, 1975), que defendia que os fins a alcançar devem ser especificados; todo o sucesso deve ser recompensado e todo o fracasso ignorado; todas as actividades devem crescer em dificuldade, de grau em grau, a espaços mínimos; as matérias rigorosamente determinadas e deli-mitadas, organizadas em doses mínimas que favoreçam a aprendizagem, dispostas em progressão, adaptáveis ao ritmo de aprendizagem de cada aluno (Silva, 1983, p.21-22).

Pretende-se, deste modo, o crescimento gradual e cumulativo dos conhecimentos e saberes, a superação de dificuldades evidenciadas, a resposta a pedidos de focalizações especiais (por parte dos alunos e, por exemplo, advindas das aulas de línguas).

Serão apresentados aos alunos, aquando dos textos para leitura, questionários orientados, tendo no verso a resposta que é esperada.

Procedendo deste modo (na elaboração de materiais de trabalho deste tipo), a biblioteca escolar ficará, a pouco e pouco, na posse de uma bateria de 'fichas' de leitura orientada, que serão de grande utilidade para os alunos.

e) Leitura orientada de textos propostos – II

Esta proposta surge em complemento da proposta anterios.

Pretende-se aqui admitir respostas abertas (e não fechadas, como atrás) face às questões apresentadas sobre os textos.

Para isso, avançar-se-á com a indicação de gramáticas, prontuá-rios, dicionários, enciclopédias, obras de referência, artigos da especiali-dade..., tudo disponível na biblioteca escolar e com páginas e parágrafos assinalados.

Ainda que num primeiro momento isso possa (e talvez deva) acontecer, não se aconselha a permanência por muito tempo no estádio

170 Leitura, Literatura Infantil e Ilustração

de colocação de excertos ou fotocópias do ponto que interessa como resposta para os alunos. É importante que eles se habituem a pesquisar e encontrarem por si mesmos as respostas as suas próprias necessidades.

CONCLUSÕES

Como desenvolvemos, para além de estarmos hoje melhor que no passado (ainda recente), a propósito de bibliotecas, e especialmente de bibliotecas escolares, isso não significa que possamos estar descansados. A existência e de tais estruturas educativas, em vez de nos deixar em situação confortável, antes exige de nós responsabilidades acrescidas, sobretudo no âmbito da formação de leitores.

Ainda continuamos com índices de leitura muito baixos, e a realidade educativa portuguesa, também por via disso, não deu ainda mostras de se transformar.

Daí que seja importante intensificarmos os nossos esforços na formação de leitores, e esse esforço também deve passar pelo desenvolvimento da competência literária. A par de outras competências (linguística, comunicativa, enciclopédica...), a competência literária deverá integrar a preparação do leitor, do presente da escola para as exigências da vida.

Devendo a escola recorrer a todos os meios ao seu alcance para promover o desenvolvimento da competência literária dos alunos, não poderá descurar o importante recurso que é a biblioteca escolar, também ao serviço da formação literária dos alunos.

Destacando-se, por razões de adequação pedagógico-didáctica, uma intervenção a nível do 2.º ciclo do ensino básico, propusemos a intervenção da biblioteca escolar, junto dos alunos, recorrendo a cinco situações: a leitura livre de textos de escolha em liberdade, a leitura livre de textos com recurso à tutorialidade, a leitura livre de textos de propositura externa, a leitura orientada de textos propostos I, a leitura orientada de textos propostos II.

Não sendo, de modo algum, uma solução decisiva para o problema, entendemos que, com o seu concurso (preparando-se o leitor para a *liberdade semiótica*, para a cooperação heurística e hermenêutica com os textos, para o fechamento dos *pontos de indeterminação* dos textos, para

Biblioteca escolar e desenvolvimento da competência literária,... 171

a pluralidade das leituras..., desenvolvendo nele criatividade, valores e atitudes, espírito crítico...), poderemos estar perante mais uma importante via para que ele seja superado.

REFERÊNCIAS BIBLIOGRÁFICAS

AGUIAR E SILVA, V. M. (1977). *Competência linguística e competência literária: sobre a possibilidade de uma poética gerativa.* Coimbra: Almedina.

AGUIAR E SILVA, V. M. (1982). *Teoria da literatura.* Coimbra: Almedina.

AGUIAR E SILVA, V. M. (1990). *Teoria e metodologia literárias.* Lisboa: Universidade Aberta.

BENAVENTE, A. (1996, Coord.). *A literacia em Portugal: resultados de uma pesquisa extensiva e monográfica.* Lisboa: Fundação Calouste Gulbenkian e Conselho Nacional de Educação [estudo realizado pelo I.C.S.U.L.].

CASSANY, D., LUNA, M. & SANZ, G. (1998). *Enseñar lengua.* Barcelona: Grao.

CASTELEIRO, M. (2001). *Dicionário da língua portuguesa.* Lisboa: Academia das Ciências e Editorial Verbo.

CHOMSKY, N. (1971). *Linguagem e pensamento.* Petrópolis: Vozes.

DAPP/ME (2003). *Rede de bibliotecas escolares.* Lisboa: Departamento de Avaliação Prospectiva e Planeamento [url: "http://www.dapp.min-edu.pt/rbe/main_txt.htm"].

ECO, U. (1993). *Leitura do texto literário. Lector in fabula.* Lisboa: Editorial Presença.

GOODMAN, K. S. (1994). Reading, writing, and written texts: a transactional sociopsycholinguistic view. *In* Robert B. Ruddell & Martha Rapp Ruddell & Harry Singer (Eds.), *Theoretical models and processes of reading.* Newark, Delaware: International Reading Association.

HYMES, D. H. (1984). *Vers la compétence de communication.* Paris: Hatier.

INGARDEN, R. (1973). *A obra de arte literária.* Lisboa: Gulbenkian.

LOMAS, C. & OSORIO, A. (1993). *El enfoque comunicativo de la enseñanza de la lengua.* Barcelona: Paidós.

PIAGET, J. (1972). *L'épistémologie génétique.* Paris: P.U.F.

PIAGET, J. & INHELDER, B. (1968). *La psychologie de l'enfant.* Paris: P.U.F.

SILVA, L. M. (1983). *Planificação e metodologia: o sucesso escolar em debate.* Porto: Porto Editora.

SILVA, L. M. (2003). Ensino tutorial e sucesso educativo. *In Actas do VII Congreso Galego Portugués de Psicopedagoxía.* Corunha: Universidade da Corunha, pp. 2336-2346 [edição em CD, ISNN: 1138-1663].

SILVA, L. M. (1989). *Do texto à leitura*. Porto: Porto Editora.
SILVA, L. M. (2002). *Bibliotecas escolares e construção do sucesso educativo na escola*. Braga: Universidade do Minho.
SKINNER, B. F. (1975). *Tecnologia do ensino*. São Paulo: E.P.U.
VAN DIJK, T. A. (1972). *Some aspects of text grammars*. The Hague, Mouton.
ZILBERMAN, R. (1989). *Estética da recepção e história da literatura*. São Paulo: Ática.

TERCEIRA PARTE

ILUSTRAÇÃO

LA VIVA ESTAMPA DE LA AVENTURA

TERESA DURAN ARMENGOL
Universidade de Barcelona-Espanha

Resumo:

La historia de la literatura infantil y juvenil y la historia de la novela de aventuras, corren en paralelo. Lo interesante es observar cómo evoluciona la ilustración de estos relatos desde el siglo XIX hasta el siglo XXI. El teatro da paso al cine y éste a la televisión y ello modifica la ilustración no solo formalmente sino tambien conceptualmente. Además, los factores económicos y sociales también contribuyen a cambiar el modo y el lugar dónde fluyen las imágenes. En resumen, hoy como ayer, los lectores continuan sedientos de aventuras, aunque busquen otras fuentes dónde saciar su sed.

Abstract:

The history of children's and youth literature and the history of the adventure novel proceed on parallel tracks. What is interesting is to observe how the illustration of these tales evolves from the XIX century to the XXI century. The theatre gives way to the cinema, and this to the television, and these transitions modify the illustration not only formally but also conceptually. Besides, the economic and social factors also contribute to change the manner and the place from which the images flow. In short, today as yesterday, the readers are still thirsty for adventures, despite the fact that they seek other sources from which to placate their thirst.

Me temo que lo que sigue está algo simplificado, pues ni el tiempo ni el espacio disponible permiten un discurso matizado. Tanto más cuanto existe una contradicción manifiesta entre su contenido y su forma expositiva, por el hecho de trasladar al lenguaje textual algo que pertenece esencialmente a la cultura de lo visual.

Se trata de exponer las características y el devenir de la ilustración del género de aventura. Permítasenos, pues, algunos axiomas de tipo generalista para acotar el terreno de lo que vamos a explorar.

¿QUÉ ES LA NOVELA DE AVENTURAS?

Como toda novela, la aventura relata qué le pasó a quien dónde y cuando. Sólo que lo que caracteriza este "qué le pasó" es una acción llevada a cabo por el propio quién. Lo que distinguiría esta acción de otra cualquiera sufrida o experimentada por este mismo quien. Es decir, la novela de aventura relata *qué hizo* quien, donde y cuando (y además, en muchos casos, por qué lo hizo, cómo lo hizo, y qué se obtuvo con ello).

La más clásica y universal de las novelas explica cómo un hidalgo flaco y sin fortuna, por haber leído muchos relatos de caballerías y cantares de gesta donde se exaltaba el amor cortés y la defensa del oprimido, sale en busca de aventuras, pero, habiendo cambiado los tiempos, sus hazañas bordean el límite de lo ridículo. Esa es la historia de *El ingenioso hidalgo Don Quijote de la Mancha* (1605-1615) en quien persiste el deseo de cambiar el mundo, aunque este sueño sea ya imposible a todas luces.

De este distanciamiento entre lo que hace o puede hacer un individuo respecto a lo que le ocurre o le puede ocurrir a una sociedad, nace, quizás, la novela moderna, con *Madame Bovary* (1857), que sueña, como el Quijote, enamorarse y casarse con alguien que le recite versos a la luz de la luna mientras bailan un vals en salas principescas, a pesar de que ella apenas sale de casa y de que sus objetivos son menos altruistas que los del manchego.

A mitad de camino entre el Quijote y la Bovary, el relato de *Robinson Crusoe* (1719) acentúa más el carácter moral de su epopeya presentando a un conquistador que deja huella imperecedera de su espíritu de iniciativa y de su amor por el trabajo. Aventura civilizadora fuertemente contestada per Michel Tournier en su *Viernes o los limbos del Pacífico* (1980).

Si estos tres (o cuatro) hitos permiten marcar y observar los derroteros de la evolución de la novela moderna, no menos interesante resulta observar de quien o de qué son hijas esas novelas tan cultas y canónicas.

El *Quijote* nos lo dice: de una novela de caballerías, que a su vez era hija de un cantar de gesta, que a su vez derivaba de un poema épico. Por el camino, el relato se torna, literalmente, prosaico.

Si los poemas épicos, de tipo homérico – con aquella rima o salmodia prosódica que facilitaba su transmisión oral – estaban encaminados a fijar en la memoria de los oyentes la exaltación mitológica de un héroe cuya acción les inscribía en un destino colectivo, la novela – con una prosa escrita y leída individualmente – introduce la *aventura,* donde el héroe se encuentra reducido a sí mismo sin que su comunidad le confiera valores específicos por su linaje o condición.

Por ahí se podría emparentar la novela con el cuento popular, relato en prosa de transmisión oral donde, especialmente el héroe del cuento maravilloso, recaba la ayuda de seres fantásticos para lograr unos objetivos amorosos y sociales que le permitirán – sólo a él y a su entorno más restringido – "vivir feliz y contento hasta el fin de sus días".

Hasta aquí la exploración de una narrativa culta o popular, escrita o tradicional, con largos siglos de historia a sus espaldas, destinada a satisfacer un público donde no se apreciaban distinciones entre edades lectoras.

LA NOVELA DE AVENTURAS JUVENIL

Es durante el siglo XIX, cuando el público empieza a hacer distinciones generacionales en sus lecturas. Ello obedece, en parte, a la implantación de la escolaridad obligatoria, que permite el acceso a la lectura de estratos y sectores cada vez más amplios de la población, y, en parte también, a ciertos progresos propios de la revolución industrial, como las bobinas de papel continuo que precisan las rotativas para imprimir periódicos. Periódicos donde se publican novelas por entregas, seguidas con gran fervor popular.

Los jóvenes adolescentes se apropian de las lecturas de sus antepasados y de sus mayores, de la *Odisea* y de *Robinson*, de *Gulliver* y de *Ivanhoe*, sin haber desdeñado las fábulas y cuentos de Esopo, Perrault, o Hoffmann. A mediados de siglo pueden zambullirse con idéntico placer en la romántica lectura de Andersen o de Dickens, quizás porque *El patito feo* (1845) y *Oliver Twist* (1839) tienen mucho en común y ambos autores eran buenos amigos. Los jóvenes lectores degustan simultáneamente los placeres de la gesta épica, del cuento maravilloso y de la peripecia sentimental. Mezcla que conduce, sin duda, a la aparición de la novela de aventuras "ad usum pueri". Y la palabra "aventura" (con variantes alusivas al riesgo que ella implica) es tan frecuente como explícita en los títulos que los autores de la segunda mitad del XIX destinan a los niños: *Alice's adventures in Wonderland* (1865), *The adventure's of Tom Sawyer* (1876) *Le avventure di Pinocchio* (1880), etc. Pero, a pesar de lo explícito de su título, las peripecias interpretadas por estos muchachos se aproximan más a lo que hoy podría ser descrito como las andanzas, gracias y desgracias de un chiquillo o chiquilla.

Lo que hoy por hoy entendemos como novela de aventuras pura y dura fue escrita ex profeso para lectores de doce años en la muy emblemática y nunca bastante loada *Treasure Island*(1882), de Robert Louis Stevenson, donde rehuyendo de lo maravilloso o fantástico que caracteriza a Alicia y Pinocho, y rehuyendo también del costumbrismo americano en presente de indicativo que caracteriza a Tom Sawyer o Hucleberry Finn – e incluso a *Little women* (1868) –, encontramos ya unos ingredientes de riesgo, alejamiento, mito y dilema moral que se convertirán casi en elementos tipificadores del género, tal como se exponen también en *King Solomon's Mines* (1885), de Rider Haggard. Creo que ambas novelas abren, cada una por su parte, caminos que encontraran una amplia sucesión de títulos hasta bien entrado el siglo XX.

Lo que tan precipitadamente se ha expuesto sirve sólo si nos mantenemos dentro de aquellos parámetros del enunciado usado para definir la novela que rezaba: "Quién hizo qué, donde y cuando". Si cambiamos el tiempo verbal yendo de un tiempo pasado a un condicional, nos hallaríamos ante un: "Qué le podría ocurrir a quien, dónde, cuando (y cómo)". Y este nuevo enunciado abriría el camino de la novela de anticipación, tipo Jules Verne, dónde la clave radica en el cómo, tanto en *Le tour du monde en quatre-vingt jours* (1873) como en *De la terre à la lune* (1885), escritas en tiempos de fe ciega en lo que la ciencia iba a hacer posible, y dando origen a lo que después se denominará ciencia-ficción.

Y este nuevo hito – el de la exploración fundamentada del modo condicional en la invención de una aventura – también fue muy fértil hasta estancarse después de la real aventura espacial.

Si la ciencia permitía este giro modal en el devenir de la aventura, no menos interesante resulta observar – aunque nos apartamos de lo que es la aventura para jóvenes – que, estando la ciencia basada en la razón, el enunciado que define lo que es un relato puede matizarse con un "Qué es lo que *lógicamente* le pasó a quien dónde y cuando y cómo lo sé", dando origen a otro género, el de la novela policíaca, que no está en absoluto estancado, y que empezó, pongamos por caso, con *The murders in the rue Morgue* (1841) de Edgar Allan Poe y, sobre todo, con *A study in Scarlet* (1887) de Sir Arthur Conan Doyle. Esta es una aventura deductiva, pero no de acción, donde el héroe no ées quien hace, sino quien sabe.

Es conveniente observar que, a partir del momento en que las circunstancias del entorno permiten optar por el modo verbal de relatar "Quien hizo qué" o "Qué podría hacer quien" o aún más "Quien supo qué hizo quien", la evolución de la literatura se halla, a veces insospechadamente, ante una auténtica y nueva aventura real. Ante el reto del subgénero. Cómo dirá Jean Ricardou (1973): "*La novela, que antes había consistido en la escritura de una aventura, se ha convertido en la aventura de una escritura*".

Confieso que este enunciado está descontextualizado, pero simultáneamente permite cerrar el discurso acerca de los avatares evolutivos de la novela e iniciar el discurso sobre la ilustración de la aventura.

ILUSTRAR LA AVENTURA EN EL SIGLO XIX

La ilustración ya es una aportación frecuente y básica en los libros desde muchos siglos antes de la aparición de la novela de aventuras. De modo que no cabe extrañarse si las primeras novelas de aventuras juveniles aparecen ilustradas. Las aventuras de Robinson Crusoe y Gulliver no pudieron serlo hasta ser editadas en 1805 por Tabart, un librero impresor londinense especializado en publicaciones infantiles. Pero una vez iniciado el camino, Robinson encontró ilustradores tan meritorios como George Cruishank (1831), o Browne (1860), y Gulliver fue retratado por Arthur Rackham (1900) o Willy Pógany (1917).

Desde su primera edición fueron ilustrados tanto *Alicia* (por JohnTenniel) como *Pinocho* (Enrico Mazzanti), *Tom Sawyer* (T.W.Williams) y *Huckleberry Finn* (E.W.Kamble).

La primera edición como libro de *La Isla del Tesoro* no contenía otra ilustración que la del famoso mapa, aunque en sucesivas ediciones fue dibujada por W.Paget (1899), N.C, Wyth (1911), Edmond Dulac (1927), Mervin Peake (1949) o....

Como los piratas de *La isla del tesoro,* el retrato de Quatermain, el héroe de *Las minas del rey Salomón,* no encontró quien le retratara hasta muchos años después de su primera edición (William Paget,).

Se puso una muy especial atención desde el principio a las ilustraciones que debían acompañar las obras de Verne, pues su editor, Hetzel, se vanagloriaba de poder contratar a los mejores ilustradores de su época. Y sus ediciones estaban profusamente ilustradas y bellamente encuadernadas.

El concepto de belleza y la habilidad técnica de los gravados de estas primeras ediciones de las novelas de aventuras proceden directamente de los principios académicos que rigen las bellas artes. Formalmente apenas hay diferencias estilísticas con los gravados anteriores a al aparición del libro ilustrado. Los gravados de estos libros no son – ni pretenden ser – otra cosa que láminas intercaladas en el texto por obra y gracia de la encuadernación.

Pueden observarse en ellas ciertas constantes que conviene citar:

- Plano general frontal en muchas escenas de acción
- Afán por representar el contexto geográfico donde ésta ocurre
- Angulaciones y puntos de vista muy primarios y posibilistas
- Retrato de los personajes principales preferiblemente de cuerpo entero
- Ausencia de expresión caricaturesca en rostros y ademanes.
- Estaticidad y cierta pose efectista en la congelación del gesto. Teatralidad.
- Invención del adversario (en caso de monstruos y otros ingenios) a partir de la adición de elementos naturales o usuales.
- Ausencia – forzada – de color.
- Ausencia de humor y del uso de la caricatura, forzada por el tipo de argumento y por la perentoria necesidad de dar credibilidad documental a lo que acontece.

Con ello se consiguen afianzar los efectos de alejamiento, heroicidad épica, mitificación, extrañamiento, riesgo y moralidad, que tan apreciados eran en la configuración del género de aventura.

Pero el lector de esas ilustraciones, el espectador, rara vez consigue vivenciarlas como si él estuviese allí. Más que presenciar los acontecimientos, lo que se le permite es hacerse una idea de ellos, se le brinda "un recuerdo" de lo que aconteció, un documento que, en general, llega desde otro tiempo, otra circunstancia, aunque sea un pasado muy reciente o incluso sea un futuro, pero la imagen no actualiza, no surge en el presente. O, dicho de otro modo, el lector no está allí: quien estuvo allí fue el ilustrador. Esto ocurre más claramente en las ilustraciones del siglo XIX que en las del siglo XX, pero ocurre todavía En otros términos: la cuota de entrada la fija el texto. Sólo leyendo se interpretaran adecuadamente las estampas que proporciona el ilustrador. Es más, en muchos casos del XIX se subraya la ilustración con una línea de texto. Al lector se le dan pistas para imaginar lo que ocurrió, pero no se le permite la entrada (si no paga con la lectura, que es muy larga y descriptiva).

ILUSTRAR LA AVENTURA EN EL SIGLO XX

Y como no se nos permite la entrada, a principios del siglo XX dejaremos este caro y selecto teatro de la aventura escrita para ir a la feria, donde por mucho menos esfuerzo obtendremos mucho más placer, si tenemos la suerte de que entre los barracones de la feria haya un cinematógrafo.

El cine y el cómic fueron, en sus orígenes, fenómenos populacheros, mirados con conmiseración por quienes intervenían en la canónica cultura del teatro y de la novela. Cabe decir que el cine alcanzó mucho antes que el cómic la cualidad de séptimo arte (al cómic le ha tocado ser el noveno). Pero poco a poco, y a lo largo del siglo pasado, el cine y el cómic fueron adquiriendo mayor repercusión social en el ámbito de la aventura del que nunca tuvo la novela escrita.

Al principio, el cine y el cómic, casi gemelos en lo referente a su fecha de nacimiento, fueron mayoritariamente bufos, grotescos. El cine lo fue con Meliès, Chaplin, Khol, etc, y su habilidad para los trucos. Y, por aquel entonces, la caricatura, modalidad que el mundo del dibujo tardó siglos en aceptar, ya que según Gombrich (1959) no se afianza hasta el siglo XIX, encontró su lugar en la prensa. En uno de estos periódicos nace

Yellow Kid (1896), el monigote que habla por medio de su camiseta. Cine y cómic son tomados tan poco en serio que es fácil creer que son pueriles, infantiles, propios de gente con escaso bagaje cultural. Y sin embargo...

En 1905, Winsor Mc Cay muestra a los lectores que el cómic no sólo sirve para reir, sino también para soñar. Hete aquí a *Little Nemo,* rompiendo el recuadro de la viñeta, utilizando dobles escenarios, inventando arquitecturas. Y el mismo Mc Kay, con más de 150.000 dibujos realizará en 1914 el primer documental de animación: *El hundimiento del Lusitania,* demostrando que allí donde no llegó la fotografía ni la cámara, llega y sirve la ilustración. A él también se debe uno de los personajes más simpáticos del dibujo de animación: *Gertie*, la dinosaura. Genios como él demuestran que en el cómic y en el cine de animación nada es ni estética ni gráficamente imposible.

Y nacen entonces, en EEUU, nuevos géneros y nuevos héroes que deben ubicarse dentro del marco de la aventura. El traslado de los estudios cinematográficos a la costa oeste dará origen al western, auténtico género formado por un bueno, muchos malos y anchas geografías por civilizar, que hoy podemos considerar políticamente incorrecto, pero que ha nutrido el afán de aventura y heroicidad de generaciones y generaciones de estadounidenses, entre ellas la de su presidente.

También el còmic pasa de ser una aventura gráfica válida para entretener niños (*Felix the cat.* Pat Sullivan: 1917) o una historieta que satiriza la vida doméstica (*Bringing up Father.* George Mc Manus, 1913) a adaptar para el mundo de la viñeta una pieza literaria de Edgar Rice Burroughs: *Tarzan of the Apes* (1912). Harold Foster se encarga, en 1929, de convertir el dilema moral de ese desubicado adolescente británico amamantado por los orangutanes en una continua aventura repleta de lenguaje cinematográfico hollywoodiense: panorámicas, travellings laterales, picados, profundidad de campo...

En ese mismo año 1929 nace *Tintín* en Bruselas, la criatura de Hergé. Y aunque la primera de sus aventuras es de un gusto moral y gráfico dudoso, sus aventuras se irán afianzando y abriendo un lugar preclaro entre los lectores europeos, especialmente después de la segunda guerra mundial. Por eso debemos abandonar aquí su estela y regresar a los EEUU de los años 30.

En aquel momento EEUU es un lugar emergente. Un lugar sin muchos siglos a sus espaldas. Un lugar sin muchos cantares de gesta o poemas épicos que den a sus pobladores unas comunes, claras y positivas señas de identidad, a pesar de las películas de *Tom Mix,* o de las novelas de

La viva estampa de la aventura   183

Curwood y de Jack London. Los lectores sencillos reclaman unas hazañas, unas proezas que, por encima de religiones, clases, y condiciones, permitan identificarse como colectivo. Y estas surgen. Aunque aparecen primero en la prensa no tardan en convertirse en libros, en comic books, en álbumes. Son las aventuras de *Flash Gordon* (Alex Raymond. 1934), de *Superman* (Gerry Siegel.1938), de *Batman* (Bob Kane. 1939)...personajes que encarnan como pocos el sueño americano. Su aspecto viril y musculoso, su trazo vigoroso y contrastado, que tan bien concuerda con su ideología de violenta lucha del bien contra el mal, sus orígenes confusos, etc., y, sobretodo, sus sobrenaturales proezas los convierten en los mitificados Hércules, Amadís o Cid Campeadores que tanto precisaba el nuevo continente. Quizá el genial *The Spirit*, del no menos genial Will Eisner (1945), con su poco de humor y su mucho de maestría técnica pueda ser considerado, más que su Quijote, su Don Alonso Quijano el Bueno reaccionando, desde la cordura, a tanto empacho pro bélico...

Sean lo que sean, las aventuras de estos superhéroes arrasaron. Impusieron sus leyes no sólo de lo que debe ser el cómic, sino también de lo que se espera de una aventura:

- Un personaje protagonista capaz de las mayores y más increíbles gestas.
- Un defensor de los valores más tradicionales (incluido el del macho defensor de hembras y otras criaturas indefensas)
- Un independiente que pueda dedicarse a salvar a la humanidad entera sin compromisos familiares o laborales que impidan su constante disponibilidad mesiánica.
- Un entorno social débil e incapaz de organizarse o de enderezar su senda sin su ayuda.
- Una geografía o entorno espacial amenazador por extraño y fácilmente mitificable.
- Un tiempo o época impreciso, a poder ser, cargado de futuro y mitificable también.
- Unos pocos ayudantes, escogidos y abnegados.
- Unos rivales (a poder ser, uno solo con muchos adeptos) de casi su misma talla y poderes, que sean malos perdedores y que estén dispuestos a renacer, como el ave Fénix, cada dos por tres.
- Y, lo más importante: acción, mucha, muchísima acción (cuando se lucha, no hay mucho espacio para el estudio y la reflexión).

184 *Leitura, Literatura Infantil e Ilustração*

Este tipo de aventuras cruzaron el charco y fueron profusamente imitadas tanto en Inglaterra como en España (*Capitán Trueno*. Mora-Ambrosio, 1956). Actualmente Hollywood basa en ellas, o en guiones semejantes, sus más recientes superproducciones.

A su lado, la línea clara de Hergé, de Uderzo, o de Morris, con sus respectivas aventuras de Tintín, de Asterix (1959), o de Lucky Luke (1946) actúan como un contrapeso muy, pero que muy europeo. Estos personajes no tienen poderes muy sobrenaturales, (a no ser Obélix, que se cayó en la marmita del druida cuando era chico), y en ellos vale más el ingenio que el maniqueísmo. Piensan. Y, además, están muy enraizados social y geográficamente (en Moulinsart, o en un pueblecito bretón muy resistente y nacionalista, o en un Oeste documentadamente histórico). Sus aventuras resultan más jocosas que épicas. Son antihéroes. Son infantiles.

Más épico, pero mayormente antiheroico, más adulto, y decididamente aventurero es *Corto Maltese* (Hugo Pratt. 1972), capaz de encarnar, renovar y relanzar de manera simultáneamente literaria y gráfica la aventura clásica. Y más inquietante, más postmoderno y igualmente sublime es el mundo de *Arzach*, del maestro Moebius (1979).

Un mundo que ya debe mucho al manga. O del que el manga también puede beber mucho. Porque el manga es mestizo, tan mestizo que resulta confuso. Si el manga no existiese hoy, habría que inventarlo. En el manga (Masami Kurumada, Satoshi Usrushihara o Hiroyoki Utatane) el héroe – o la heroína – se ha aniñado, pero no sus feroces, musculosos, robóticos, cienciaficcionescos adversarios y escenarios, Todo ocurre en la indeterminación. No hay dondes. No hay cuandos. No se sabe bien quien es quien. Ni en quien o qué puede convertirse quien o qué. Hay más erotismo que sexo. No hay risa, no hay causas, sólo lucha, mutación y una sabiduria antigua y estática que marca los objetivos. La impotencia y la potencia van a la par. Y la televisión, sus efectos y estrategias imperan. El manga es una aventura postmoderna, cibernética, con más estética que argumento.

Como decíamos antes, este esbozado periplo de la ilustración de un género, ha pasado, de ser la escritura de una aventura a ser la aventura de una escritura, de una grafía.

Con todo ello, queremos llegar a afirmar que, a lo largo del siglo XX, la aventura y sus lectores se han desplazado a lo largo del itinerario que va del texto a la imagen. No ha perecido la sed de aventura, sólo se ha cambiado la fuente donde saciarla. El cine, con sus efectos especiales, y el cómic, con sus peculiaridades narrativas, se han mostrado eficaces transmisores del espíritu aventurero.

OBSERVACIONES ACERCA DE LA IMAGEN DE LA AVENTURA

Lo que sigue no tiene sentido si no se acepta, de una vez por todas, el axioma de que ilustrar es narrar, y de que el ilustrador o el hacedor de imágenes es un narrador.

Un modo de narrar que puede oponerse al de la narración oral o escrita, básicamente por el medio técnico utilizado. Un medio de comunicación que es esencialmente visual y que no precisa remitir a una previa descodificación fonética para su comprensión.

En el siglo XXI sabemos que las personas tenemos y utilizamos más de un lenguaje. Ello nos remite a la idea (Barbieri: 1991) de que los lenguajes no son solamente *instrumentos* con los cuales comunicamos lo que pretendemos, sino que también son, y sobre todo, *ambientes* en los que vivimos y que, en gran medida, determinan lo que *queremos* además de lo que *podemos* comunicar. ¿Qué diferencia hay entre un *instrumento* y un *ambiente* de comunicación? La diferencia estriba en qué a un instrumento se lo utiliza y a un ambiente se lo habita. Todas las ideas nacen en un lenguaje. En uno de los múltiples lenguajes de nuestro ser. Toda idea se formula dentro desde y por el lenguaje en el que habitamos en aquel momento.

Si pensamos por medio de palabras, podremos expresar descripciones y razonamientos, pero nos costará hallar o expresar algo como el retumbar del trueno, el aroma de una rosa o el brillo de una manzana. Si pensamos por medio de imágenes, quizás podamos expresar la brillantez de un color, pero no el sonido preciso del clarinete, y, desde luego, no los olores…Cuando nos identificamos con un lenguaje, éste constituye nuestro universo y determina nuestros límites. Podemos concebir estos lenguajes-ambiente como *ecosistemas* cada uno con sus reglas y características específicas. Pero algunas reglas son comunes a muchos de ellos y otras a todos, y existen también zonas intermedias entre dos o más ecosistemas, donde se pueda jugar con las reglas de ambos.

Una de estas zonas fronterizas la hallaríamos en la narración de la aventura.

Una aventura está basada en la acción.

- En el lenguaje de la palabra, la acción corre a cargo de los verbos: correr, ir, venir, saltar, matar, navegar... En cambio, necesita de adjetivos o de párrafos descriptivos para matizar el quién, el dónde y el cuándo.
- En el lenguaje de la imagen, el quién, el dónde, y, en muchos casos el cuándo son (y no utilizo la palabra gratuitamente) *evidentes*.
- El cine y el cómic y la ilustración no pueden escabullirse en lo referente a la condición o apariencia de los personajes. No necesitan describir cómo son, sencillamente nos los muestran: altos, bajos, rubios, calvos, barrigudos, negros, feos, jóvenes...
- Los verbos de acción, en el lenguaje de la imagen, si el ilustrador es hábil, están claramente representados, aunque haya grandes diferencias entre la imagen estática de la ilustración o el cómic, y la imagen en movimiento del cine, porque el cine es, justamente eso: imagen en movimiento.
- Pero todas las acciones de este mundo parecen faltas de sentido si no existe una reflexión, un móvil, un pensamiento. Eso es lo más difícil para la ilustración, y lo que, si no se verbaliza, ni que sea con una voz en off, no logra el cine.
- La reflexión o el pensamiento ha necesitado de un subterfugio codificado en bolitas en el cómic.
- La literatura resulta ganadora en lo referente a interiorización reflexiva del lector.
- La aventura literaria narra la sucesión de acontecimientos que llevan a un desenlace favorable para el héroe y, por extensión, para el lector.
- El cine y el cómic permiten presenciar con total nitidez esta sucesión de acontecimientos. No necesitamos que alguien nos lo cuente, sino que *estamos* allí desde el principio hasta el fin.
- La ilustración es mucho más discontinua en este aspecto. Nos muestra instantáneas de *algunos* acontecimientos. Pero rara vez consigue narrar la *sucesión* de estos acontecimientos.
- El cine y el cómic saben hacer partícipes de lo acontecido a una amplia mayoría.

- La ilustración permite, esporádicamente, hacer partícipe de lo acontecido al lector del texto, y, en proporción, a una minoría de la población.
- La novela sin ilustrar ha perdido audiencia a lo largo del tiempo. Revive cuando la filman.

Si la aventura es un género literario, ello quiere decir que posee un discurso propio dentro del libro. Lo que vamos a puntualizar se refiere sólo al libro:

- Es un discurso basado en la palabra en el caso de la novela
- Es un discurso visual, sin palabra, en la ilustración que escenifica, ilumina y hace el cásting de los actantes del relato.
- Es un discurso visual en el cómic que, además de proporcionar una puesta en escena semejante a la de la ilustración, tiene palabra, e incluso entonación y sonido, en su forma tipográfica.
- La novela permite formas complejas y matizadas de narrar la aventura.
- La ilustración puede resultar más expresiva que la forma literaria de narrar la aventura.
- El cómic requiere, por lo general, un hilo narrativo más simple y menos matizado.
- Cuando la pirotecnia visual y los trazos de alta tecnología dominan el cómic, como en el caso del manga, el resultado suele ser un argumento muy sencillo.

En cualquier caso, simples o complejas, escritas o ilustradas, en pantalla o en viñeta, hay aventura para rato para todos nosotros, los lectores, esos seres pacíficos que arrellanados en nuestro sofá idolatramos las hazañas y los mundos que jamás alcanzaremos.

REFERENCIAS BIBLIOGRÁFICAS

BARBIERI, D. (1991). *Los lenguajes del cómic*. Barcelona: Paidós (Instrumentos, 10).

EISNER, W. (2003). *La narración gráfica*. Barcelona: Norma Còmics.

FEIFFER, J. (2003). *The grat comic book heroes*. Seattle: Fantagraphics Books.

GOMBRICH, E. H. (2003). *Los usos de las imágenes*. Madrid: Debate.
LLUCH, G. (2003). *Análisis de narrativas infantiles y juveniles*. Cuenca: Ediciones de la Universidad de Castilla-La Mancha (Arcádia, 7)
MOLITERNI, MELLOT, DENI (1996). *Les aventures de la BD*. Paris: Gallimard.
PALLOTTINO, P. (1988). *Storia dell'illustrazione italiana*. Bologna: Zanichelli
REY, P. L. (1992). *Le roman*. Paris: Hachette.
RICARDOU, J. (1973). *Le Nouveau roman*. Paris: Seuil.

TRANSTEXTUALIDAD E ILUSTRACIÓN EN LA LITERATURA INFANTIL

JESÚS DÍAZ ARMAS
Departamento de Didácticas Especiales da Facultad de
Educación – Universidad de La Laguna-Espanha

Resumo:

La Intertextualidad o, usando la terminología de Gerard Genette, transtextualidad, es decir, la presencia de una obra literaria anterior (hipotexto) en otra posterior (hipertexto) que la cita, copia o reelabora es, en realidad, una condición de todo texto, y no sólo de los literarios, pero la existencia de estos recursos tiene interesantes implicaciones en la Literatura infantil, donde, antes que en ningún otro tipo de comunicación artística, son cruciales las consideraciones acerca del lector y sus capacidades de interacción con el texto. La mención de otras obras es, en la Literatura para niños, un condicionante y al mismo tiempo un instrumento de formación, ya que acostumbra a los lectores a un comportamiento habitual en los textos literarios, enriquece sus conocimientos acerca de otras obras y, también, pueden producir espacios vacíos que requieren de la actividad del lector y, quizá, de la actuación del mediador. La transtextualidad tiene mayores implicaciones aún en el álbum, en el que participan un texto literario y un texto pictórico, y donde, además, pueden ser invocados hipotextos pertenecientes a otras artes y manifestaciones culturales: pintura, escultura, arquitectura, cine, cómic, publicidad, Emblemática, etc.

Abstract:

Intertextuality, or, using the terminology of Gerard Genette, transtextuality, is a literary theorie that can be applied with success to children's

190   *Leitura, Literatura Infantil e Ilustração*

literature. Transtextuality is the presence of a literary work (hipotext) in another (hipertext) by quoting, plagiarizing or rewriting it, and is a condition that is usually in every text, not only in literature. However, in children's literature, these resources have interesting implications, because of the importance of the reader and their skills in interaction with text. The quotations of other works is an obstacle and, neverless, an instrument to learn about literature, where transtextuality is common, and to increase the knowledge of other texts. These references can produce gaps of indetermination, in which young readers must be able to participate, and adults, maybe, to help them. Transtextuality is more complex in picture books, where there are two codes and languages, literature and picture, and where hipotexts can be paintings, sculptures, films, advertisements, emblems, etc.

La ilustración, en el álbum, tiene ante todo dos funciones, el refuerzo de la comprensión – rasgo que comparte con el libro ilustrado – y la *economía*: ofrece una información de la que ya puede descargarse el texto (de las descripciones, por ejemplo, que cada vez son menos comunes en la literatura contemporánea; de los verbos introductorios en el diálogo; incluso del propio narrador, ya que la ilustración permite focalizar inmediatamente la historia sobre lo que ocurre a los personajes, a la manera de la representación teatral, cinematográfica o icónica en general). Liberado de esta responsabilidad, el texto puede ahora subrayar, matizar, jugar con sugerencias fónicas, proponer imágenes (Colomer, 2002: 28).

Pero también podemos distinguir otras evidentes funciones en la ilustración, además de la fundamental economía que suponen: la *anticipadora*, relacionada con los primeros momentos del proceso de lectura, presente ya en las portadas y guardas, y también en las primeras páginas, función que, por tanto, tiene estrecha relación con el contrato de lectura: presenta a los personajes, el tema de la obra, el tono, el cronotopo; la *descriptiva*, que no sólo permite presentar a los personajes, sino también mostrar su evolución; la *actualizadora*, ya que la corporeidad que las imágenes dan al texto permite ambientar en un lugar y un tiempo determinados la obra literaria, y, al mismo tiempo, ayuda a precisar otros aspectos del texto (Colomer, 2002, 22-30); la *narrativa*, incluso, que sirve como estructura de apoyo al presentar aspectos relacionados con la diégesis: la existencia de un narrador, por ejemplo, o la estructura, al reforzar mediante la sintaxis de las imágenes la aprehensión de las partes de la narración; la *expresiva–apelativa*, responsable también del contrato de lectura, al hacer que las ilustraciones correspondan con la intención del narrador, el punto de vista adoptado o el tono predominante, y al recurrir a procedimientos de interacción con el lector.

Todas estas funciones tienen una notoria relación con el contrato de lectura, al servir de apoyo al lector durante el proceso de construcción de sentido. Pero, si es la ilustración la que aporta, en muchos casos al margen del texto literario, espacios vacíos que requieren de la participación del lector otorgándoles un sentido, estamos ante una nueva función: la *extrañadora*. Ése es el caso, por ejemplo, de los símbolos aportados por la ilustración y que pueden requerir de la actividad del lector para otorgarles un sentido; de las posibilidades de complicación narrativa que la ilustración puede añadir a un texto que no ofrecía estas posibilidades: finales abiertos, historias paralelas y/o acciones secundarias no desarrolladas por el texto, mundos posibles no previstos; de reflexiones metaficticias sobre la ficción artística o sus relaciones con la realidad (Díaz Armas, 2003*b*) y, finalmente, de referencias transtextuales que pueden o no ser reconocidas y que, en muchas ocasiones, llegan a añadir nuevas dimensiones plurisignificativas al texto, haciendo posibles diversos niveles de lectura o, incluso, ayudando a descubrir las intenciones del autor o la obra.

TRANSTEXTUALIDAD

El extrañamiento es una faceta posible de la obra literaria. Por tanto, la presencia de todos estos recursos tiene un valor educativo en relación con la formación de lectores literarios competentes. Los textos, infantiles o no, se comportan habitualmente de esta manera, ofreciendo estímulos y propuestas que pueden convertirse en espacios vacíos para la actividad del lector. Sin duda, el recurso extrañador más frecuente en la Literatura infantil es el de la cita, alusión, parodia o reflexión acerca de otras obras literarias.

La transtextualidad (Genette, 1962: 10-20) es un rasgo característico del texto literario y, quizá, de todo acto comunicativo, formulado a partir de textos y discursos anteriores, si bien es, para algunos, una de las condiciones del mensaje literario, definitoria de su peculiaridad como discurso desviado del texto no literario/no poético (Kristeva, 1969: II,

66-69). G. Genette distinguió entre cinco tipos de relación transtextual (1962: 10-20): la *intertextualidad* o presencia débil de un texto (hipotexto) en otro (hipertexto) mediante fórmulas como la cita, el plagio o la alusión; la *paratextualidad*, o relación entre el texto y sus *paratextos*: título, ilustraciones, etc.; la *metatextualidad*, característica de la crítica literaria; la *architextualidad* o referencia a un grupo de obras, habitualmente asociadas a un género, y la *hipertextualidad* o reescritura de un hipotexto. Estas categorías no son en absoluto compartimentos estancos, como recordó el mismo Genette, sino que coexisten y se interpenetran.

Genette se ocupó tan sólo del comportamiento de los textos literarios y, por tanto, se refirió tanto a hipotextos como a hipertextos literarios, dejando abierta la puerta a las relaciones entre el texto y la ilustración en el caso de la *paratextualidad*, de obligada referencia en relación con el contrato de lectura establecido en la Literatura infantil (Lluch, 2003: 37-46; Tabernero, 2002). Su planteamiento, no obstante, centrado en el texto literario, considera a la ilustración una pieza ancilar respecto a éste, porque, evidentemente, Genette no está teniendo en cuenta fenómenos como el cómic o el álbum, sino, tan sólo, el libro ilustrado. En las manifestaciones artísticas de carácter mixto (la Emblemática, la arquitectura efímera, el cine, el cómic y, en nuestro caso, el álbum ilustrado), la participación de códigos icónicos ha ido mucho más allá de un simple apoyo al texto literario, y por lo tanto deben ser entendidas de otra manera. Su propuesta, no obstante, por su sistematicidad, puede aplicarse también, en las obras plásticas, a las relaciones de unos cuadros con otros, cada vez más frecuentes: a las versiones de las *Meninas* que hizo Picasso, por ejemplo, o a las fotografías de Joel Peter Witkin, que reproducen de una extraña manera cuadros de Velázquez o Ticiano.

TRANSTEXTUALIDAD EN LA LITERATURA INFANTIL

En la Literatura infantil, las relaciones transtextuales presentan una específica problemática. Si tenemos en cuenta al lector que puede reconocerlas durante el acto de lectura, antes que al autor que las ha convocado en el texto, perspectiva necesaria en toda obra artística – pero especialmente en las que tienen un destinatario infantil –, las referencias transtextuales pueden considerarse como creadoras de "espacios vacíos" o "huecos" o "lagunas" o "lugares de indeterminación", conceptos señalados por la Estética de la Recepción para demostrar que los textos literarios prevén la existencia de un lector que ha de participar activamente en la construcción de sentido (Iser, 1976: 50-51; Sánchez Corral, 1995: 79). En esa interacción, el texto ayuda al lector con una serie de marcas y guiños, aunque en ocasiones, el sentido de algunos recursos puede quedar oculto para la mayor parte de los lectores sin que la comprensión global del texto se vea amenazada.

En realidad, podemos apreciar que las narraciones audiovisuales destinadas a los niños usan frecuentemente de estos mismos recursos: *Shrek*, *Toy Story*, *Aladdin*. Por otro lado, es evidente que si los textos literarios en el sistema de adultos se comportan de la misma manera, la transtextualidad tendría un valor formativo: serviría para dotar de competencia literaria al niño y reforzaría su intertexto lector, que se activa, precisamente, con las lecturas realizadas anteriormente. Entendida de esta manera, la transtextualidad pone a prueba la competencia literaria del receptor, y, al tiempo, entrena a éste en un comportamiento habitual del texto literario y en un comportamiento, sobre todo, habitual en el lector competente de textos literarios (Mendoza, 1998, 1999, 2001). Puesto que muchas de estas intersecciones reflejan posiciones del autor sobre la literatura, la lectura, la cultura o el arte, estas referencias pueden ayudar al niño a reflexionar sobre el papel del arte y los libros en la vida, lo cual es también una faceta no despreciable del intertexto lector (Díaz Armas, 2002*b*). El reconocimiento de los hipotextos es una actividad reconocida como placentera por el lector, por lo cual puede tener también cierta incidencia sobre el fomento de la lectura literaria, especialmente en el caso de la parodia.

Situándonos en la perspectiva de la actuación del lector, la transtextualidad presenta una doble complicación. Por un lado, la experiencia del niño suele ser precaria y acronológica (Wilkie, 1999: 132-3), pudiendo suponerse en muchos casos que éste desconoce la existencia del hipotexto (Lluch, 1998: 144-149; 2003: 74); por otro lado, si bien pueden encontrarse, en los libros ilustrados, referencias a otras obras, la transtextualidad presenta una especial problemática en el álbum ilustrado, ya que se trata de un género que ha previsto la coexistencia y la imbricación de dos códigos al mismo tiempo: el literario y el plástico (Durán, 2002; Tabernero, 2002; Colomer, 2002: 21 y sigs.). Los *hipotextos*, por tanto, pueden ser literarios o pictóricos, o incluso escultóricos, arquitectónicos, cinematográficos, publicitarios. Por otro lado, tanto pueden ser mencionados en el texto, como en la ilustración o, incluso, en ambos códigos, mediante la redundancia o la complementariedad, posibilidades todas ellas que unas veces facilitan el reconocimiento de las alusiones, y otras lo entorpecen.

En otro lugar (Díaz Armas, 2002*a*, 2003*a*), y refiriéndonos exclusivamente a hipotextos literarios, hemos planteado la presencia de la transtextualidad en la Literatura infantil desde el punto de vista de su receptor infantil, quedando reflejadas las distintas posibilidades de aparición de hipotextos en el siguiente esquema, que hemos modificado ahora para dar cabida a hipotextos pertenecientes a otros lenguajes artísticos:

1. Hipotextos determinados
   1.1. Hipotextos legibles (o leídos).
   1.2. Hipotextos reconocibles.
   1.3. Hipotextos de difícil reconocimiento.
2. Hipotextos indeterminados (architextos)
   2.1. Géneros o subgéneros artísticos.
   2.2. Géneros y formas de la recepción artística.
   2.3. Apreciación de la literariedad/artisticidad.
   2.4. Obras de arte irreconocibles o no marcadas.
3. Hipotextos fingidos.

El *hipotexto leído o legible* es, generalmente, una obra perteneciente a la Literatura infantil que el niño puede haber leído o puede leer porque es accesible, *a priori*, a sus capacidades. En sentido más amplio, el hipotexto puede pertenecer a cualquier otro tipo de lenguaje artístico que haya previsto un receptor infantil: ilustración, cine, cómic.

El *hipotexto reconocible*, en cambio, es una obra teóricamente no leída e ilegible por un receptor infantil. No pertenece a su experiencia lectora ni puede haber, en el autor que la cita, una invitación a su lectura, al menos inmediata y en su versión original; sin embargo, su existencia puede ser conocida por el niño: el *Quijote*, por ejemplo. El *hipotexto reconocible* es, en suma, una referencia de tipo cultural relacionada con obras literarias o artísticas en general, con artistas o motivos que no están al alcance de las capacidades comprensivas o la experiencia receptiva del niño. Cuando un hipotexto de este tipo es aludido en una obra infantil, se trata de un recurso conscientemente usado por el autor/ilustrador, que pretende movilizar el precario conocimiento cultural de un niño para referirse al arte en general, a la pintura, al libro o la práctica lectora.

Si la alusión, referencia o reescritura pretende ser autónoma, es decir, leída sin un necesario conocimiento del hipotexto, o si está excesivamente oscurecida, podríamos hablar de *hipotexto de difícil reconocimiento*. Evitamos hablar de hipotextos "irreconocibles" por un receptor infantil porque las destrezas intertextuales dependen de la experiencia receptiva de cada individuo y porque, en algunos casos, el autor puede haber previsto la acción de un mediador que ayude al receptor infantil a reconocer las alusiones (Colomer, 2002: 174). Mientras que el hipotexto *legible* y el *reconocible* pertenecen, por un lado, a la Literatura infantil u otras manifestaciones artísticas con niños como destinatarios y, por otro, a la Literatura y el arte para adultos, respectivamente, el *hipotexto de difícil reconocimiento* puede tener cualquier tipo de destinatario, porque la dificultad no estriba en el ámbito al que pertenece, sino en la intención del autor (o en su poca destreza).

El objetivo de presentar reflexiones sobre la lectura o el arte lleva a los autores, en otras ocasiones, a evitar referirse a un hipotexto concreto, porque la intención del autor no es hablar de *una* obra de arte, sino de *la* obra de arte, de su necesidad, de su papel en la formación del individuo. Hablamos, en tales casos, de *architextos*. Pertenecen a este tipo de transtextualidad las referencias frecuentes, tanto en el texto como en la ilustración, a géneros u otra suerte de agrupamiento de obras de arte, incluso la propuesta de un itinerario o de canon personal o formativo, especialmente si se trata de obras que van mucho más allá del homenaje o la cita y pretenden ser reflexiones acerca del libro y la lectura, como *Días de Reyes Magos*, de E. Pascual (Díaz Armas, 2002a), o sobre la pintura y el arte en general, como *El sueño de Matías*, de Leo Lionni, o *El coleccionista de momentos*, de Q. Bucholz.

El prototipo perfecto de *architexto* es una *obra no marcada* que suele aparecer con frecuencia en las ilustraciones: en el caso de la literatura, un libro en blanco o un libro encuadernado cuyo título no puede reconocerse (algunos trazos, habitualmente, quieren parecer letras) ni predecirse la temática, y que ha sido tratado como simple objeto; en el caso de la pintura, un lienzo, quizá enmarcado, que no reproduce ningún cuadro conocido, y del que, quizá, tan sólo veamos el bastidor. Sea como sea, estas *obras no marcadas* no han sido escogidas aleatoriamente, sino que tienen un sentido preciso: son un pretexto para presentar a personajes que leen o miran cuadros o para reflexionar sobre la necesidad de la lectura y el arte.

El procedimiento no es sólo un recurso del ilustrador. En el texto literario puede desempeñar un importante papel en la trama la existencia de un libro cuyo título no sabemos en ningún momento, o de un retrato de personaje y/o artista desconocidos o también ficticios. Aún hay otro tipo de libros no marcados, los *libros ficticios* o *fingidos*, que no remiten a ningún otro libro verdaderamente existente fuera de sí mismo: este título inventado puede incluso dar nombre a la obra real (*La historia interminable*, por ejemplo) y, en ocasiones, formar parte de la trama, convirtiendo la obra, a menudo, en metaliteraria. Su contrapartida plástica es la existencia de un *cuadro ficticio*, esto es, que no corresponde a ningún cuadro conocido y que forma parte de la trama narrativa, correspondiendo a menudo al tipo de arte que se supone posible en el mundo de la ficción: en un mundo de ratones, los protagonistas de los cuadros serán, por ejemplo, ratones también.

«LIBROS PINTADOS»: HIPOTEXTOS LITERARIOS EN LA ILUSTRACIÓN

Literatura y pintura han mantenido una estrecha relación a lo largo del tiempo. La presencia de un texto literario es común en la pintura, empezando por el propio tema, que es, muchas veces, archiconocido (Díaz-Plaja, 2002*a*: 223). Por otro lado, también se sabe que los cuadros pueden ser decodificados si se sabe cuáles son los signos que hay que interpretar: los atributos de los santos, las flores, animales y objetos que rodean al retratado, como cortinas, libros, cuadros (Gállego, 1972). Cuando no es suficiente con la posición de estos signos en el cuadro, o en momentos en los que el lenguaje pictórico no estaba tan codificado y, por lo tanto, no podía contarse con que el lector supiera "leer" estos objetos, aún puede añadirse en algún lugar un texto escrito en una filacteria, o una cita o un lugar bíblico en alguna esquina.

Otra forma de incluir el lenguaje verbal y el texto literario en las obras plásticas es la de introducir libros en el mundo que encuadran. Sirven, por ejemplo, para caracterizar a un personaje dedicado a las letras, como identifican las mitras a los obispos o los globos terráqueos a los comerciantes de Indias, y ello tanto en la pintura como en la representación teatral. Los libros, finalmente, como emblemas del saber, pueden servir para reflexionar acerca de la vida y el conocimiento: pueden estar amontonados junto a otros símbolos de la vanidad o de lo perecedero, como en el *In ictu oculis* de Valdés Leal, u olvidados junto a un santo que ha entrado en éxtasis sin su ayuda (R. de la Flor, 1999: 171 y sigs.). Las reflexiones sobre los libros y la lectura siguen siendo habituales en el arte moderno, como vemos en las ensimismadas lectoras femeninas de Hopper, la curiosa relación que el libro puede adquirir en relación con otros objetos en algunas obras de Tàpies (*Palangana y libros*, 1938; *Libro y cubiertos*, 1931), los palimpsestos de José María Sicilia (en la serie *La luz que se acaba*), o las paradójicas o incluso humorísticas reflexiones acerca del significado o el destino de los libros en Chema Madoz o Joan Brossa.

De manera similar a como se produce en la pintura, es habitual que en las ilustraciones los niños puedan encontrarse libros o personajes literarios. Al mismo tiempo, la presencia de libros reconocibles en las ilustraciones sirve a los objetivos de ampliación del intertexto lector del niño, que puede haberlos leído, o que puede interesarse por su lectura, como podría ocurrir en una ilustración *El guardián del olvido*, en cuya biblioteca parece adivinarse la existencia de *Oliver Button es un nena* (*figura 1*). La recomendación, en este caso, ha venido de un amigo "de papel", mediador quizá con mayores probabilidades de éxito. Como ha

Figura 1: Alfonso Ruano, ilustración [detalle] para *El guardián del olvido*, de Joan Manuel Gisbert, Madrid: SM, 1990.

sido señalado en alguna ocasión, ello guarda relación con los objetivos didácticos de los que aún no ha sabido despojarse la Literatura infantil (Lluch, 2003: 34). Se trata de un tipo de sobreinformación que tiene finalidad pedagógica: se nos habla de la importancia de la lectura, pero la mención de obras literarias sirve también a propósitos narrativos (sirven para caracterizar a los personajes, por ejemplo, como también ocurre en la pintura o el teatro), humorísticos, satíricos o, simplemente, literarios: creación de mundos posibles, homenajes, reescrituras, reflexiones de sentido metaficticio (Díaz Armas, 2002b).

Usando la terminología genetteana, podríamos catalogar como ejemplos de *intertextualidad* – los más frecuentes – las apariciones de libros concretos, reales, en las ilustraciones, o las referencias a personajes o circunstancias de determinada obra. La mayor parte de las veces no suele estar subrayada su presencia mediante su mención en el texto, pues se trata tan sólo de estrategias sobreinformativas – características de la ilustración –, no cruciales para la interpretación del texto. En muchos casos, se trata de *hipotextos legibles*, perteneciente a la Literatura infantil, como por ejemplo en *Víctor Pedete*, donde observamos que los personajes están leyendo *La isla del tesoro* (*figura 2*). En *Los hijos de la bruja*, de Jones y R. Ayto, hay abundantes menciones a la tradición de los cuentos maravillosos, pero la ilustración puede hacer escorar la obra hacia un hipotexto determinado, al dar corporeidad a una propuesta abierta del texto: así, la transformación de un camión de helados en una carroza debe mucho a las versiones de la Cenicienta de Perrault y Grimm pero también, quizá, a la versión cinematográfica de Disney (*figura 3*)[1].

Figura 2: Mathis, ilustración [detalle] para *Víctor Pedete* [*Victor qui Pète*], de Dylan Pelot, Barcelona: Beta Editorial, 2002.

---

[1] Agradezco esta observación a Teresa Durán, a quien tuve la suerte de tener entre al auditorio mientras exponía estas ideas.

Figura 3: Russell Ayto, ilustración [detalle] para *Los hijos de la bruja*, de Ursula Jones, Barcelona: Destino, 2002.

Un ejemplo de *hipotexto reconocible* lo tenemos en la novela que está leyendo el protagonista de *Doctor Guau*, de B. Cole: *Los perros de la guerra*. No se trata de ningún texto perteneciente a la Literatura infantil, ni se aspira a que el niño sienta ganas de leerlo, sino a que establezca, simplemente, una relación con fin humorístico entre el libro y la especie animal a la que pertenece el lector, reforzada por la existencia de un filme que será probablemente el que permita hacer la conexión en el niño. En *El devorador de libros*, de A. Gómez Yebra, con ilustraciones de Estrella Fàges, el *Quijote* está presente tanto en el texto como en la ilustración.

La ilustración sola, sin el apoyo del texto literario, puede servir también como vehículo de relaciones *hipertextuales*, mediante la simple transcodificación que supondría el narrar un cuento conocido mediante las imágenes. No obstante, también pueden encontrarse ejemplos de evidente parodia, como en la nueva versión de Caperucita que nos da Miguel Calatayud, con una sola imagen, en *El mundo al revés* (*figura 4*). De similar factura es el brillante planteamiento de Luis María Pescetti en *Caperucita Roja (tal y como se lo contaron a Jorge)*, en la que conviven, al menos, tres versiones del cuento popular: la que aparece en el texto, la clásica versión de los hermanos Grimm, y las dos distintas maneras que tienen de imaginarla el padre que narra y el hijo que escucha.

Estas dos últimas versiones, confrontadas e irreconciliables, están mediatizadas, precisamente, por las distintas experiencias receptivas de cada uno de ellos: las que van desde las ilustraciones clásicas, de estética realista y estereotipada, y el cine clásico (en blanco y negro), en el padre, hasta las formas de representación de la ilustración actual, el cómic y el cine de animación (en color), en el hijo (*figura 5*). En la mayoría de los

Figura 4: Miguel Calatayud, *El mundo al revés*, Valencia: Media Vaca, 2001.

Figura 5: Luis María Pescetti, *Caperucita Roja (tal como se lo contaron a Jorge)*, Madrid: Alfaguara, 1996.

casos, las relaciones hipertextuales buscan provocar la risa o la reflexión en el lector infantil, por lo que suele tratarse de hipotextos *legibles*.

La *metatextualidad* correspondería, aplicando la propuesta de Anna Díaz-Plaja (2002: 227-229), a los libros informativos que tratan, ya sea con un esquema explicativo-descriptivo o bien narrativo-descriptivo, acerca de la pintura, pero también acerca de la literatura o el libro. No obstante, también podemos incluir como ejemplos de este tipo de relación a los pasajes dentro de una obra mayor en los que se incluyen discusiones sobre literatura o arte, recurso habitual en la literatura para adultos, pero también posible en la Literatura infantil y juvenil: *Aire negro*, de Agustín Fernández Paz; *El pazo vacío*, de Xavier Docampo; *Matilda*, de Roald Dahl. La *architextualidad*, por su parte, aparece de una manera muy evidente mediante el recurso a los *libros no marcados* (libros en blanco, libros irreconocibles que son un pretexto para hablar de cualquier libro), y a los *libros ficticios*.

«CUADROS PINTADOS»: HIPOTEXTOS PLÁSTICOS EN LA ILUSTRACIÓN

La mención de hipotextos pictóricos es también muy frecuente en la Literatura infantil, especialmente aquellos que pertenecen a la tradición más prestigiosa. Es posible, en este caso, aplicar la misma diferenciación entre hipotextos *legibles* e hipotextos *reconocibles*, puesto que la mayor o menor familiaridad con los hipotextos es una premisa fundamental para la activación del intertexto lector. En la Literatura infantil, más que en ningún otro lugar, ha de tenerse en cuenta, preferentemente, la perspectiva del lector, es decir, las posibilidades del destinatario para reconocer un juego que ya está previsto en la *intentio auctoris* o *intentio operis*.

Sin embargo, mientras que podemos hablar de Literatura infantil para referirnos a una innegable tradición de escritura dirigida a niños, es problemático hablar de *pintura infantil*. Cuando hablamos de arte infantil estamos refiriéndonos, más bien, a los ejercicios creativos realizados por los propios niños. Lo que sí existe es, evidentemente, una rica tradición de ilustración destinada a acompañar a la Literatura infantil, y, además, otros productos artísticos de fuerte componente visual con destinatario infantil: el cine para niños, el teatro para niños. Como ejemplos de *hipotexto legible* podemos considerar los homenajes al cine infantil y a las

202   *Leitura, Literatura Infantil e Ilustração*

ilustraciones de Tenniel para *Alicia en el país de las maravillas* que Browne hace aparecer en *Willy el soñador.*

En la ilustración de libros infantiles, sin embargo, es muy frecuente encontrar hipotextos pictóricos pertenecientes a una tradición plástica no infantil. Ello obedece a la mayor accesibilidad de los hipotextos plásticos, ya que su contemplación puede ser accidental, incluso en personas que no se sienten atraídas por el arte. En estos momentos, el individuo es literalmente "bombardeado" con imágenes y éstas a menudo, especialmente en la publicidad, reproducen cuadros famosos como estrategia de selección de los posibles compradores (Berger *et al.,* 1974: 149-155), o se refieren a obras con destinatario infantil, lo cual nos lleva a reflexionar acerca de lo necesario que es ese conocimiento para el receptor (Mendoza, 2000, 2001). Sin embargo, éste cuenta con la ayuda que le proporcionan los recursos visuales de los que están constituidos los mensajes icónicos, ya que el recuerdo de lo visto puede permanecer en la memoria con mucha mayor facilidad que lo leído, mientras que para conocer y reconocer un homenaje a una obra literaria es necesario haber oído hablar de ella – habitualmente gracias al estudio o a la educación formal – o haberla leído de cabo a rabo.

Aún así, la mayor parte de los hipotextos pictóricos *reconocibles,* esto es, no pertenecientes a una tradición plástica asociada a la infancia, suelen ser muy representativos: si el hipotexto literario reconocible más frecuente es el *Quijote,* su equivalente plástico es, sin duda, la *Gioconda.* El cuadro de Leonardo es, probablemente, el cuadro más conocido de la historia del arte, el que podrían citar gentes de toda condición. Por esta razón, su aparición en las ilustraciones tiene un sentido muy similar al que podrían tener otros objetos en la pintura, recurso secular para contar una historia y facilitar la lectura de un cuadro, ya que funciona como ejemplo paradigmático de la pintura misma. Siguiendo la estela de tantas irrespetuosas versiones (Duchamp, Warhol), el cuadro de Leonardo adquiere, en el pincel de algunos ilustradores, una nueva dimensión: se tapa la nariz ante el horrible aliento de *Hally Tosis,* por ejemplo; llora en *Voces en el parque,* o tiene una simiesca seriedad en *Gorila.* Anthony Browne, que ha sabido utilizar dos de los rasgos de la Monna Lisa: su celebridad, que la hace reconocible por los lectores infantiles, y su sonrisa. En la pintura antigua hay escasísimos ejemplos de personas de clase social alta con el gesto "deformado" por la risa, actitud sólo posible entre las clases populares: la Gioconda es una; otra, el *Retrato de caballero sonriente*, de Franz Hals. Para mostrar el cambio de estados de ánimo de uno de los personajes de *Voces en el parque*, Browne los imagina encerrados en sus marcos y llorando a lágrima viva al comienzo y, luego, ya fuera de ellos, bailando un tango (*figura 6*).

Figura 6: Anthony Browne, *Voces en el parque*, México: Fondo de Cultura Económica, 1999 [1998].

En el caso de otras obras o pintores especialmente citados se trata, habitualmente, de obras muy representativas, ya que tienen que movilizar el precario intertexto lector del niño: de ahí que se nos muestre con tanta frecuencia, colgados en las paredes de las casas de los personajes, o formando parte de sus fantasías, cuadros o detalles o estilos muy conocidos. Puesto que hay que contar también con que las obras más conocidas son las del entorno al que pertenece el niño, ello explica que los ilustradores recurran a ejemplos célebres de la tradición pictórica de su país, aspecto que podría provocar más de un problema de reconocimiento: podemos citar como ejemplos los cuadros de Gainsborough (*Libro de los cerdos*) o Whistler (*Gorila*) citados en algunos álbumes de Anthony Browne. Mayor éxito alcanzarán, sin embargo, aquellos hipotextos familiares para niños de cualquier lugar, bien se trate del cuadro completo o de un detalle: los relojes derretidos de Dalí (*Willy el soñador*, *El guardián del olvido*), el ángel y el espejo de *La Venus del espejo* (*El guardián del olvido*), las Meninas.

Dada la complejidad de la cultura visual contemporánea, los hipotextos pueden pertenecer al cine (*Supermán* o *King-Kong* son habituales referencias en los álbumes de Browne) o incluso a la publicidad, pero incluso en estos casos se tiene en cuenta cuáles son las referencias más probables para un niño: así, por ejemplo, en *Claudia y el toro*, de Ignacio Sanz y Mariona Cabassa, tiene gran presencia un reclamo publicitario, pero se trata de una referencia muy conocida en la cultura española, y muy presente también en el arte actual de ese país (entre otros muchos ejemplos, recuérdense las hilarantes referencias al toro de Osborne en *Jamón, jamón*, la película de Bigas Luna).

En muchos otros casos, los cuadros que contemplan o pintan los personajes de los álbumes no pueden reconocerse exactamente, aunque sí puedan tener un aire familiar, cercano al de algunos estilos o corrientes que Anna Díaz-Plaja hace corresponder con acierto a la forma de la *architextualidad*: el *pintar al estilo de* otro autor (2002: 243). Dejando de lado la posibilidad de reconocimiento del hipotexto, que es más complicada en estos casos, como veremos, lo importante de algunos de estos ejemplos es que son simples pretextos para hablar de la pintura misma, del arte. Para ello, el ilustrador puede aludir, antes que a un autor concreto, a géneros o temas pictóricos, a un grupo de obras (catálogos), o servirse de obras irreconocibles, vistas por el bastidor – como haría Tápies. Un ejemplo de lo que estamos diciendo lo encontramos en el *El sueño de Matías*, de L. Lionni, que nos presenta un pequeño catálogo de pintura tan sólo en un momento preciso del texto: la visita al museo del protagonista permite mostrar cuadros que remiten al puntillismo o al cubismo, verosímilmente pintados por artistas de la misma especie a la que pertenece Matías (*figura 7*). Aquí, como en otros lugares, la vaguedad de estos procedimientos ha servido para hablarnos de la pintura misma, de la vivencia de la comunicación artística por un niño.

Figura 7: L. Lionni [detalle], *Frederick*, Barcelona: Lumen, 1999 [1963].

TRANSTEXTUALIDAD Y PROCESO DE LECTURA: MARCAS QUE AYUDAN AL LECTOR

El ávido lector de imágenes que es, con gran frecuencia, el niño, no está totalmente desamparado frente a estos recursos que pueden parecernos excesivamente complejos y alejados de su experiencia. Como todo lector de imágenes, o como todo receptor de cualquier comunicación de carácter artístico, puede guiarse por un contexto pragmático y por una serie de resortes que, en el caso de la transtextualidad, podríamos resumir en los siguientes:

1. Título, que avisa de la existencia de un hipotexto.
2. Otra información paratextual: la ilustración de portada, el nombre del autor o ilustrador en la portada del libro.
3. Entrecomillado que indica la existencia de una cita textual.
4. Marco que revela la existencia de un hipotexto pictórico, real o ficticio, en las ilustraciones: marco de un cuadro, borde claveteado del lienzo, haz de luz de una proyección, bordes del encuadre de una fotografía, límites físicos del libro ilustrado o cómic (a veces reforzados mediante la contraposición entre el uso del color y del blanco y negro, como en *Mal día en Río Seco*, de Ch. Van Allsburg).
5. Catálogo de fuentes, que puede aparecer en un pasaje determinado, o explicar la obra entera.
6. Reiteración sobre una obra o un artista determinado, ya sea en una sola obra o en varias obras de un mismo autor, ya sea una referencia habitual en la Literatura infantil de un país o una época.
7. Redundancia en el tratamiento de un hipotexto, mediante su subrayado en uno de los códigos (literario, icónico) o en ambos.

Pongamos algunos ejemplos. El título sirve, en algunos textos, para avisar al lector de su dependencia de un hipotexto concreto, aspecto en el que se puede reparar antes o después de su lectura (*El tesoro de la isla*, de Baumann; *El viaje de Ramón Cárter a la isla del tesoro*, de Jiménez, *El niño que quería ser Tintín, La isla de los esclavos felices*, de Seve Calleja, *Siete historias para la infanta Margarita*, de M. Fernández-Pacheco, *Salvador Dalí, píntame un sueño*, de Montse Gisbert, *La princesa y el pintor*, de Jane Johnson), para avisar de su temática, relacionada con el arte o la literatura (*El cuadro más bonito del mundo*, de Miquel Obiols y Roger Olmos, *Mateo de paseo por el Museo del Prado*, de Marina García, *El museo de Carlota*, de J. Mayhew), de su intención, quizá interactiva (*¿Dónde está la reina?*, de M.ª Angels Comella), o de una actitud frente al texto: la reescritura libre (*Picasso pinta a Pinocho*, de P. Climent; *Libro de las M'Alicias*, de Obiols y Calatayud), la parodia (*¡Canalla, traidor, morirás!*, de J. A. del Cañizo; *El día que Pigasso conoció a Muutisse*, de Nina Laden), la ambición metafictiva o la creación de mundos posibles (*Columbeta, la isla libro*, de C. Cano; *El oso que leía niños*, de G. Moure; *El libro en el libro en el libro*, de Müller).

En muchas ocasiones, un título no muy preciso puede ser complementado con las ilustraciones de portada, indicando al lector de qué trata. Así, por ejemplo, *Soñé que era una bailarina*, de Anna Pavlova, que muestra su dependencia de Degas no en el título sino en la ilustración de portada. La información paratextual que ofrece el libro que se está leyendo (el nombre del autor o del ilustrador, por ejemplo) puede también ayudar a descubrir la existencia de una referencia transtextual, especialmente en el caso de la autorreferencia absoluta: desde el punto de vista del lector, el nombre de un autor o un ilustrador singulariza a una obra, pero al mismo tiempo ayuda en la construcción de sentido en los casos en los que uno u otro se citan a sí mismos, en relación a otras obras anteriores. Así ocurre en los casos en los que las ilustraciones o el texto hacen referencia al escritor o ilustrador o a la editorial o colección en la que está publicado el libro. El recurso no es sólo un resorte narcisista de la contemporaneidad, como ya podemos comprobar en la serie del *Pinocho* reinventado por Bartolozzi, que hacen referencia habitual a las colecciones en que se publicaron sus obras: editorial Calleja o Cuadernos Gahe.

El entrecomillado, como ya advertía Genette, es una marca que avisa al lector de la existencia de un hipotexto. Su contrapartida pictórica es el marco de la pintura, que cumple el curioso cometido de separar los distintos niveles de la diégesis: una ilustración de un libro infantil puede mostrarnos a un personaje pintando y, en ese caso, hay, como mínimo, dos cuadros y dos marcos (el de la diégesis, es decir, el que está contemplando el niño real que tiene el libro entre sus manos y, en segundo lugar, el de la hipodiégesis, es decir, el que está contemplando o pintando el personaje ficticio). La presencia de una obra de arte puede ser delatada por la existencia de los límites que la separan del mundo: así, el borde claveteado de un lienzo, como en *La verdadera historia del perro Salomón* (*figura 8*), o el haz de luz de la proyección cinematográfica, bajo el que puede mostrarse la presencia de espectadores, como en *Gorila*, de A. Browne (*figura 9*), y, en ocasiones, tales límites pueden ser vulnerados en textos de intención metaficticia: *El libro que tenía un agujero*, por ejemplo, donde se puede permitir que el personaje de un cuadro, sacado de su marco, una sus esfuerzos a los de los otros personajes.

Figura 8: Javier Serrano, ilustración [detalle] para *Verdadera historia del perro Salomón*, de Miguel Fernández-Pacheco, Madrid: SM. 2000.

También ayudan al reconocimiento la existencia de catálogos sistemáticos de fuentes, que es lo que son algunas obras: *El último refugio*, de P. Lewis y R. Innocenti, *Willy el soñador*, o *Las pinturas de Willy*, ambos de A. Browne. Para un lector cualquiera, se trate o no de un niño, la existencia de una sola referencia intertextual puede pasar inadvertida. Sin embargo, en casos como éstos, donde toda la obra es decididamente transtextual, la existencia de algunos hipotextos conocidos por el lector, le permitirán concluir, al menos, que las demás referencias aún irreconocibles se refieren, también, al mundo de la literatura o de la pintura.

En el caso de *Willy el soñador*, además, se dan dos tipos de reiteración que pueden ayudar al lector infantil: las obras invocadas

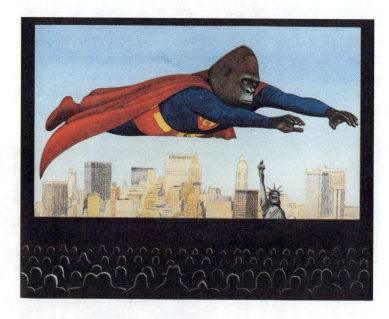

Figura 9: Anthony Browne, *Gorila*, México: Fondo de Cultura Económica, 1991

pertenecen, preferentemente, a una época – la de las vanguardias artísticas, con predominio de surrealistas: Magritte, Dalí, Chirico, Rousseau – y, especialmente, a un artista determinado – Magritte. Por si fuera poco, se trata de un pintor que aparece citado, con cierta frecuencia, en las obras de Browne.

Por otro lado, la frecuencia con que aparecen en la Literatura infantil algunas de sus obras fundacionales, textos legibles como los de Stevenson, Barrie, Carroll ..., o incluso textos reconocibles (el *Quijote*, la *Gioconda*) terminan convirtiendo en un conocimiento compartido su existencia. Algo similar ocurre con algunas ilustraciones: sin haber leído la obra, un niño puede reconocer la obra de Collodi en una ilustración que presente a un personaje con una larga nariz; o a Saint-Exupéry en un dibujo que represente 'algo parecido a un sombrero'; o a Carroll en un gato sonriente o un personaje con forma de huevo. En algunos casos, incluso quizá pueda recordar haber visto en algún lugar esas concretas ilustraciones: Tenniel, Mussino.

La redundancia es una forma de llamar la atención del lector para que se fije con atención en algún recurso. Así, por ejemplo, en *El sombrero*, de Ungerer, la ilustración recoge, en determinado momento (*figura 10*), un evidente homenaje al filme de Eisenstein *El acorazado Potemkin*, pero el texto ayuda al lector (al infantil pero, más probablemente, al adulto mediador) reforzando cómicamente el juego con la exclamación del protagonista que se lanza a salvar al niño que se precipita, en su coche, por la escalera: "*¡Por mil Potemkines!*".

Figura 10: Tomi Ungerer, *El sombrero*, Madrid: Alfaguara, 1978 [1970].

La redundancia puede consistir, efectivamente, en la reiteración de una llamada al lector en ambos códigos, pero también puede tomar la forma de la complementariedad. En *A la cama, monstruito*, de M. Ramos, vemos cómo se subraya la existencia de un libro en las ilustraciones (*figura 11*): el niño lo coge de la estantería, contra el parecer de su padre; el padre lo lee, con el hijo en su regazo. Hasta ahora, puesto que se trata de un libro no marcado, es 'cualquier libro infantil', pero el texto deshace la duda recogiendo las primeras palabras con que comienza *Donde viven los monstruos*, de M. Sendak.

Figura 11: Mario Ramos, *¡A la cama, monstruito!*, Barcelona: Corimbo, 2001.

ALGUNOS ESPACIOS VACÍOS PARA LA ACTIVIDAD DEL LECTOR

Hasta aquí, algunos ejemplos para los que el lector puede encontrar cierta ayuda en la misma obra, en forma de indicios diseminados por autor y/o ilustrador para facilitar su lectura. Pero no siempre existen estas marcas. Y no siempre son fáciles de identificar las alusiones.

Sin duda, las mayores o menores posibilidades de reconocer la existencia de un hipotexto tienen mucho que ver con la experiencia del lector. Por ello, puede esperarse mayor éxito si se trata de textos legibles: literatura infantil (texto o ilustración), cine infantil, y también si se trata de textos reconocibles muy conocidos, citados y reproducidos: Cervantes, Shakespeare, Leonardo, Dalí. Pero, en realidad, ni siquiera la *legibilidad* de los hipotextos facilita siempre la activación del intertexto lector: así, al lector podría pasarle inadvertida la existencia de un cuadro que representa la fábula *La zorra y las uvas* en *Siempre te querré* (*figura 12*), aunque la fábula pueda ser conocida por el lector infantil: el cuadro, simplemente, podría pasar como el retrato o la foto de un familiar, ya que pertenecen a

Figura 12: Debi Gliori, *Siempre te querré*, Barcelona: Timun Mas, 2000 [1999, *No Matter What*].

esa especie los habitantes de la casa, y todo en ella guarda verosímil relación con este mundo posible: el dibujo que representa las partes de la oveja en la cocina, la gallina como juguete preferido del zorrito.

En otras ocasiones, el texto invocado puede ser legible para un niño, pero no para un niño de esta época, como podría ocurrir con las referencias a las obras de Bartolozzi en *Picasso pinta a Pinocho*, de Climent, o con la enigmática aparición de algunos personajes de *Los viajes del pequeño Nemo*, el cómic de MacCoy, en las ilustraciones de Maria Espluga para *Arena en los zapatos* (*figura 13*).

Figura 13: María Espluga, ilustración para *Arena en los zapatos*, de Pep Molist, Barcelona: Combel, 2001.

Incluso tratándose de hipotextos reconocibles muy conocidos y reproducidos, como es el caso de la *Alegoría de la Primavera*, de Botticelli, el lector puede tener dificultades para darse cuenta de la similitud entre Flora y la protagonista de *La bella y la bestia*, tal y como la imagina Delessert, ya que se confía exclusivamente en la memoria visual del espectador, y no hay ninguna otra señal o indicio que ayude a establecer esta relación (*figura 14*).

Tampoco son fácilmente reconocibles algunos sutiles homenajes a estilos o pintores concretos sin haber acudido para ello a obras concretas o detalles que podamos guardar en nuestra memoria, sino más bien a una *manera* de pintar. Entre otros ejemplos, podríamos contemplar aquí los casos que Anna Díaz-Plaja describe como casos de *architextualidad*: el

Figura 14: Etienne Delessert, ilustración para *La Bella y la bestia*, de M. de Villeneuve, Madrid, Anaya, 1985.

pintar al estilo de otro autor (2002: 243), como ocurre, por ejemplo, en *Las plumas del dragón*, algunas de cuyas ilustraciones remiten a Escher *(figura 15)* y a Brueghel o el Bosco *(figura 16)*, hipotextos, en este caso, de *difícil reconocimiento* por encontrarse en lugares muy precisos dentro de la página y porque el lector debe no ya reconocer una obra determinada, sino un concreto estilo.

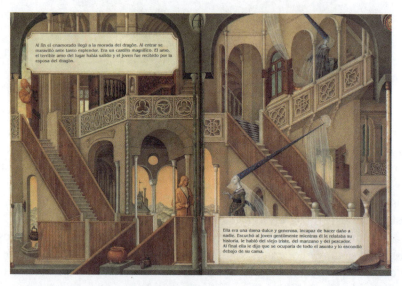

Figura 15 [detalle]: O. Dugina, A. Dugin y A. Esterl, *Las plumas del dragón*, México: Fondo de Cultura Económica, 2001 [1993].

Figura 16 [detalle]: O. Dugina, A. Dugin y A. Esterl, *Las plumas del dragón*, México: Fondo de Cultura Económica,

En general, consideramos también como architextuales las referencias a la propia pintura o al arte en general, que, al contrario que los ejemplos anteriores, no suelen suponer problemas insalvables para el lector, tanto si se trata de hipotextos plásticos como si se trata de hipotextos literarios. Precisamente la referencia a un grupo de obras o a un género suele facilitar la acción del lector aunque no se pueda reconocer un hipotexto determinado: así, en el caso de *¡Canalla, traidor, morirás!*

Pero, sin duda, los mayores problemas de identificación se producen cuando es el texto literario el que hace mención, sin recurso a las ilustraciones, a hipotextos pictóricos. Así, por ejemplo, ocurre en *La historia interminable* con los recuerdos desenterrados de la mina y que remiten (unas veces inequívocamente, otras de una manera menos precisa, remitiendo, más bien a temas pictóricos, es decir, a *architextos*), entre otras, a obras de Goya, Dalí, Chirico, Arcimboldo, Van Gogh, Ribera, Velázquez, Magritte:

> Había figuras embozadas que parecían flotar en un gran nido de pájaro, o burros con toga de juez: había relojes que se fundían como el requesón, o muñecas articuladas que destacaban sobre fondos chillonamente iluminados y vacíos. Había rostros y cabezas compuestos totalmente de animales y otros que formaban paisajes. Pero había también imágenes completamente corrientes, hombres que segaban campos de maíz y mujeres que se sentaban en un balcón. Había pueblos de montaña y paisajes marineros, escenas bélicas y funciones de circo, calles y habitaciones, y siempre rostros, viejos y jóvenes, inteligentes y bobos, de bufones y de reyes, sobrios y alegres. Había imágenes terribles, de ejecuciones y danzas macabras, e imágenes divertidas de damiselas sentadas sobre una

morsa o de una nariz que se paseaba y a la que todos los transeúntes saludaban.

[...] Una de las imágenes representaba un hombre cuyo pecho era una jaula de pájaros en la que había dos palomas. Otra mostraba una mujer de piedra que cabalgaba sobre una gran tortuga. En una imagen muy pequeña se reconocía a una mariposa, cuyas alas mostraban manchas en forma de letras. (M. Ende, *La historia interminable*, 392 y sigs).

Y, como ejemplo de intertextualidad prácticamente irreconocible, el mismo Ende, en *Momo*, nos sorprende con esta referencia – muy pertinente, por otro lado, para la interpretación del texto – al emblema *Festina lente* que aparece, por ejemplo, en la *Hypnerotomachia Poliphili* de Francesco Colonna (*figura 17*), asociado al tópico ampliamente usado en el Renacimiento de la *discordia concors* (Wind, 1958: 101 y sigs.): "un grupo enorme de hombres grises huía y una niña con una flor en una mano y una tortuga en la otra los perseguía" (M. Ende, *Momo*, 239).

Figura 17: Francesco Colonna,
Hypnero-tomachia Poliphili [1499],
ed. facsímil, Zaragoza,
Las Ediciones del Pórtico, 1981.

Los hipotextos *de difícil reconocimiento*, sean literarios o pictóricos, lo son no porque se trate de textos ilegibles por un niño, sino porque suelen ser referencias oscurecidas intencionalmente por el autor, o porque la esfera de las experiencias artísticas recibidas se encuentra lejos de las invocadas en un texto concreto. Sin duda, su existencia ha de ser relacionada con los propósitos del autor o la obra: se trata de llamadas al lector que forman parte del contrato de lectura y que pueden ser "instrucciones de uso" que facilitan la interrelación entre el texto y el lector durante el proceso de lectura o, por el contrario, devenir en espacios de indeterminación, no siempre perceptibles (pues no han de afectar a la comprensión global del texto), que piden la participación del lector infantil y, quizá, la mediación del adulto.

Sea como sea, el lector ha de participar activamente durante la lectura, si se le hace este tipo de invitaciones. Como mínimo, su participación puede verse acrecentada en la lectura sólo por el hecho de que se le ofrezca un hipotexto, y ello tanto si puede reconocer su existencia como si no, ya que se cuenta con la presencia de mediadores y, quizá, con la relectura. Pero esta actividad podría reforzarse si, además de descubrir la presencia de un texto en otro, puede descubrir el porqué de esa presencia, ya que, en muchos casos, la presencia de un hipotexto guarda relación con las intenciones del autor. En *Siempre te querré*, el caso arriba mencionado, por ejemplo, es posible establecer una relación entre la fábula *La zorra y las uvas* y la angustia injustificada del zorrito.

Pongamos otros ejemplos, también *de difícil reconocimiento*: en las primeras páginas de *Frederick*, de Leo Lionni, las ilustraciones desempeñan un importante papel en la anticipación y la descripción del ratón protagonista (Colomer, 2002: 23-24): menos evidente es que, en esa presentación, Frederick, además de estar descrito por contraposición a los otros ratones, que caminan hacia la derecha mientras que él reposa mirando hacia la izquierda, se encuentra también junto a una fila de hormigas que caminan también hacia la derecha, recordándonos, quizá, que estamos ante una historia que tiene algo que ver con la fábula de *La cigarra y la hormiga* (*figura 18*).

En *El libro de los cerdos*, de A. Browne, es sutil – pero evidente – la referencia al cuento de *Los tres cerditos*, especialmente en el momento en que los personajes masculinos, ya totalmente transformados en ejemplares porcinos, parecen atemorizados, circunstancia que muestra muy bien la forma del lobo que parece acechar por fuera de la casa (*figura 19*). En ese

Figura 18: L. Lionni, *El sueño de Matías*. Barcelona: Lumen, 1992 [1991].

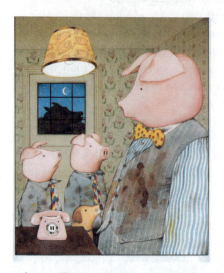

Figura 19: Anthony Browne, *El Libro de los Cerdos*, México: Fondo de Cultura Económica, 1991 [*Piggybook*, 1986].

mismo álbum se pide al lector que busque un sentido (por otro lado, no muy difícil de establecer) en el hecho de que la mujer haya huido del cuadro de Gainsborough que representa a *Mr. and Mrs Andrews* cuando la protagonista femenina ha abandonado a su familia (*figura 20*). Pero las posibilidades de interpretación van mucho más allá de la propia propuesta del autor.

Figura 20: Anthony Browne, *El Libro de los Cerdos*, México: Fondo de Cultura Económica, 1991 [*Piggybook*, 1986].

A pesar de que Anthony Browne acostumbre a decir que los cuadros que reproduce buscan funcionar por sí solos en su texto, podemos preguntarnos a qué obedece la elección en cada caso. El cuadro de Gainsborough, por ejemplo, si seguimos a Berger (1974: 118-121), no inmortaliza tanto las facciones y el carácter de sus protagonistas como sus posesiones y su calidad de terratenientes, como muestran sus ademanes orgullosos. Imaginar a la mujer huyendo del cuadro podría despertar más de una interesante reflexión en el espectador, que no puede hacer otra cosa que comparar ambas situaciones y a ambas mujeres: la sumisa Sra. De la Cerda, sin rostro, frente a la mujer de fuerte carácter pintada por el retratista inglés, de la que quizá tomó algo la primera; la posición acomodada de ambas y, sobre todo, la lectura contemporánea que ve en la huida femenina una rebelión frente al orbe masculino, puesto que la Sra. Andrews es terrateniente, pero también objeto poseído/mostrado por el Sr. Andrews.

Es poco probable que se reconozca, en las ilustraciones de Michael Foreman para *Sécame los platos*, las referencias a un cuadro de Magritte (*Tiempo transfigurado*, 1938) y al estilo mismo del pintor surrealista suizo, reconocible en algunos detalles: la presencia de una pipa inverosímil, por ejemplo. Su presencia, no obstante, podría relacionarse fácilmente con la propia historia de Baumann. Podríamos incluso pensar que ningún otro estilo pictórico representaría mejor la imaginativa y lúdica pugna verbal mantenida entre padre e hijo (*figura 21*).

Figura 21: Michael Foreman, ilustración para *¡Sécame los platos!*, de Kurt Baumann, Madrid: Altea, 1982 [*Kuechengeschichten*, 1977].

También parece pedirse al lector un acto de determinación, de construcción del sentido, en relación con las intenciones del catálogo *Willy el soñador*, o, al menos, respecto a algunas incógnitas dejadas por el autor: si se trata o no de un sueño, como parece desmentir el último guiño al lector. Desde otro punto de vista, el catálogo se sustenta en Magritte: la historia comienza y termina en referencia a un cuadro concreto (*El castillo de los Pirineos*), y la presencia del pintor suizo es constante, pero la humorística reinterpretación "platanesca" de los cuadros desde la mente de un simio (Willy) no tanto es una creación de Browne como intuición y variación a partir de dos cuadros de Giorgio di Chirico (*La incertidumbre del poeta*, y *El sueño transformado*).

En muchos casos se trata, pues, no sólo de *reconocer* referencias intertextuales, sino de interpretarlas en el contexto del proceso de lectura, desentrañar el sentido de su presencia, incluso aunque algunas interpretaciones quizá no existan en la *intentio auctoris*. Es en el contexto de la actividad del lector donde debemos encuadrarlas.

CONCLUSIÓN

Parece deducirse de las anteriores observaciones que las ilustraciones son un instrumento fundamental de apoyo para la intervención activa del lector en la construcción de sentido y en la formulación de hipótesis para la interpretación, puesto que desempeñan un doble papel en relación con la transtextualidad: bien ofreciendo "pistas", apoyos (*marcas*) para que el lector dé sentido a estas referencias, bien produciendo *espacios vacíos* que pueden invitar al lector a la realización de actos de determinación. Unas y otros están estrechamente relacionados con la realidad del proceso lector.

En conclusión, el lector literario competente (ya sea un niño, ya sea un adulto) necesita cooperar con el texto y participar activamente en el proceso de lectura, y para ello debe/puede, entre otras cosas que se deducen del comportamiento transtextual de los textos analizados:

1. Activar conocimientos intertextuales (entre otros): literatura, pintura.
2. Saber leer las marcas en el texto.
3. Construir un sentido, determinando los espacios vacíos en el texto.
4. Ser consciente de este proceso y superar los errores de interpretación.
5. Disfrutar en ese diálogo establecido con el texto.

Estos aspectos nos llevan a sugerir también algunas directrices para el mediador, respecto a sus propias capacidades de interacción con un texto literario, y respecto a su labor en la formación de lectores competentes y en la activación del intertexto lector (Mendoza, 2001), para lo

220 *Leitura, Literatura Infantil e Ilustração*

que ha de ser capaz, además de – se supone – disfrutar en ese diálogo establecido con el texto:

1. Reconocer la existencia de espacios vacíos y otras apelaciones.
2. Activar su intertexto lector en el proceso.
3. No descartar los textos que activan la competencia literaria por ser más difíciles y decantarse siempre por los más llanos.
4. Compartir su experiencia receptiva con la de los lectores en formación.
5. Ayudar al lector a actuar sobre el texto:
   a. Superando errores de interpretación
   b. Haciéndolo consciente de los procesos de lectura
   c. Activando su precario intertexto lector
   d. Conectando lo leído con la experiencia vital
   e. Desarrollando actitudes positivas hacia la lectura
   f. Aprovechando la sobreinformación icónica que ofrece la ilustración.

En definitiva, y aunque no sean escollos insalvables para la comprensión del texto, las referencias transtextuales que aparecen en la Literatura infantil, sea en el texto, sea en la ilustración, son invitaciones para que el lector las reconozca o les encuentre un sentido. Y ello es válido tanto para el libro ilustrado como para el álbum, aunque en este último pueda contarse con estrategias como la redundancia o la complementariedad, significativas para la actividad del lector, que ha de construir el sentido de la obra reuniendo y contrastando ambas piezas, especialmente en el discurso irónico.

En gran parte, las referencias transtextuales producen, precisamente, espacios vacíos: en ocasiones, su reconocimiento por el lector es crucial, puesto que la obra sólo cobra sentido cuando existe una cooperación fructífera. En otros, las lagunas son propuestas accidentales que sólo captan algunos lectores (en ocasiones, muy cercanos al autor), o no son percibidas por el lector en una primera lectura. Pero, frente al adulto, ya hecho a las prisas, el niño, que puede hacer del libro un objeto de infatigable atención, está acostumbrado a descubrir nuevas cosas en cada relectura. Dirigir esa tenaz capacidad de atención hacia el proceso de lectura y sus resortes es una de las tareas del mediador, que, si está acostumbrado él mismo a la lectura de textos literarios, sabrá que un lector competente se guía por los indicios y las marcas dejadas por el texto, y avanza hipótesis para la interpretación de lo que lee, realizando actos de determinación que den un sentido a los espacios de indeterminación (Iser, 1976: 51): entre ellos se encuentran las resonancias dejadas por unos textos en otros.

REFÊRENCIAS BIBLIOGRÁFICAS

BERGER, J., BLOMBERG, S., FOX, C., DIBB, M. & HOLLIS, R. (1974). *Modos de ver*, trad. Justo G. Beramendi. Barcelona: Gustavo Gili, 2000·

COLOMER, T. (2002, Dir.). *Siete llaves para valorar las historias infantiles.* Madrid: Fundación Germán Sánchez Ruipérez.

DÍAZ ARMAS, J. (2002a). De libros y lectura en la Literatura infantil y juvenil. *In* Mª Eulalia Agrelo Costas *et al.* (coords.), *Narrativa e promoción da lectura no mundo das novas tecnoloxías* (pp. 141-155). Santiago de Compostela: Xunta de Galicia.

DÍAZ ARMAS, J. (2002b). El libro dentro del libro. Aspectos de la metaficción en la Literatura infantil y juvenil. *Anuario de Investigación en Literatura Infantil y Juvenil*, 1, 25-51.

DÍAZ ARMAS, J. (2003a). Aspectos de la transtextualidad en la LIJ. *In* A. Mendoza Fillola y Pedro Cerrillo (coords.), *Intertextos: aspectos sobre la recepción del discurso artístico* (pp. 61-97). Cuenca: Universidad de Castilla-La Mancha.

DÍAZ ARMAS, J. (2003b). Estrategias de desbordamiento en la ilustración de libros infantiles. *In* Fernanda L. Viana, Marta Martins y Eduarda Coquet (coords.), *Leitura, Literatura Infantil, Ilustração: Investigação e Prática Docente* (pp. 171-180). Braga: Centro de Estudos da Criança da Universidade do Minho.

DÍAZ-PLAJA, A. (2002). Leer palabras, leer imágenes. Arte para leer. *In* A. Mendoza (ed.), *La seducción de la lectura en edades tempranas* (pp. 219--252). Madrid: MEC.

DURÁN, T. (2000). ¿Qué es un álbum?. *In* T. Durán, *¡Hay que ver! Una aproximación al álbum ilustrado* (pp. 13-32). Salamanca: Fundación Germán Sánchez Ruipérez.

ENDE, M. (1979). *La historia interminable*, ils. Roswitha Quadflieg, trad. Miguel Sáenz. Madrid: Alfaguara, 1982.

ENDE, M. (1973). *Momo*. Ils. M. Ende, trad. S. Constante. Madrid: Alfaguara, 1984·

GÁLLEGO, J. (1972). *Visión y símbolos en la pintura española del Siglo de Oro.* Madrid: Cátedra, 1984.

222 *Leitura, Literatura Infantil e Ilustração*

GENETTE, G. (1962). *Palimpsestos. La literatura en segundo grado*, trad. de C. Fernández Prieto. Madrid: Taurus, 1989.

ISER, W. (1976). *El acto de leer*, trad. J. A. Gimbernat y Manuel Barbeito. Madrid: Taurus, 1987.

LLUCH, G. (1998). *El lector model en la narrativa per a infants i joves*. Barcelona: Universitat Autònoma – Universitat Jaume I – Universitat de València.

LLUCH, G. (2003). *Análisis de narrativas infantiles y juveniles*. Cuenca: Universidad de Castilla-La Mancha.

MENDOZA FILLOLA, A. (1998). *Tú, lector. Aspectos de la interacción entre el texto y el lector*. Barcelona: Octaedro.

MENDOZA FILLOLA, A.(1999). Función de la Literatura infantil y juvenil en la formación de la competencia literaria. *In* P. Cerrillo y J. García Padrino (coords.), *Literatura infantil y su didáctica* (págs. 11-54). Cuenca: Universidad de Castilla-La Mancha.

MENDOZA FILLOLA, A. (2000, Ed.). *Lecturas de museo. Orientaciones sobre la recepción de relaciones ente la Literatura y las artes*. Barcelona: Universitat de Barcelona.

MENDOZA FILLOLA, A. (2001). *El intertexto lector. El espacio de encuentro de las aportaciones del texto con las del lector*. Cuenca: Universidad Castilla-La Mancha.

R. DE LA FLOR, F. (1999). *La península metafísica. Arte, literatura y pensamiento en la España de la Contrarreforma*. Madrid: Biblioteca Nueva.

SÁNCHEZ CORRAL, L. (1995): *Literatura infantil y lenguaje literario*. Barcelona, Paidós.

TABERNERO SOLA, R. (2002). La ilustración como paratexto: hacia una caracterización del discurso narrativo infantil. *In* Mª E. Agrelo Costas *et al.* (coords.), *Narrativa e promoción da lectura no mundo das novas tecnoloxías* (pp. 249-268). Santiago de Compostela: Xunta de Galicia.

WILKIE, C. (1999). Relating Texts: Intertextuality. *In* Peter Hunt (Ed.), *Understanding Children's Literature* (pp. 130-7). London: Routledge.

WIND, E. (1958). *Los misterios paganos del Renacimiento*, trad. Javier Sánchez García-Gutiérrez. Madrid: Alianza, 1997.

ILUSTRAÇÃO CIENTÍFICA:
O SABER DA IMAGEM E A IMAGEM DO SABER

FERNANDO CORREIA E NUNO FARINHA
Biólogos e Ilustradores Científicos

Resumo:

A ilustração científica é uma componente da narrativa gráfica que acompanha as publicações infantis e juvenis dotadas de função didáctica e pedagógica, dissimulada ou não, e ainda convenientemente estruturadas para cada faixa etária em concreto. Obedece, assim, a duas directrizes funcionais – simplificar o complexo e adequar a mensagem a cada audiência particular, sem descurar o rigor. O grau de representação passa gradualmente do quase conceptual e antropomórfico para o comparável com a realidade, por vezes sedeado no hiper-realismo, na tentativa de acompanhar o grau de desenvolvimento intuitivo, psicológico e intelectual das crianças e adolescentes. De um modo geral, o mundo vegetal é preterido em relação ao animal, mantendo-se em representações simplistas e reducionistas que mais não são do que estratos – herbáceos, arbustivos e arbóreos. As ilustrações animais presentes num simples conto para crianças (com mais de 2 anos) apresentam as características mais básicas e elementares que distinguem os vários grupos animais. A partir do 1.° ciclo E.B. a mensagem imagética complexifica-se exponencialmente: a criança torna-se apta a identificar não só os animais domésticos, mas também um grande número de "grupos-espécies". A ilustração antropológica também aqui encontra o seu campo de expressão, embora centrada num conceito minimalista. A realidade ilustrada começa a regredir acentuadamente no início do 3.° ciclo, sendo substituída gradualmente por uma outra componente gráfica da ilustração científica – a apresentação visual de resultados experimentais. Surgem, assim, os primeiros indícios da organização de informação descritiva (tabelas) e da informação visual conceptual (gráficos, diagramas, mapas), que irão perdurar na nossa vida adulta. A ilustração científica

224 *Leitura, Literatura Infantil e Ilustração*

é, pois, uma presença constante na aprendizagem e no imediato do dia-a-dia, desde a nossa infância, pelo que, mesmo correndo em rotina subliminar, maiores cuidados devem ser ponderados, aquando da sua estruturação e uso recorrente.

Abstract:

The scientific illustration is a component of the graphic narrative that accompanies publications for children and youth with a pedagogic and didactic function, dissimulated or not, and also conveniently structured for each concrete age level. Therefore, it obeys two functional directives – simplify the complex and adequate the message to each particular audience, without disregarding the accuracy. The level of representation evolves gradually from the almost conceptual and anthropomorphic to that wich is comparable with reality, sometimes rooted in the hyper-realism, trying to keep pace with the level of intuitive, psychological and intellectual development of children and adolescents. In general, the animal world is given preference over the vegetal world, standing in simplistic and reductive representations that are no more than layers – referring to grass, bushes and trees. The animal illustrations present in a simple children's tale (for children more than two years-old) present the most basic and elemental characteristics that distinguish the various animal groups. From the elementary school level on, the image message gets exponentially more complex: the child becomes able to identify not only the domestic animals, but also to a great number of "species-groups". The anthropological illustration also finds here its field of expression, although centred in one cycle, being gradually substituted by another graphic component of the scientific illustration – the visual presentation of experimental results. Thus there arise the first traces of the organization of descriptive information (charts) and of the visual conceptual information (graphics, diagrams, maps), that will endure throughout our adult life. Hence, scientific illustration is a constant presence in the learning and the immediacy of day-to-day, since our childhood, for which, even running in subliminal routine, greater care must be applied, at the time of its construction and current use.

A ilustração científica, seja ela na forma especializada ou formatada para audiências indiferenciadas, é recorrentemente utilizada nas publicações infanto-juvenis fortemente imbuídas de um carácter pedagógico ou numa vertente mais lúdica, desempenhando um papel vital nas áreas da comunicação da ciência e tecnologia, ao disseminar o conhecimento pelos indivíduos-grupos que constituem e dão corpo à sociedade contemporânea. Os registos históricos deste tipo particular de imagem elaborada são o espelho da evolução científica e das descobertas mais marcantes que determinaram o progresso até aos níveis que hoje se conhecem, passando muitos deles despercebidos de tão banais e adquiridos que hoje nos parecem. A constatação de que a informação que permite construir na totalidade um indivíduo está codificada em "simples" moléculas de ADN (ácido desoxirribonucleico) é algo que para nós é elementar mas que para os nossos avós, muitos deles atreitos a um determinismo religioso e sobrenatural, mais não são do que fantasias heréticas. Inclusivamente, hoje quase todos nós sabemos qual a sua forma molecular e como se organizam no espaço tridimensional as suas unidades básicas, e a simples leitura desta linhas reporta-nos para essa imagem helicoidal para a qual fomos já suficientemente condicionados ao longo da nossa aprendizagem profundamente teórica – mas quantos de nós já viram os precipitados brancos de ADN ou visualizaram as suas moléculas? O entendimento factual é, na realidade, obtido a partir do estudo e da elaboração de teses ou mecanismos conceptuais, alguns observados experimentalmente e muitos outros inferidos a partir de confrontações indirectas dos resultados obtidos. Mas estas informações descritivas constituem memórias de curta ou média duração, com uma probabilidade de subsistência inferior à imagem, muito mais funcional já que persiste tenazmente para além do momento, do imediato, num processo reminiscente e acultural de "in-printing", bastante proveituoso para a nossa vida quotidiana.

De facto, quando o ilustrador científico George Kelvin desenhou, em meados do século passado, a dupla hélice do ADN (ou também o vírus que está na origem do SIDA), fê-lo num interessante exercício de conceptualização imagética sustentado pelos resultados obtidos e avalizados por uma equipa de investigadores (Watson e Baltimore, e Gallo, respectivamente), com o fim de veicular esses resultados à comunidade científica. No entanto, o impacto dessas ilustrações extravasou esse domínio e hoje faz parte do dia-a-dia dos mais variados sectores etários e estratos sociais.

A estruturação, estratégica e elaborada, da mensagem científica sob a forma gráfica por estes profissionais leva a que facilmente passe despercebida na sua complexidade e objectivos. Na realidade, a própria denominação acarreta consigo uma conotação de especificidade absoluta, transportando no imediato o receptor para imagens complexas e eruditas, de uso restricto em centros de investigação e dos seus instrumentos de comunicação – a comunicação oral (suportadas por imagens projectadas) ou escrita (intrincados tratados científicos ilustrados). Esta pretensa exclusividade é, na essência, uma falsa barreira pois a ciência assume não só diversas formas como também diferentes entendimentos, adaptando-se reflexivamente a múltiplos públicos-alvo, consoante o estado cognitivo e cultural do receptor a que se destina a mensagem. Efectivamente universal, procura assim várias formas de chegar, metódica e compreensivelmente, a vários destinos, muitas vezes numa abordagem multinível ou sectorial – é indiscutível que a imagem construída sobre bases objectivas e adaptada às características particulares do público a que se destina, representa uma mais valia incontornável e assume-se como veículo preferencial de comunicação. Surge assim o desenho científico, ou melhor, a ilustração científica (com toda uma diversidade imagética onde se pode intercalar texto e imagens de diversas tipologias), assumidamente caracterizada como uma narrativa gráfica sectorizada onde se misturam habilmente a emoção subjectiva de um sentido de estética, criativo e personalizado, com o saber idealmente objectivo adquirido pela experiência metódica e sistemática, e muitas vezes encontrado por outros que não o autor-ilustrador. Tal como a ciência em que se fundamenta, persegue incessantemente a universalidade, mas agora apoiada numa simplicidade visual fundamentada no rigor, objectivamente direccionada e acessível no imediato visual, ao mesmo tempo almejando tornar-se apelativa e impactante, para assim captar e prender a atenção do receptor o tempo suficiente para a apreensão em pleno do seu conteúdo (Figura 1).

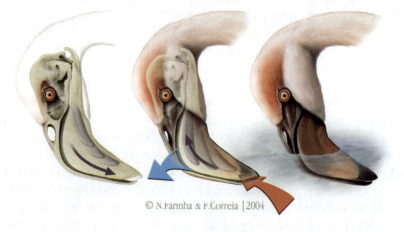

Figura 1 – Flamingo

O primeiro objectivo do desenho científico, de carácter redutor e de pré-avaliação qualitativa, é pois seleccionar de entre toda a informação científica de foro descritivo a que realmente interessa transmitir e que pode ser transformada de forma eficiente em linguagem gráfica, quer seja no sentido estrito (ex: ilustrações taxonómicas – Figura 2), ou mais lato (ex: diagramas e ilustrações compósitas – Figuras 3 e 4, respectivamente).

Figura 2 – Peto-verde

Figura 3 – Diagrama pulga

Figura 4 – Comportamentos

Catalisa, deste modo, um interessante processo de digestão metódica, numa dialética fluída e dinâmica resultante da triangulação entre os vértices de uma relação multipartida que se estabelece entre o investigador--autor, o ilustrador-autor e o pretenso público-alvo a que se destina (virtual no imediato), a qual permite a desconstrução do complexo conhecimento específico nas suas componentes estruturantes e modulares, de mais fácil apreensão, pela activação de sinergias e eventuais dinâmicas latentes, resultantes das múltiplas interacções diferenciais entre estas unidades de conhecimento mais reduzidas. Sobressai assim o segundo, mas igualmente importante, objectivo deste tipo de imagens com cariz científico – adequar eficazmente a imagem de modo a garantir o sucesso na comunicação da mensagem.

Ao ilustrador científico cabe assim o importante papel de, numa primeira fase, sistematizar, hierarquizar e formatar a informação descritiva em vários níveis de complexidade, de acordo com a sua experiência como vector de comunicação, e, em fase última, conferir-lhes um peso relativo face ao conhecimento das características tipificadas do público-alvo a que as imagens inicialmente se destinam (Figura 5).

Figura 5 – Tubarões Costeiros

A codificação gráfica científica surge assim, naturalmente, como o resultado da interacção cumulativa destes dois objectivos (não necessariamente por esta ordem), numa intervenção em que se procura acomodar conteúdos sem os desvirtuar dos conceitos ou resultados científicos que estão na sua base.

A procura deste equilíbrio nem sempre é uma tarefa fácil e de contraposição argumentiva imediata. Na realidade, assiste-se a um confronto pacífico entre linguagens e patamares de entendimento diferentes, na forma e conceitos, impostos pelos bastiões da Ciência e da Arte. O ilustrador científico é, pois, um intermediário com um perfil adequado que facilita o acesso e movimentação livre entre estes dois domínios do conhecimento, promovendo o edificar de uma estável ponte compreensiva entre a necessidade da estruturação estética/artística (simplificada em unidades visualmente perceptíveis no imediato) e a percepção coesiva e holística (complexa e intrincada) do domíno científico. Este intermediário deve desenvolver uma sensibilidade extrema no que toca à adequação da mensagem, pois será a ele que, em última instância e ao filtrar selectivamente a informa-ção, cabe a responsabilidade de moldar e determinar os critérios que irão moldar e validar a eficácia da imagem sobre a palavra escrita e maximizar a probabilidade de sucesso na comunicação.

Esta delicada codificação passa por vários níveis interpendentes e cada qual com propósitos potencialmente convergentes. Os mais básicos são a forma, o volume e a cor. A forma, assumidamente bidimensional (altura por largura), trabalha as proporções e dimensões de cada objecto de maneira a torná-las o mais compreensíveis possível, observando o máximo de rigor no seu desenho ainda que a sua representação possa ser efectuada segundo eixos de simetria ou normas sujeitas a alguma limitação ou rigidez morfométrica, dado não ser possível normalizar e transmitir num único desenho a duas dimensões toda a riqueza articulativa ou de perspectiva que um dado objecto pode apresentar naturalmente. O desenho dum insecto segundo um eixo bilateral é exemplo desse condicionamento que não desvirtua mas naturalmente limita (Figura 6).

Figura 6 – Simetria insectos

O volume, baseado na interacção da luz e sua ausência (sombra) sobre a forma, trabalha o realismo com que o objecto nos é apresentado, já que ao explorar a terceira dimensão da profundidade pormenoriza ainda mais as características do objecto, acrescenta a textura, potenciando ainda mais a ilusão criada anteriormente em contorno que assim mascara a realidade da natureza plana do desenho. A cor exponencia a complexidade de informação disponível ao dotar a imagem de gradientes, tonalidades e outros efeitos cromáticos particulares (como as iridiscências), aproximando-a indelével e imperceptivelmente da realidade, ao ponto de ser quase impossível distinguir a natureza desenhada do objecto real que lhe serviu de referência. Outros níveis de codificação e organização da imagem trabalham a níveis mais elaborados, nomeadamente em ilustrações compósitas, já relacionados com o design e composição de elementos, resultantes de sectorizações paralelas da informação que se tornam imprescindíveis a nível gráfico para transmitir de forma congruente e perceptível toda a complexidade que se pode adicionar sobre os objectos elementares, essencialmente derivadas das múltiplas e muito ricas relações que se podem estabelecer entre eles (Figura 7).

Figura 7 – Raia Tejo

Contudo, mesmo a codificação básica da imagem é potencialmente complicada, sobretudo se associada a limitação de referências visuais, quer para o ilustrador quer do próprio público a que se destina. Enquanto a representação da macro-realidade facilita esta elaborada tarefa e encontra uma identidade proximal e instantânea com o público-alvo, uma vez que todos nós, desde crianças muito jovens a adultos, distinguimos um animal ou planta representado em linha de contorno, já poucos olharão para uma ilustração intracelular e a identificarão como tal, quanto mais diferenciarem se é pertença de uma célula animal ou vegetal. Este tipo de ilustração de matérias complexas e/ou pouco comuns apresenta desafios acrescidos para o próprio ilustrador, não só no que concerne à adequação da mensagem ao seu público, mas também na disponibilidade de referências credíveis e úteis ao desenho. Por exemplo, o mecanismo de actuação intracelular dos priões, extrema os níveis de dificuldade conceptuais, dado ser necessário solidificar em código de forma-volume-cor o que de facto é liminarmente suportado apenas por dados experimentais não visuais, que se assumem indirectamente de complexas confrontações estatísticas/matemáticas, e mesmo de eventuais suposições de ocorrência provável ou, ainda, da completa teorização do que é completamente desconhecido para o imediato da ciência actual e que, por vezes, perigosamente margina a ficção científica...

A ideia-chave nuclear é pois a indução do conceito a apreender através da adequação do código gráfico a audiências sectoriais pré-determinadas e/ou faixas etárias concretas. Um gráfico ortogonal sobre um dado assunto, numa clássica abordagem "x/y", é substancialmente diferente na complexidade gráfica (nas cores, na estrutura íntrinseca, na hierarquia dos elementos, na escala, ...), se formatado para acompanhar um ensaio escrito de uma equipa de investigadores, ou se construído para um manual escolar do 3.º Ciclo (Figura 8).

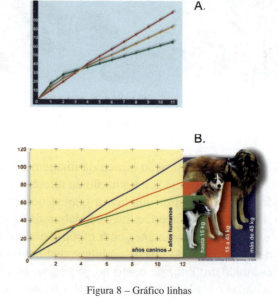

Figura 8 – Gráfico linhas

Ilustração científica: o saber da imagem e a imagem do saber 233

O cuidado na representação de uma ave para um livro infantil, criado e pensado para crianças da faixa etária dos 3-6 anos, será semelhante na sua essência específica (os caracteres desenhados que permitem a identificação da espécie apesar da humanização dos mesmos), mas completamente diferente na especificidade gráfica, menos complexa e elaborada, do que a desejavelmente exigida para uma ilustração da mesma ave presente num guia de identificação de campo.

Compreensivelmente, e com uma facilidade insuspeita, poderemos então encontrar inúmeros exemplos de aplicação da ilustração científica no campo editorial infanto-juvenil, de um modo mais ou menos dissimulado, e tenha ela uma função assumida como didáctica, pedagógica ou, pretensamente, lúdica.

A escolha dos motivos obedece a uma tipologia de caracteres conscientemente aceites e seguidos, e muitas vezes massificada (clichés gráficos). Esta selecção é condicionada não só pela especificidade da nossa cultura (passada e presente), como pelas directrizes editoriais, mais universalistas, e pela receptividade do público-alvo – ainda que aquela seja frequentemente espelho mais do núcleo parental que a adquire do que do público infantil a que se destina. Apesar do carácter formativo que está por detrás deste procedimento, e do direcionamento imposto, é pois curioso observar que não se extravasa a esfera das decisões globalizantes dos adultos (quantas vezes desajustadas e desadequadas à realidade da criança), isto é, da especificidade nuclear da família, do micro-habitat local e/ou macro-regional – parâmetros estes que também condicionam os gostos, o desenvolvimento psíquico e cognitivo e, consequentemente, a individualização! As editoras regionais, inseridas na mesma matriz cultural e social, teriam decerto uma mais valia de investimento a explorar, com a aposta em autores (textos, ilustrações, design) regionais, mais do que em soluções de carácter nacional ou importadas de outras realidades, bem distantes das nossas...

Numa análise mais generalista e universal, observa-se que a tipologia do mundo animal impera sobre a do mundo das plantas, as quais são muitas vezes condicionadas a simples, amorfas e indiferenciadas manchas de cor verde e seus matizes. É certo que estes seres vivos, regra geral, não apresentam movimento no espaço, nem estabelecem empatia ou elos de ligação bidireccionais com outros seres que com eles procurem interagir no imediato. Porém representam uma parcela da vida terrena importante demais para ser desprezada, e a que deveria ser devotada renovado interesse ilustrativo – pois deles dependem, directa ou indirectamente, todos os animais!

No que respeita aos animais desenhados na esfera da ilustração infantil, cedo nos apercebemos que a grande maioria das publicações aposta nos clássicos animais domésticos (Figura 9): galináceos, patos e gansos, ovelhas, porco, vaca, cavalo, gato e cão (curiosamente o burro é um animal que, tal como na vida real, marca uma presença cada vez mais rara nestas histórias).

Figura 9 – Quinta Pedagógica

Esta intencionalidade teria uma correspondência directa com o dia-a-dia das crianças de outrora, hoje em dia assumidamente mais urbanas e com o interesse mais condicionado a animais domesticáveis não-produtivos (gato-cão-rato-esquilo-passeriforme). Muitas destas histórias apresentam cadeias tróficas disfarçadas em encadeamentos moralistas, onde a matreira raposa e o fatídico lobo são os vilões declarados de indefesos coelhos e ovelhas, criancinhas e idosos (embora a viabilidade das populações selvagens do lobo se encontrem mais do que ameaçadas, não sendo páreo para as matilhas de cães assilvestrados, que incorporam muitos dos cães que todos os anos são abandonados pelos seus donos, esses sim perigosos para o homem e suas práticas de criação!). Curiosamente a maioria das histórias são focadas sobre a fauna terrestre, relegando para segundo plano a marinha ou dulçaquícola, bastante restrita, neste caso, aos patos, às libélulas e aos anfíbios (quase sempre sapos e rãs pintados em verde incontornável!). Ainda que algumas publicações apostem na divulgação de espécies das florestas europeias, integrando a criança na matriz faunística e habitats que lhe são mais familiares e pertinentes, ainda assim muitas obras apresentam frequentemente animais africanos (o leão e o elefante) ou asiáticos (o tigre) – quem sabe numa reminiscência do nosso passado colonialista, bem para além da cultura globalizante e da estética muito própria destas formas... Os répteis continuam a expurgar o facto de biblicamente terem trazido o pecado ao mundo, sendo quase escorraçados da representação infantil ou quando muito surgindo no corpo da pérfida serpente ou dos extintos dinossáurios!

É contudo interessante notar que, seja qual for a abordagem, estas ilustrações-tipo reverenciam já o cuidado extremo em incorporar e traduzir os conceitos taxonómicos mais básicos e que permitem reconhecer grupos de animais, ou espécies-grupo, desde a mais tenra idade – a fábula visual agiliza a interacção de conceitos e abre caminhos para o que o mundo real nos apresenta. De facto, as crianças com 2-3 anos gerem perfeitamente as noções de contorno e da forma, executam análises comparativas reconhecendo as silhuetas (cor sólida interna ao contorno), bem como o animal representado em pose vívida, e associam estas formas à normativa nomenclatural e à identificação verbal. A simplificação da forma/ contorno é assumida aqui com particular razão, ainda que intervencionada na procura da singularidade (um porco é sempre rechonchudo, bem cevado, de carácter tímido e muitas vezes subserviente, mas pode ter olhos azuis ou castanhos, penacho de cabelo ou não, …), o mesmo se verificando nos estereótipos cromáticos (um porco assume regra geral o cor-de-rosa integral) que também se repetem assiduamente (Figura 10).

Uma ilustração científica assim criada caracteriza-se por um nível de representação minimalista no contorno e forma, máxima no contraste cromático, convergindo num patamar de informação taxonómica reduzido mas suficiente para providenciar uma diagnose correcta da espécie-grupo. Ainda assim introduzem-se por vezes aberrações cromáticas face aos padrões reais observados na natureza (por exemplo quando um cão é pintado de amarelo sarapintado de círculos vermelhos perfeitos, ou quando um elefante é representado em tons de azul), que sendo soluções gráficas vivas e apelativas (o azul do elefante é cromaticamente mais intenso e interessante que o castanho pardacento típico desta espécie) pretendem despertar e prender a atenção do interlocutor. Desta forma, a cor ilustrada face ao observável é um parâmetro que é sacrificado em prol de um bem maior – a apreensão e interiorização indelével de conceitos taxonómicos simples que promovem a diferenciação e identificação.

Figura 10 – Forma+cor/animais

Conseguido o efeito imediato de ancoragem, ganham-se segundos preciosos em que a criança explora a imagem, memoriza e cataloga sistematicamente formas e contéudos, e/ou procede a comparações. Um canídeo, ou cão-grupo (nos quais se incluem os lobos, os cães e raposas) apresenta um tronco elegante assente sobre 4 patas de tamanhos similares, em cone invertido, com dedos separados, cauda farfalhuda e uma cabeça típica onde sobressaem orelhas desenvolvidas, mas curtas, e cujo focinho é pontuado por um nariz pouco destacado e brilhante. Um paquiderme, ou elefante-grupo, é o oposto, com tronco muito encorpado donde partem 4 patas colunares e altas, sem dedos separados, e uma cauda curta e despida; a cabeça é grande donde se destaca uma tromba (nariz modificado) e duas enormes orelhas. Aos poucos, a criança constrói e sistematiza mentalmente a sua "livraria" imagética, acumulando objectos naturais (espécie-grupos) e também objectos construídos (ilustração antropológica incipiente), que lhe permitem vivenciar o quotidiano ou outras histórias, narradas ou visionadas, e assim interagir eficazmente com o seu mundo (regional ou mundial), humano ou natural, selvagem ou domesticado.

O desenvolvimento cognitivo e psíquico é acompanhado pela narrativa gráfica científica que a ele se molda, muitas vezes num esforço de promover o seu desenvolvimento, mais do que para o cimentar. O grau de representação passa assim de um plano mais conceptual e antropomórfico – a posição erecta dos animais, as emoções/sentimentos figurados nos focinhos e caracterização de actos (Figura 11), a roupa que mais que mascarar formas e pudores diferencia regionalismos ou géneros em animais onde o dimorfismo sexual não é evidente (Figura 12) – para um plano mais objectivo e mimético da realidade.

Figura 11 – Humanização

Figura 12 – Lontras Mundo

238 Leitura, Literatura Infantil e Ilustração

Posteriormente, assiste-se a uma preocupação crescente com a correcta representação dos padrões cromáticos e texturas, ainda que sob a forma recaia uma conceptualização geometrizada centrada na sectorização esférica, ou elíptica, de modo a evocar sentimentos de empatia e carinho. Os animais ilustrados na soberba colecção "Anita", são rechonchudas bolinhas de pelo ou penas, ligeiramente estilizadas e imersas em cenários de cores vibrantes, bem conjugadas, e onde sobressaem autênticas pérolas gráficas se dermos azo a uma exploração mais demorada e para além da acção de primeiro plano em que decorre o contexto da narrativa descritiva.

A tendência evolutiva no sentido da hiper-realidade sofre uma involução a partir do momento em que adentra no mundo escolar, transfigurando-se em simbologia pictórica básica e fortemente conceptual. A linguagem escrita, matemática ou não, vive das memórias gráficas para promover comparações e veicular conceitos, relações e explicações – e os primeiros anos do 1.º ciclo são disso prova. A linguagem gráfica útil, pictórica e geometrizada, substitui paulatinamente a expressão livre e a representação realista da natureza, marginalizadas em prol de uma completa e bem sucedida integração social futura. A ilustração científica conceptual assume neste ponto (últimos anos do secundário e na esfera universitária) a sua expressão máxima, quer frequentemente resumida a formas diagramáticas ou de gráficos esteticamente mais estéreis, quer apresentando cada vez mais intrincados exemplos dos fenómenos e processos do nosso mundo – o formato de apresentação gráfica exponencia-se em múltiplas formas temáticas e técnicas. Floresce aqui a apresentação visual de resultados experimentais, uma outra componente da ilustração científica, com estruturação e organização mistas de textos, signos e pictogramas, em gráficos e diagramas genéricos (Figura 13), ou em mapas cartográficos e diagramas compósitos tridimensionais (Figura 14), e que irá perdurar na nossa vida adulta como a chave necessária à descodificação da linguagem social, isto é, da possibilidade de comunicar no tecido produtivo das nossas sociedades actuais.

Ilustração científica: o saber da imagem e a imagem do saber 239

A.

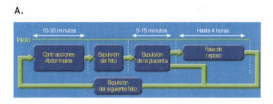

B.

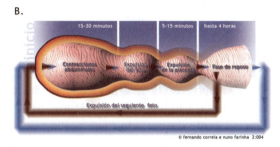

Figura 13 – Gráfico contracções

© N.Farinha & F.Correia | 2002

Figura 14 – Alqueva

240 Leitura, Literatura Infantil e Ilustração

Verificamos assim que apesar de todo o nosso desenvolvimento nas capacidades de observação e representação da realidade, mesmo em idades mais avançadas, são as mensagens simples e fortemente conceptuais que prevalecem, já que o universal condicionamento gráfico infantil, perpetuado no seio da família e da matriz escolar, nos permite acompanhar de forma quase vitalícia, as várias mensagens, sejam elas pedagógicas, lúdicas ou comerciais. O "spot" publicitário do Sapo ADSL é disso um óptimo exemplo, em que um animal serve de veículo para a comercialização de um produto. O curioso é que o animal representado é uma rela (género *Hyla*) e não um sapo (género *Bufo*), ambos anfíbios mas substancialmente diferentes na forma e na cor. Obviamente, houve a necessidade de recorrer à psicologia do "marketing" para evitar uma associação indesejável, pois ao nome do produto – Sapo ADSL; Internet Rápida, não se poderia associar à verdadeira imagem do animal (o sapo é lento, esteticamente pouco apelativo e tradicionalmente desprezado pela maioria dos adultos) e sua posterior conotação prejudicial com o produto e a sua viabilidade. Os especialistas do "marketing" da imagem recorreram assim às nossas memórias infantis sobre o estereótipo deste grupo, incorrendo num erro nomenclatural grave em prol da maior facilidade de aceitação comercial da imagem!

A ilustração científica é pois uma presença constante na literatura infantil ilustrada, de carácter formativo e/ou lúdica, bem como na escolar, fortemente pedagógica, ou ainda no imediato da comunicação social quotidiana (mesmo que corra numa rotina subliminar, indelével e não imediata). Está presente, de forma mais ou menos conspícua e determinante, em todos os níveis da sociedade, estratos etários e temáticas do conhecimento. A sua modelação acompanha não só a evolução da ciência e da sociedade, como também dos moldes formativos e estruturantes pensados, e adoptados, para cada período da nossa história e para cada faixa etária particular.

REFERÊNCIAS BIBLIOGRÁFICAS

COINEAU, Y (1987). *Cómo Hacer Dibujos Científicos: materiales y métodos.* Barcelona: Editorial Labor, SA.

COQUET, E. (2000*). A Narrativa Gráfica: uma estratégia gráfica de comunicação de crianças e de adultos.* Braga: Universidade do Minho – Centro de Estudos da Criança.

DANCE, S. P. (1981). *The Art of Natural History*. London: Cameron Books, Ltd..

DAVIES, M. (1997). *Scientific Papers and Presentations*. California, USA: Academic Press.

EDWARDS, B (1984). *Desenhando com o Lado Direito do Cérebro* (14.ª edição). Rio de Janeiro: Ediouro Publicações SA.

FARINHA, N. & Correia, F. (2003). Onde a arte e a ciência se complementam. *Ambiente 21*, n.º 8: 64-69.

Ford, B. J. (1993). *Images of Science: a History of Scientific Illustration*. Ney York: Oxford University Press.

HODGES, E. (ed.) 2003. *The Guild Handbook of Scientific Illustration* (2nd edition). New Jersey: John Wiley & Sons.

JASTRZEBSKI, Z. T. (1985). *Scientific Illustration: a guide for the beginning artist*. New Jersey: Prentice-Hall, Inc.

KELVIN, G. V. (1992). *Illustrating for Science*. New York: Watson-Guptill Publications/BPI Communications, Inc.

MASSIRONI, M. (1996). *Ver pelo Desenho: aspectos técnicos, cognitivos, comunicativos*. Lisboa: Edições 70, Lda.

PAPP, C. S. (1976). *Manual of Scientific Illustration with special chapters on Photography, Cover Design and Book Manufacturing*. California, USA: American Visual Aid Books.

ROBIN, H. (1992*). The Scientific Image*: from cave to computer. New York, USA: Harry N. Abrams, Inc.

SCIENTIFIC ILLUSTRATION COMMITTEE OF THE COUNCIL OF BIOLOGY EDITORS (vários) 1988. *Illustrating Science: standards for publication*. Bethesda, Maryland, USA: Council of Biology Editors.

REYNOLDS, L. & SIMMONS, D. (1982). *Presentation of Data in Science: publications, slides, posters, overhead projections, tape-slides, television; principles and pratices for authors and teachers*. The Hague, Netherlands: Martinus Nijhoff Publishers.

WOOD, P. (1994). Scientific Illustration: a guide to biological, zoological, and medical rendering techniques, design, printing and display (2nd edition). New Jersey, USA: John Wiley & Sons, Inc.

ILUSTRAÇÕES ALCOVITEIRAS: OU "DE COMO CERTAS ILUSTRAÇÕES NOS REVELAM OS SEGREDOS DAS HISTÓRIAS"

MARTA MARTINS E EDUARDA COQUET
E.S.E. Paula Frassinetti e
Universidade do Minho – I.E.C.

Resumo:

Esta comunicação destina-se a interrogar a dualidade conceptual vigente entre texto e imagem. Parte-se de um conto para crianças de um conhecido autor, António Torrado, ilustrado do por Susana Oliveira, em que a polissemia que caracteriza o texto literário se concentra nas imagens que, supostamente, ilustrariam o texto. Se bem que o texto verbal já seja indutor de perplexidade e de "estranheza", será o texto visual que não só as reforçam como as amplificam, chegando ao ponto de se autonomizar, tornando o texto verbal apenas "ilustrador" de uma história que é narrada visualmente.

Abstract:

This communication aims to question the prevailing conceptual duality between text and image. We start from a children's tale from a known author, António Torrado, illustrated by Susana Oliveira, in which the multitude of meanings that characterizes the literary text is concentrated on the images that, supposedly, would illustrate the text. The verbal text is already inductive of perplexity and "strangeness", but it will be the visual text that not only reinforces this characteristic, but also amplifies it, reaching to the point of becoming autonomous, making the verbal text only an "illustrator" of a story that is visually narrated.

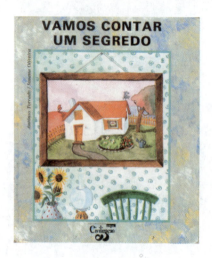

Vamos contar um segredo

Figura 1

A afirmação inicial implica imediatamente a cumplicidade do leitor. Se toda a leitura é resultante de um acto de vontade, aqui este "querer" está sublinhadamente expresso no momento em que, ao voltar a página, se está a aceitar participar na revelação deste segredo.

Este quadro guarda um segredo.
É um grande segredo. Nós vamos contar
o segredo que está guardado neste quadro.

Figura 2

Como todos os "segredos", este é-nos revelado aos bocadinhos, como numa sessão de ilusionismo, em que o mágico nos confronta com a nossa condição vulgar daquele que nada sabe, que nada vê, para além daquilo que é visto e sabido pelo mais comum dos mortais: *nada na mão, nada na manga, nada deste lado, nada daquele, nada dentro,* ... Aqui é-nos dito que:

O quadro está pendurado numa parede.
A parede faz parte de uma casa.

Figura 3

Aqui está a casa e o jardim, à volta da casa.
Até agora, nada de especial se passou.

Figura 4

Até aqui tudo vulgar, como nós.

Mas acontece que fomos escolhidos e aceitámos participar. A nós vai-nos ser revelado algo de especial, um saber que está encerrado neste livro e que só a sua progressiva leitura pode desocultar.

*Mas, um dia,
a porta da casa do quadro abriu-se.*

Figura 5

Ficamos então a saber que há um quadro que, contrariando as propriedades físicas que lhe conhecemos, encerra um ser em movimento (Fig. 5). Ser esse, que sai do espaço a que supostamente estaria confinado e entra no espaço a que está destinada uma leitura verosímil (Fig. 6): o espaço da casa que tem numa sua parede, o quadro pintado (Fig. 7).

*Da casa do quadro saiu um senhor pequenino.
O senhor olhou em volta. Não havia ninguém que o visse.*

Figura 6

Ninguém viu o senhor saltar do quadro para uma cadeira e da cadeira para o chão.

Figura 7

O senhor pequenino deu uns passos e abriu a porta da casa, que dava para o jardim.

Figura 8

É no jardim do exterior da casa que o homem do quadro corta uma flor e, depois, regressa com ela ao espaço do quadro.

No jardim, cortou uma flor e levou-a com ela. Depois, voltou para casa, subiu para a cadeira e da cadeira para o quadro.

Figura 9

Então, o segredo que nos foi revelado é que uma casa vulgar tem numa sua parede um quadro que é mágico, porque encerra na sua bidimensionalidade, um ser tridimensional. Ser esse que, ao sair do espaço *maravilhoso* em que vive e ao invadir um espaço de verosimilhança, impregna, à sua passagem, todo esse percurso, de características fantásticas. Assim, quando a personagem se retira (Fig. 10) e se confina novamente ao espaço do quadro, desta vez revelando o seu interior (Fig. 11), o espaço da casa com o seu quadro já não pode ser lido como um espaço verosímil, analógico aos da realidade, com as características banais de uma realidade banal. Este agora é um espaço que "engana", um espaço que tem um segredo (Fig. 12).

Sempre com a flor na mão, o senhor pequenino entrou na casa do quadro

Figura 10

Lá dentro, sem que ninguém o visse, o senhor pôs a flor numa jarra. Pôs a flor numa jarra e pôs-se a olhar para ela.

Figura 11

Ilustrações alcoviteiras:... 249

Só nós sabemos que, na casa deste quadro, lá dentro, sem que ninguém veja, há uma flor numa jarra e um senhor a olhar para ela.

O segredo do quadro é também o nosso segredo.

Figura 12

Então, este texto não será mais do que um exemplo ilustrado do velho dito popular: "as aparências iludem..."? Seria assim, talvez, se a ilustração não complexificasse um pouco mais a construção da "estranheza" presente no texto.

Assim, quando se afirma que há uma casa que tem um quadro e que

O quadro está pendurado numa parede.
A parede faz parte de uma casa.

é mostrado um quadro que representa uma casa, que corresponde exactamente à imagem da casa onde está pendurado (Fig. 13), já não é exactamente verdade que, ao constatar isso, *"aqui está a casa e o jardim à volta da casa"*, se afirme que *"até agora nada de especial se passou"*, uma vez que o sentimento de estranheza já se começou a instalar.

Figura 13

Aliás, é relevante verificar como é que essa sensação de estranheza se instala. À primeira vista, as casas são exactamente iguais. Só uma leitura comparativa difícil de fazer, uma vez que as páginas estão separadas, nos mostra que só a coloração do céu é diferente: o da casa "real" é azul e o da casa do quadro é rosado. Ambas as casas estão representadas de uma forma tridimensional (Fig. 14) e a sua representação parece estar sujeita às condições de luz ambiente.

Figura 14

Curiosamente, no quadro, a luz incide da esquerda para a direita, como indica a presença das sombras; enquanto que na representação da casa "real", a luz incide na parte de trás da casa, ligeiramente à direita, como poderemos deduzir pela posição das sombras (Fig. 15).

Figura 15

Quanto ao interior, o soalho é idêntico, bem como o mobiliário (Fig. 16). A falta de coincidência incide no papel de parede que é branco com arabescos cor de turquesa, na casa "real"; e cor de rosa manchado, na casa do quadro. São, no entanto, pormenores que facilmente passam despercebidos numa leitura visual menos atenta. O que já não constitui um pormenor, é o facto de existir uma jarra idêntica nas duas realidades (Fig. 17), embora com funções diferentes. Na casa "real", a jarra está sobre uma cómoda e exibe girassóis; na casa do quadro, a jarra está pousada no chão e deixa de ser um objecto decorativo, para assumir um papel de suporte de algo que adquire outra relevância no espaço visual.

Figuras 16 e 17

Na representação do homem a cortar a rosa, temos a confirmação que ele está no espaço da casa "real", não só pela proporção entre ele e as flores (Fig. 18), mas também porque a sombra que ele projecta no chão está na mesma direcção promovida pela luz existente no espaço "real". Poderemos também interrogar-nos sobre o porquê do homem ter vindo colher a rosa ao espaço "real", uma vez que também existiam rosas no jardim da sua casa e tão vivas como as do jardim "real", o que nos é indiciado pela presença de um regador (que, inclusive, tem uma maior visibilidade no espaço do quadro (Fig. 19), enquanto que no jardim "real" apenas se deduz, de uma forma fugaz, a sua presença). A essa questão só será dada resposta no final do texto (Fig. 20), quando a relevância do tamanho da rosa for sublinhada na atitude dialogante com que o homem a olha.

Figuras 18, 19 e 20.

Se nos reportarmos ao acto sobre o qual se centra o texto – o homem colher uma flor no jardim – embora seja um acto banal em si, não será exactamente isso que esperaremos do comportamento rotineiro do homem que veste fato[1]. Também não esperaremos que esse seja o vestuário dentro de casa, nem que a flor seja a companhia escolhida para minorar a sua solidão.

Aliás, todo este acto de colher uma flor só ganharia em banalidade, ou melhor dizendo, em estereótipo, se em vez de um homem o autor tivesse escolhido uma mulher. O sentimento de estranheza, com esta alteração diminuiria, também, radicalmente. A própria juventude do pequeno homem altera a leitura que fazemos da forma como ele olha a flor de linhas sinuosas, que lhe faz companhia (Fig. 21). Sentimos estar perante um casal, cuja intimidade cúmplice aconselha a que o leitor desvie pudicamente o seu olhar, fechando a porta a algo que não deve ser mais desvendado.

---

[1] Claro que já existem pequenos índices que nos remetem para que a leitura que fazemos deste homem seja diferente daquela que um "homem de fato, tradicionalmente," sugeriria: O azul do fato não é o "tradicional"; as calças são excessivamente curtas, revelando as meias; a gravata tem estrelas; e o penteado não é suficientemente disciplinado, deixando entrever uns caracóis rebeldes.

Só nós sabemos que, na casa deste quadro, lá dentro, sem que ninguém veja, há uma flor numa jarra e um senhor a olhar para ela.

Figura 21

O segredo do quadro é também o nosso segredo.

Figura 22

Em síntese, há, pois, uma série de opções do ilustrador (ou que lhe foram "alcovitadas" pelo autor textual) e que ajudam não só a revelar a intencionalidade interpretativa que o texto verbal promove, como sugerem outras linhas de leitura, ou descodificam algo que o texto verbal apenas tinha deixado implícito. Estas opções passam por assemelhar as casas representadas, o que imprime, imediatamente, como já afirmámos, um maior sentimento de estranheza ao texto; bem como o aumentar o tamanho da flor e sugerir, a partir disso, que ela se torna uma companheira do homem. Nada disto é dito, mas sim visto. Logo, a maior incidência polissémica não está centrada no texto verbal, mas no texto visual, obrigando que a literariedade deste texto seja produto da articulação texto/imagem. Inclusive, o texto verbal surge apenas como uma forma de apelo expressivo

254   *Leitura, Literatura Infantil e Ilustração*

à leitura visual. Apelo, esse, redundantemente, na esfera semântica, centrado no lexema "segredo". Surgem assim palavras como: "guardar", "contar", "abrir", "fechar", "saber"; e expressões como: "sem que ninguém visse", "não havia ninguém que o visse", "ninguém viu", "sem que ninguém veja".

Deste modo, o leitor vai pouco a pouco, <u>vendo</u> e, por isso, partilhando com o narrador o segredo do quadro. E se, no início do texto, o narrador afirmava "nós vamos contar o segredo" e este <u>nós</u> só podia ser entendido como um <u>nós</u> que incluía apenas o narrador e a sua omnisciência, no final do texto, quando este afirma que "só nós sabemos" e "o segredo do quadro é também o nosso segredo", já o leitor se sente implicado na cumplicidade desse saber. Inclusive esse saber, que ultrapassou um conhecimento exterior de uma casa e de um quadro, fazendo-nos "entrar" na casa e no interior do quadro, desvendando os seus espaços, assistindo, em sigilo, a cenas que estão resguardadas dos olhares dos não escolhidos, fazendo do leitor um mediador privilegiado entre o real e o imaginário.

Depois deste conhecimento, como já afirmado, não só o espaço verosímil o deixou de ser, já que foi tocado pelo fantástico, como o leitor, ao aceitar fazer parte deste saber, se ficcionalizou ele próprio.

Assim, o leitor "ingénuo" do início do texto vai sendo "modelado" por este, vai, progressivamente, fazendo parte, pela cumplicidade assumidamente estabelecida, do universo ficcional que o texto propõe. No final do texto, torna-se um leitor "que sabe" e, porque sabe, irremediavelmente preso a uma realidade que não era a sua. A partir daqui, a sua leitura do que o rodeia, já não será a mesma, e isto não será só verdade em relação à possibilidade "transgressora" dos quadros, mas também em relação à possibilidade dos livros nos iniciarem num universo transgressor.

Deste modo, o próprio acto de leitura, de veículo para a compreensão do real, transmuta-se para um objecto através do qual se tem acesso ao "não dito", mais do que ao "dito". De certa forma, e em síntese, é como se este pequeno texto, fosse uma metáfora iluminada da passagem do texto informativo (unissémico) ao texto artístico (polissémico); do texto de prazer ao texto de fruição. Como se a abertura de "a porta do quadro" fosse, sobretudo, para o leitor infantil, uma forma de transpor limites, de franquear o acesso à fruição estética que a arte proporciona.

BIBLIOGRAFIA

AGUIAR e SILVA, V. (1986). *Teoria da Literatura*. Coimbra: Almedina, 7ªedição.

BARTHES, R. (1973). *Le Plaisir du Texte*. Paris: Éditions du Seuil.

ECO, U. (1981). *Lector in Fabula*. Barcelona: Lumen (trad.em castelhano).

MORENO, V. (2004). *Lectores Competentes*. Madrid: Anaya.

QUINTÁS, A. L. (1993). *La Formación por el Arte y la Literatura*. Madrid: Rialp.

REIS, C. (1997). *O Conhecimento da Literatura*. Coimbra: Almedina.

TODOROV, T. (1970). *Introduction à la Littérature Fantastique*. Paris: Éditions du Seuil.

ILUSTRAÇÃO EM PROCESSO

HELENA MAJOR
Instituto Politécnico de Portalegre

Resumo:

Ilustrar é, antes de mais, comunicar. Comunicar ideias através de imagens. A comunicação a apresentar será uma reflexão sobre a problemática da ilustração. Não assentando numa análise académica tradicional, apresenta todo o processo de construção de um objecto de comunicação; desde a ideia inicial, desenvolvendo-se em pesquisas, esboços, storyboard, arranjo gráfico... até ao produto final. Este projecto"The History of a Naughty King, with Bayeux Tapestry reference in Pictures", realizado no âmbito do mestrado *Sequential Design/ Illustration,* na Universidade de Brighton, foi inspirado na magnífica sequência narrativa da Tapeçaria de Bayeux.

Abstract:

To illustrate is, before all, to communicate. To communicate ideas through images. The paper to be presented will be a reflection on the illustration problematic. Not being based on a traditional academic analysis, it presents the entirety of the process of constructing a communication object; from the initial idea, its development in research, sketches, storyboard, graphic alignment... to the final product. This project *"The History of a Naughty King, with Bayeux Tapestry reference in Pictures"*, developed in the context of the Masters Degree in *Sequential Design/ Illustration,* in the University of Brighton, was inspired in the magnificent narrative sequence of the Bayeux Tapestry.

No âmbito do curso *MA Sequencial Design/ Illustration* da Universidade de Brighton, Inglaterra, foi realizado um projecto em ilustração, que tinha como objectivo conceber um livro inspirado na narrativa histórica descrita na Tapeçaria de Bayeux, destinado a um público juvenil. A tapeçaria de Bayeux é uma magnífica peça de arte medieval (realizada no século XI) e apresenta-se com uma longa tira de linho, com mais de 70 metros de comprimento por 50 centímetros de largura, bordada a fios de lã coloridos. Representa uma narrativa pictórica detalhada da conquista de Inglaterra pelos Normandos, na batalha de Hastings em 1066, e os acontecimentos que estiveram na sua origem. As principais figuras representadas são o Duque William, da Normandia, e o Conde Harold, de Wessex, rivais na pretensão ao trono de Inglaterra.

Figura 1: T. de Bayeux: Harold e William, representados ao centro

Figura 2: Harold é coroado rei de Inglaterra sob o mau presságio da passagem do cometa Halle

Figura 3: Preparação para a Batalha

Figura 4: Morte de Harold durante a Batalha

PESQUISA

Definiu-se que o trabalho devia evidenciar imaginação na abordagem dos factos históricos e não o rigor científico dos acontecimentos. Por conseguinte, optou-se por *brincar* com anacronismos, contrastando elementos actuais, da nossa época, com o contexto histórico medieval. Recorreu-se também a clichés culturais de franceses e ingleses, como estratégia para evidenciar a ironia e o humor, e caracterizar, ao mesmo tempo, os dois tipos.

O trabalho de pesquisa desenvolveu-se essencialmente a três níveis:

- Contexto histórico, social e artístico da época:
- Estudo da tapeçaria de Bayeux:

    – Através de leituras de monografias.
    – Análise pormenorizada do objecto (estrutura, composição visual das cenas, sequência narrativa, momentos – chave, relação texto/imagem, estudo cromático, representação de ambientes, personagens, animais, objectos e elementos decorativos e simbólicos).

- Recolha de lendas e crenças populares relacionadas com a perda da coroa de Inglaterra para os Normandos em 1066.

CONCEPÇÃO DO TRABALHO

Em diários gráficos foi registado todo o processo de construção das ilustrações e do texto, definindo-se progressivamente o que se pretendia comunicar no livro e a melhor forma de o fazer.

Figura 5: Diários gráficos

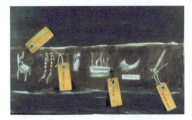

Figura 6: Estudo de objectos. Não teriam uma mera função decorativa, mas seriam elementos que revelariam informação acerca de quem os detinha

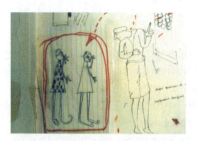

Figura 7: Soldado. Construção da forma
através dos elementos essenciais que o
identificava na Tapeçaria

Figura 8: Tentativas de representar
as personagens principais, tendo
em conta as características físicas
e psicológicas de cada uma

Figura 9: Representação mais
pormenorizada de Harold

Figura 10: Estudo do cenário
para a viagem na Normandia

Figura 11: Primeiro *storyboard*

Figura 12: Pormenor do último
storyboard

Figura 13: Construção de maquetas à escala real. Estudo do livro enquanto objecto de comunicação, nomeadamente noção das suas proporções

PRODUTO FINAL

O livro, que ganhou o título "The History of a Naughty King, with Bayeux Tapestry reference in Pictures", seria composto por 48 páginas e teria uma estrutura em harmónio, numa clara relação com a Tapeçaria. De forma a quebrar a monotonia que poderia advir do número elevado de páginas, procurou-se diversidade nas soluções estéticas, mas não comprometendo a unidade da linguagem visual.

Houve uma preocupação de estabelecer níveis de leitura (visual e escrita) diferenciados de acordo com as competências do leitor. Em relação ao texto, construiu-se uma narrativa simples, com diálogos, utilizando uma linguagem coloquial actualizada e temperada com humor. O narrador situou-se a três níveis: conta e comenta a história, revela o processo de construção da narrativa e interpela o leitor.

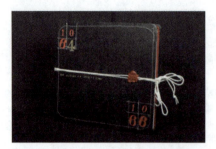

Figura 14: Capa do livro: as datas apresentadas correspondem ao período de tempo da história narrada

Figura 15: Estrutura do livro em harmónio, que obedece à própria estrutura da Tapeçaria

Figura 16: Introdução de elementos anacrónicos, como o retrato real em fotografia *polaroid*

Figura 17: Sequência narrativa simbolizada pela linha cozida

Figura 18: Cenário da viagem na Normandia

Figura 19: Harold é coroado rei de Inglaterra

Ilustração em processo 263

Figura 20: Elementos anexos ao livro permitem uma maior interacção. O leitor participa na história

Figura 21: Representação da batalha

Figura 22: Morte do Harold. Momento-chave da narrativa, quebra da composição visual vigente

Figura 23: Representação da perda da Batalha e da Coroa

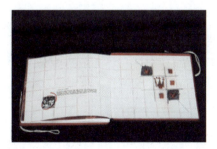

Figura 24: Representação do fim do jogo (história). William sai vencedor

REFERÊNCIAS BIBLIOGRÁFICAS

ASHLEY, M. (1973). *The Life and Times of William I*. Great Britain: C. Tinling and Co. Ltd.

BARCLAY, B. (1966). *Battle 1066*. London: J. M. Dent & Sons Ltd.

CLARKE, G. (1999). *History of England*. Surrey: Third Millennium Publishing and Graham Clarke Ltd.

DOGGETT, S. (1998). *Book Works*. London: The Apple Press.

GOLDEN, A. (2000). *Creating Handmade Books*. New York: Sterling Publishing Company, Inc.

GRAPE, W. (1998). *The Bayeux Tapestry, a Monument to Norman Triumph*. Minich and New York: Prestel.

GRAVETT, C. (1994). *Castle*. Great Britain: Dorling Kindersley limited.

HARTHAN, J. (1997). *The History of the Illustrated Book*. London: Thames & Hudson.

HELLER, S. & GUARNACCIA, S. (1994). Designing for Children. New York: Watson–Guptill Publications.

LORD, J. V. (2000). *Notes on Talk About Narrative Illustration*. Lecture in University of Brighton. Brighton.

PARRISSE, M. (1983). *La Tapisserie de Bayeux: UN Documentaire du XIeme Siecle*. Paris: Denoel.

MEGGS, P. (1992). *Type and Image*. London: Willey & Sons.

SAUL, N. (2000). *A Companion to Medieval England 1066-1485*. United Kingdom: Tempus Publishing Ltd.

SWIFT, M. (2000). *Historical Maps of Europe*. London: PRC Publishing Ltd.